Frankfurter Beiträge zur Soziologie und Sozialpsychologie

Herausgegeben von
Rolf Haubl
Thomas Lemke
Dieter Mans

im Auftrag des Instituts für die Grundlagen der Gesellschaftswissenschaften

Andrea Breitenbach

Der Einfluss von Kindern auf die Ehestabilität

Empirische Untersuchung mit Daten des Familiensurvey

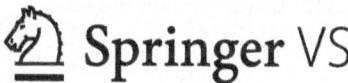 Springer VS

Andrea Breitenbach
Frankfurt/Main, Deutschland

ISBN 978-3-531-18335-0   ISBN 978-3-531-94144-8 (eBook)
DOI 10.1007/978-3-531-94144-8

Die Deutsche Nationalbibliothek verzeichnet diese Publikation in der Deutschen Natio-
nalbibliografie; detaillierte bibliografische Daten sind im Internet über http://dnb.d-nb.de
abrufbar.

Springer VS

Springer VS ist eine Marke von Springer DE. Springer DE ist Teil der Fachverlagsgruppe
Springer Science+Business Media.
www.springer-vs.de

Danksagung

Ohne die Mithilfe von zahlreichen Menschen wäre diese Arbeit nie entstanden. All diesen Personen möchte ich an dieser Stelle sehr herzlich danken.

Ganz besonders danke ich meiner Familie – insbesondere meiner Mutter – für die Freiheiten und Unterstützung, die sie mir in Bezug auf meine Ausbildung einräumte und dem Vertrauen in meine Fähigkeiten.

Tobias Vahlpahl danke ich für seine Geduld, die Anregungen, Diskussionen und kritische Durchsicht des Manuskripts. Holger Graf für die Korrektur des Textes und Elvira Schäfer für den Zugang zur notwendigen Literatur und die anregenden Gespräche. Peter Mohler hat mich durch sein fortwährendes Nachfragen zum Stand der Arbeit zum „Durchhalten" bewogen und mir die Möglichkeit eröffnet meinen wissenschaftlichen Erfahrungshorizont in vielfältige Richtungen zu erweitern.

Herzlicher Dank gebührt Gerhard Wagner, der durch sein unermüdliches Engagement die Veröffentlichung dieses Buchs erst ermöglichte. Weiterhin danke ich dem Direktorium des früheren Instituts für Grundlagen der Gesellschaftswissenschaften, insbesondere Rolf Haubl, Thomas Lemke und Dieter Mans. Ein herzliches Dankeschön möchte ich Margret Rottleuthner-Lutter aussprechen, die mich an der Universität Frankfurt stets tatkräftig unterstützt und dadurch ebenfalls zum Entstehen dieses Buches beigetragen hat. Claudius Härpfer danke ich für die wertvolle Hilfe bei der Formatierung.

Besonderer Dank gilt meinem Doktorvater Jan Künzler, ohne den ich keine wissenschaftliche Laufbahn eingeschlagen hätte und der mir die ersten Dozententätigkeiten u.v.m. ermöglichte.

Schließlich und keinesfalls zuletzt möchte ich Thoralf Schmidt ganz herzlich danken. Er hat nicht nur unermüdlich und akribisch die Formatierung überprüft, sondern wusste hatte in vielen schwierigen Momenten unendliche Geduld, war für mich da und hat immer an mich geglaubt. Herzlichen Dank!

Und zu allerletzt danke ich Jack….

Andrea Breitenbach

Inhaltsverzeichnis

Abbildungsverzeichnis

Tabellenverzeichnis

1 Einführung

„Kinder sind das lieblichste Pfand der Ehe,
sie binden und erhalten das Band der Liebe. "[1]

Das Zitat von Martin Luther beschreibt die herausragende Bedeutung von Kindern für Ehepaare. Die Geburt von Kindern hält der Annahme zufolge Paare zusammen und das Vorhandensein von Kindern festigt die eheliche Gemeinschaft.

Mit der Zunahme von Ehescheidungen in modernen Gesellschaften stellt sich die Frage nach den dafür zugrunde liegenden Ursachen immer dringlicher. In der Familiensoziologie wird der Anstieg des Scheidungsrisikos durch verschiedene Faktoren erklärt. Diese Faktoren können einerseits die Ehestabilität erhöhen, andererseits vermindern. Kinder beziehungsweise Elternschaft wird als eine zentrale Determinante für die Stabilität von Ehen thematisiert.[2] Die überwiegende Zahl von Scheidungsstudien kommt zu dem Schluss, dass Ehen mit Kindern eine höhere Ehestabilität aufweisen als Ehen ohne Kinder.

Trotz umfangreicher Forschung in den letzten drei Jahrzehnten wurden zahlreiche Aspekte des Einflusses von Elternschaft auf das Scheidungsrisiko weniger gut beleuchtet, denn viele Studien der Ehescheidungsforschung untersuchen die zahlreichen Determinanten der Ehestabilität, ohne sie weiter zu vertiefen. Weitere Arbeiten beschränken sich nur auf einen Einflussfaktor des Scheidungsrisikos, wie beispielsweise den Einfluss der Erwerbstätigkeit auf das Scheidungsrisiko, und betrachten einzelne Kindschaftsverhältnisse als weitere wichtige unabhängige Variable. Nur eine geringe Anzahl von Untersuchungen

---

1 Martin Luther, Quelle: Tischreden.
2 Andererseits kann die Entscheidung für die Geburt von Kindern aber auch umgekehrt von der Antizipation des Scheidungsrisikos beeinflusst werden. Theoretisch sind beide Richtungen denkbar, die Kausalrichtung kann jedoch nicht eindeutig geklärt werden. Inwiefern hohe Scheidungsraten Fertilitätsentscheidungen beeinflussen, wird durch die Fertilitätsforschung untersucht und ist nicht das Thema der vorliegenden Arbeit.

erforscht Kinder als zentrale unabhängige Variable. Auch deshalb bleiben vielfältige Gesichtspunkte der Elternschaft unerforscht, obwohl der theoretische
Rahmen für solche Analysen existiert.

Wie verschiedene Kindschaftsverhältnisse unterschiedlichen Einfluss auf
die Ehestabilität nehmen, kann beispielsweise durch die Familienökonomie hinreichend erklärt werden. Je nachdem, welches Kindschaftsverhältnis vorherrscht,
ist mit der Erhöhung oder Verminderung der Ehestabilität zu rechnen. Das Vorhandensein von unehelichen Kindern in einer Ehe wird vermutlich die Ehestabilität vermindern, während eheliche Kinder das Scheidungsrisiko reduzieren.
Dennoch gibt es in der deutschen Scheidungsforschung nur eine Studie[3], die den
Zusammenhang unterschiedlicher Kindschaftsverhältnisse auf das Scheidungsrisiko analysiert.

Diese Arbeit versucht die Lücke zu schließen, indem sie den Einfluss unterschiedlicher Charakteristika von Kindern und verschiedener Kindschaftsverhältnisse auf die Ehestabilität auf der Grundlage der Daten des Familiensurveys
2000 untersucht. Dazu wird einerseits erklärt, wie die relevanten Theorien den
Einfluss von Kindern auf die Ehestabilität darstellen und im Anschluss Hypothesen abgeleitet werden, die die Richtung des Einflusses von Kindern auf das
Scheidungsrisiko beschreiben. Andererseits ist davon auszugehen, dass der Einfluss von Kindern auf die Ehestabilität nur erforscht werden kann, wenn bei der
Operationalisierung der Kindvariablen eindeutig nach Kindschaftsverhältnissen
differenziert wird. In vielen Studien findet diese Differenzierung nicht statt, aus
diesem Grund werden beobachtbare Zusammenhänge vermutlich verdeckt. Studien, die beispielsweise den Einfluss ehelicher Kinder auf das Scheidungsrisiko
analysieren, müssten Effekte von vorehelichen, unehelichen und Adoptiv- oder
Pflegekindern ausschließen, um eindeutige Befunde zu garantieren. Dieses Vorgehen findet sich jedoch in wenigen Untersuchungen.

In dieser Arbeit werden die unterschiedlichen Kindschaftsverhältnisse und
Charakteristika von Kindern so operationalisiert, dass der Einfluss anderer Effekte ausgeschlossen wird. Im Anschluss werden, um die aufgestellten Hypothesen zu überprüfen, multivariate Analysen mittels des Verfahrens der Ereignisanalyse berechnet. Nur durch dieses Vorgehen können letztendlich die Einflüsse von
Kindern auf die Ehestabilität eindeutig aufgezeigt werden. Mit dieser Untersuchung wird deshalb Neuland betreten, da versucht wird, einen in der Scheidungsforschung nur wenig thematisierten Faktor der Ehescheidung methodisch korrekt
und in seinem ganzen Spektrum zu analysieren.

---

3 In Deutschland untersucht nur Gostomski (1998; 1999a) den Einfluss von unterschiedlichen Kindschaftsverhältnissen auf das Scheidungsrisiko mit den Daten der Mannheimer Scheidungsstudie von
1996.

2 Theoretische Überlegungen

Die Untersuchung des Einflusses von Kindern auf das Scheidungsrisiko bedarf, wie jede theoriegeleitete Analyse, der Ableitung von Hypothesen aus theoretischen Konstrukten und deren Überprüfung mittels geeigneter statistischer Verfahren. Um die empirische Analyse auf ein solides theoretisches Fundament zu stellen und die Auswahl der zu untersuchenden Variablen abzuleiten, ist es das Ziel der folgenden Absätze, ein möglichst umfassendes Modell des Einflusses, den Kinder auf das Scheidungsrisiko nehmen, zu erstellen. In dieser Untersuchung stehen die zentralen Theorien der Ehestabilität im Mittelpunkt. Auch die soziologischen Erklärungsansätze zu Fertilitätsentscheidungen liefern wichtige Erkenntnisse für diese Arbeit. Die Fertilitätsforschung untersucht, unter welchen Bedingungen Kinder geboren werden, die Scheidungsforschung dagegen, welche Faktoren Ehen stabilisieren oder Ursache für Ehescheidungen sind. Zum Teil decken sich die Theorien der Fertilitätsforschung mit denen der Scheidungsforschung – aus diesem Grund werden beide nicht in separaten Kapiteln betrachtet. Weitere zentrale Hypothesen und Ansätze der Fertilitätsforschung – die nicht im Kapitel 2.1 besprochen werden und für die Untersuchung relevant sind – werden im Abschnitt 2.2 kurz umrissen. Abschließend erfolgt im Kapitel 2.3 eine knappe Darstellung weiterer Einflussfaktoren der Eheinstabilität, die als wichtige unabhängige Variablen zur Modellierung des Scheidungsrisikos notwendig sind.

Ziel der folgenden Abschnitte ist es, die zentrale Frage dieser Untersuchung – den Einfluss von Kindern auf das Scheidungsrisiko – aus theoretischer Perspektive zu erklären. Gibt es einen Zusammenhang zwischen unterschiedlichen Kindschaftsverhältnissen beziehungsweise Charakteristika von Kindern und der Ehestabilität? Die nachfolgenden Theorien sind chronologisch von Makro- nach Mikrotheorien geordnet, denn die Theorieentwicklung in der Scheidungsforschung folgt ebenfalls diesem Muster. Die bestehenden Ansätze werden diskutiert und im Anschluss kritisch beleuchtet, um darauf aufbauende Hypothesen abzuleiten. Die Literaturanalyse umfasst die strukturell-funktionale Theorie, die

Individualisierungstheorie, die Theorie der Anspruchssteigerung, die Austausch-theorie sowie die Familienökonomie. Im Anschluss werden der Value-of-Children-Ansatz und Hypothesen zur Geschlechterpräferenz vorgestellt.

2.1 Theorien der Eheinstabilität und Kinder

Die überwiegende Zahl von Studien zur Ehescheidung basieren auf der Aus-tauschtheorie und der Familienökonomie, die im Gegensatz zu anderen soziolo-gischen Theorien als eigene Theoriesegmente die Stabilität und Qualität von Partnerschaften zum Gegenstand haben. Allgemeine Theorien der Familienfor-schung wie der Strukturfunktionalismus werden nachfolgend stellvertretend für individualisierungstheoretische Ansätze kurz beleuchtet. Im Mittelpunkt dieser Untersuchung steht der Einfluss der unterschiedlichen Kindschaftsverhältnisse auf das Scheidungsrisiko, weshalb der Fokus bei der Darstellung relevanter The-orien auf dem Einfluss von Kindern auf die Ehestabilität liegt. Auf eine ausführ-liche Darstellung allgemeiner Theorien der Ehestabilität wird deshalb verzichtet, ebenso wie auf eine umfassende Darstellung der Veränderung von Struktur so-wie Bedeutung der Familie und Ehe.

In den vergangenen Jahrhunderten gab es eine Reihe verschiedener Fami-lientypen. Die Familie, wie wir sie heute definieren, ist ein Produkt des 19. Jahr-hunderts. Auch der Ehebegriff unterliegt Wandlungsprozessen und hat sich im Verlauf der Geschichte verändert. In der Familiensoziologie bezieht sich die Definition des Ehebegriffs auf die geltenden Normen der Gesellschaft. Treffend kommentiert Peukert die Entwicklung von Familie und Ehe im Verlauf der ge-sellschaftlichen Modernisierung: „Der Strukturwandel der Familie in der Moder-ne stellt sich so betrachtet als Prozeß der Auslagerung von (aus der heutigen Sicht) nichtfamilialen Funktionen (wie Produktion, Ausbildung, Altersversor-gung) und der Spezialisierung der sich herausbildenden Familie als ein Teilsys-tem der Gesellschaft auf einen nur ihr eigenen Funktions- und Handlungskom-plex dar. Die ehedem vor allem ökonomischen Anforderungen unterlegenen familiale Beziehungen sind im Verlauf dieses Prozesses zugunsten emotionaler Beziehungen zurück getreten." (Peuckert 2002: 22).

Die nachfolgenden Theorien verstehen unter Familie und Ehe teilweise un-terschiedliche Sachverhalte, die bei der Lektüre der entsprechenden Abschnitte zu beachten sind[4]. Wie bereits erwähnt, erfolgt die Gliederung der Theorien von Makro- hin zu Mikrotheorien entsprechend den Entwicklungen der Theorien der Scheidungsforschung. Erstere werden nur kurz umrissen, um dann die mikroso-

---

4 Für eine ausführliche Beschreibung sei auf die jeweilige Literatur verwiesen.

ziologischen Theorien, die momentan die Scheidungsforschung dominieren, ausführlicher zu diskutieren. Im Anschluss an die Darstellung der jeweiligen Theorie werden kritische Überlegungen besprochen sowie zentrale Annahmen in Bezug auf Ehestabilität und Kinder zusammengefasst. Jedes Kapitel schließt mit einer Grafik ab, die den Zusammenhang zwischen den theoretischen Annahmen und der Ehestabilität verdeutlicht. Nachfolgend werden die abgeleiteten Hypothesen und Kontrollvariablen, die im Zusammenhang mit dem Scheidungsrisiko stehen, benannt.

2.1.1 Die strukturell-funktionale Familientheorie

Die strukturell-funktionale Familientheorie, die bis Ende der siebziger Jahre des letzten Jahrhunderts die Familiensoziologie prägte, wurde insbesondere von den Arbeiten Talcott Parsons beeinflusst. Infolge gesellschaftlichen Wandels entstehen im 19. Jahrhundert nach Durkheim (1964: 26ff) Differenzierungen auf verschiedenen gesellschaftlichen Ebenen. Durch die funktionale Differenzierung auf der Ebene der Familie entwickelt sich die Ehe zu einem „Organ der Gesellschaft" und ist daher der Regulierung und Intervention durch den Staat unterworfen. Heirat wird nunmehr zu einer öffentlichen Angelegenheit, die einerseits an institutioneller Festigkeit gewinnt, andererseits den persönlichen Charakter eines Vertrages annimmt und damit an individuell vereinbarten Regeln verliert. Auf der Ebene der familialen Lebensformen bedingen Differenzierungsprozesse das Entstehen der Gattenfamilie als meist verbreiteten Familientyp, dessen Hauptaufgabe in der Versorgung von Kindern bis zum Verlassen des Elternhauses besteht. Dieser Familientyp, der sich aus größeren familialen Einheiten ausdifferenziert hat und relativ unabhängig von verwandtschaftlichen Zwängen ist, kann nach Wagner (1997: 56) als eine Art „Gütergemeinschaft" angesehen werden. Familiales Eigentum verliert durch die Kontraktion der Gattenfamilie an Stellenwert, während eheliches Eigentum und emotionale Bindungen durch gemeinsame Erfahrungen und Werte an Bedeutung gewinnen. Mit zunehmender Differenzierung der Gesellschaft steigt der Stellenwert der geschlechtsspezifischen Arbeitsteilung, die auf die rigide Rollentrennung in Bezug auf Erwerbs- und Hausarbeit abzielt. Resultierend aus der sexuellen Arbeitsteilung steigt die Abhängigkeit der Ehepartner und die eheliche Solidarität in der Ehe (Durkheim 1921, 1964, 1999; Morgan und Pollard 2002: 2f).

Obwohl Durkheim die Rolle von Kindern für die Ehesolidarität nicht ausführlich diskutiert, ist sie von zentraler Bedeutung für die geschlechtsspezifische Arbeitsteilung. Mit der Geburt von Kindern und der einhergehenden Notwendigkeit ihrer Betreuung steigt die Rollenspezialisierung der Ehepartner, was wiederum die gegenseitige Abhängigkeit der Partner verstärkt. Daraus lässt sich ableiten, dass mit zunehmender Übernahme der erwarteten rollenspezifischen Arbeitsteilung – während in einer Familie Kinder aufwachsen – die Ehesolidarität steigt und das Scheidungsrisiko sinkt (Wu 1995: 3). Insofern bildeten Ehen zu Lebzeiten Durkheims die Grundlage für die gesellschaftliche Moral und damit die „source of life sui generis" (Durkheim 1964: 9).

   Parsons, der die Familie von Anfang bis Mitte des 20. Jahrhunderts beschreibt, verwendet analog zu Emile Durkheim den Begriff der Gattenfamilie, deren elementares Merkmal die Ablösung von der Verwandtschaft ist, das heißt die finanzielle und häusliche Unabhängigkeit von der Familie der Ehepartner, und deshalb als isolierte Gattenfamilie bezeichnet wird. Anstelle der ehestabilisierenden Kontrolle durch die Verwandtschaft treten Ehenormen, die insbesondere die emotionale Bindung der Partner erhöhen (Parsons 1942: 26f). Durch die strukturelle Isolation der Familie steigt die Emotionalisierung und psychische Abhängigkeit zwischen den Ehepartnern, was nach Goode(1963: 9) zugleich das Risiko einer Ehescheidung erhöht. Mit der Verminderung der vormals vorhandenen sozialen Kontrolle durch Staat, Freunde und Verwandtschaftssystem geht die Bereitschaft einher, sich von der Partnerschaft zu entfernen, was wiederum die Scheidungsneigung (Neidhardt 1975: 65) erhöht. In späteren Arbeiten wird ferner die Zunahme neuer Partnerschaftsformen diskutiert und auf Veränderungen des familialen Subsystems zurückgeführt.

   In Analogie zu Durkheim betont Parsons den zentralen Stellenwert der rollenspezifischen Arbeitsteilung für die Ehestabilität (Goode 1962: 511). Durch die Erwerbstätigkeit der Frau kann es zu einem Statuswettbewerb zwischen den Ehepartnern kommen, da sich der soziale Status des Mannes aus seiner beruflichen Tätigkeit ableitet (Parsons 1942; 1952: 605f). Die geschlechtliche Arbeitsteilung fördert zum einen die Wirkung des Erwerbssystems, indem sie die emotional-expressiven Funktionen der Familie überantwortet, zum anderen können durch die Emotionalisierung der Ehe beziehungsweise durch die Reduktion der Ehe als Ort für exklusive Emotionen Paarbeziehungen stärker belastet werden (Meyer 1993: 28; Parsons 1955: 23ff).

   Die Institution Ehe ist nach Parsons' Meinung dennoch nicht gefährdet, sondern sie befindet sich nur in einer Reorganisationsphase. Ehescheidungen sind nicht Kennzeichen für die Auflösung der Institution Ehe, sondern eine Erschwernis für die Ehepartner, die durch die Veränderungen der modernen Gesellschaft entsteht (Parsons et al. 1970: 45; Wagner 1997: 63ff, 123). Nach Meyer (1993), der die Familie in der heutigen Zeit analysiert, ergibt sich aus dem Transformationsprozess früherer Familienstrukturen zu neuen Strukturmustern nicht zwangsläufig ein Verfall der Familie, sondern ein Zuwachs der Komplexität des „Privatheitssystems", das ursächlich auf die Anpassung an die Umwelt zurückzuführen ist, aber auch deren Kompatibilität erhöht.[5]

Parsons schreibt der Familie eine zentrale Position als Subsystem zu, das den Bestand der gesellschaftlichen Kontinuität sichert. Er ordnet der Familie zwei Hauptfunktionen zu, den Sozialisationsprozess von Kindern und die „psychische Sicherheit".[6] Den Kindern wird durch die Familie die Grundlage für das weitere Leben und Sicherheit vermittelt, außerdem sind Kinder der wichtigste Garant der Ehesolidarität (Parsons et al. 1970: 24, 37f). Diese Annahmen decken sich zum Teil mit der systemtheoretischen Familiensoziologie, die neben der Reproduktion, der sozialen Kontrolle, der sexuellen Gratifikation, der arbeitsteiligen Kooperation und anderen Faktoren vor allem die affektiv-expressiven Funktionen der Familie betonen. Die bedeutendste Aufgabe der Familie ist die Sozialisation von Kindern, wodurch diese gesellschaftsspezifische Werte und Normen erlernen (Goode 1967: 67-79; Kopp 2004; Murdock 1949; Neidhardt 1975, 1979; Parsons et al. 1970; Tyrell und Pross 1979). Um deren Bestand zu sichern, sollte jede Gesellschaft „ein Interesse daran haben, dass Kinder im gewünschten Maße geboren und in gewünschter Weise aufgezogen und sozialisiert werden" (Neidhardt 1975: 75). Kinder gewannen im Verlauf der letzten Jahrzehnte, insbesondere durch ihren psychologischen Nutzen für die Ehepartner, zunehmend an Bedeutung (Meyer 1993: 28). Demgegenüber wird der Einfluss der Kinder auf die Ehequalität – basierend auf der Austauschtheorie als subjektive Bewertung der Ehe bezeichnet – kontrovers diskutiert: „... high marital quality, therefore is associated with good judgement, adequate communication, a high level of marital happiness, integration, and a high degree of satisfaction with the relationship" (Lewis und Spanier 1979: 269).

Je wichtiger Kinder für die Beziehung als systemstabilisierendes Element werden, desto geringer können die laut Luhmann[7] „besonderen Ansprüche an Intimität" (Luhmann 1990: 208ff) ausfallen. Dem widerspricht Parsons' Auffassung, der die Geburt von Kindern als Motiv für nachhaltigere Beziehungen aufgrund der auch im Erwachsenen vorhandenen kindlichen Neigungen ansieht (Parsons 1942: 605; Parsons et al. 1970: 36f).

Die strukturell-funktionalistische Theorie der Familie bietet mit Ausnahme der Diskussion zum Strukturwandel der Familie und deren Funktionsanalyse keine expliziten Erklärungen zum Anstieg der Scheidungsraten an. Ferner wird der Einfluss von Kindern auf die Ehestabilität nur am Rande thematisiert. Mit Ausnahme der Arbeiten von Goode finden sich nur wenige empirische Untersu-

---

5 Vergleiche dazu auch unter Kapitel 2.1.2 die Differenzierung privater Lebensformen.
6 Aus dem Englischen „psychological security" (vgl. Parsons).
7 Luhmann entwickelt die Struktur-funktionalistische Theorie weiter, entwickelt aber keinen Entwurf, der sich von den „vorangegangenen Entwürfen absetzt" (Wagner 1997: 24).

chungen zur Ehescheidung, die Forschung beschränkt sich überwiegend auf die deskriptive Beschreibung von Scheidungsraten. In der Scheidungsforschung wird die strukturell-funktionale Theorie der Familie dementsprechend selten zitiert. Trotz der Kritik ist hervorzuheben, dass Durkheim die erste Theorie der Ehesolidarität und damit die Grundlage für die Erforschung der Ehestabilität bietet. Ein hohes Maß an Ehesolidarität wird auf Faktoren wie die geschlechts-spezifische Arbeitsteilung zurückgeführt, die in der gegenwärtigen Forschung zur Ehestabilität weiterhin von zentraler Bedeutung sind.

Zusammenfassung: Die aus der durkheimschen Perspektive durch ein hohes Maß an Ehesolidarität geprägte Institution Ehe entwickelt sich aus dem Blickwinkel des Strukturfunktionalismus durch eine Vielzahl struktureller Belastungen zu einem fragilen Gebilde, das zunehmend anfällig für Krisen ist. Der zentrale Stellenwert von Kindern für die Ehestabilität wird von der strukturell-funktionalistischen Theorie hervorgehoben, während der Einfluss von Kindern auf die Ehequalität nicht eindeutig geklärt ist. Die Geburt von Kindern erhöht nach Parsons sowohl die Ehestabilität als auch die Ehequalität, dagegen sprechen spätere Theoretiker wie Luhmann von einer Abnahme der Ehequalität durch den Anstieg der Bedeutung von Kindern für Ehepaare.

Hypothese (1):   Leibliche Kinder erhöhen die Ehestabilität.

Kontrollvariablen: Ehequalität[8], eheliches Kapital[9], Ehenormen (Heiratskohorten)[10], Arbeitsteilung in der Ehe.[11]

---

8 Hypothese: Je höher die Ehequalität, desto höher ist die Ehestabilität.
9 Hypothese: Je mehr eheliches Kapital Ehepartner besitzen, desto höher ist die Ehestabiliät.
10 Hypothese: Je höher die Ehenormen, desto höher ist die Ehestabilität. In jüngeren Kohorten gibt es weniger Ehenormen, deshalb sollten jüngere Kohorten weniger Ehestabilität aufweisen als ältere.
11 Hypothese: Die geschlechtsspezifische Arbeitsteilung erhöht die Ehestabilität. Frauenerwerbstätigkeit verringert aus diesem Grund die Ehestabilität.

Abbildung 1:   Strukturelle Bedingungen der Ehestabilität

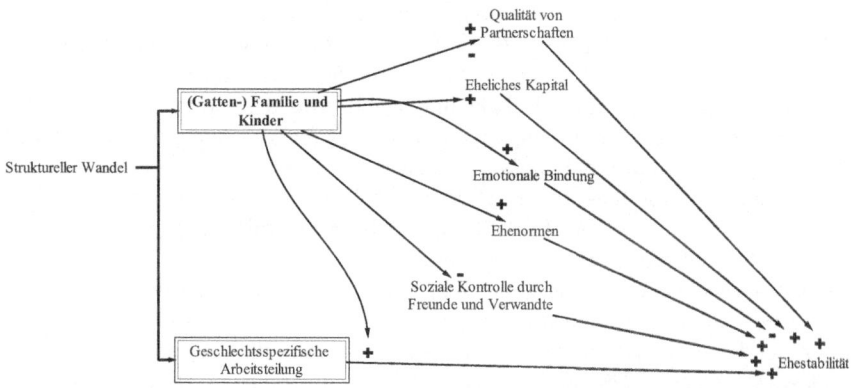

Quelle: Eigene Darstellung

2.1.2 Individualisierungstheorie

In der Familiensoziologie wird der Anstieg des Scheidungsrisikos vielfach mit der Individualisierungstheorie erklärt. Im Mittelpunkt der Arbeiten von Beck und Beck-Gernsheim werden das Thema Familie und die Problematik der Ehescheidung diskutiert.

Die Folgen fortschreitender Modernisierung und Enttraditionalisierung spiegeln sich in Veränderungen der Institution Familie und der damit einhergehenden Individualisierung der Lebenszusammenhänge wider, die zur Entstehung neuer Familien- und Partnerschaftsformen führen. Aus Sicht der Individualisierungstheoretiker verändert sich – analog zur Differenzierung des Wirtschaftssystems mit Beginn der Industrialisierung – die vormals stabile Institution der Ehe und Familie (Beck-Gernsheim 1993: 9ff; Beck 1986: 161ff). Beck (1986: 179) spricht in diesem Zusammenhang von der „halbierten Moderne", da ein erster Individualisierungsschub, der zur Trennung von Erwerbs- und Familienleben führt, nur Männer dem Individualisierungsprozess aussetzt, aber gleichzeitig Frauen stark depriviert. Die Großfamilie als Einheit von Familie und Wirtschaftsgemeinschaft wird von der bürgerlichen Familie mit strenger rollenspezifischer Arbeitsteilung abgelöst. „Die unbezahlte Familienarbeit wird dem Grundriss der alten Industriegesellschaft nach als natürliche Mitgift qua Ehe zugewiesen" (Beck 1990b: 40f). Der Aufgabenbereich von Männern liegt nunmehr ausschließlich in der Erwerbsarbeit, während die Ehefrau auf Hausarbeit und die Bedürfnisbefriedigung der Männer reduziert wird. „Die Familie dient dazu, die Unsicherheiten des Erwerbslebens zu kompensieren, und schafft einen separaten Bereich der Privatheit, der emotionale Bindungen und die wechselseitige Abhängigkeit verstärkt" (Beck 1986: 176f). Erst mit der wohlfahrtsstaatlichen Modernisierung nach dem Zweiten Weltkrieg, die nun die Frauen in die Prinzipien der entwickelten Marktgesellschaft einbezieht, wird die Individualisierung der Lebensumstände der Frauen vorangetrieben. Das Aufweichen der traditionellen Frauenrolle wird durch die Bildungsexpansion, die rechtliche Gleichstellung der Frau[12] und die Möglichkeit, den technischen Fortschritt für die Haushaltsarbeit zu nutzen, vorangetrieben. Als Konsequenz der Modernisierung reduzieren sich kollektive Bindungen, gleichzeitig verlieren tradierte Lebensmuster an Bedeutung, während neue Lebensformen mit der Möglichkeit, ohne eine Familie zu leben, entstehen. Weitreichende Auswirkungen finden sich ebenso in veränderten Wert- und Moralvorstellungen, die mit neuen Unsicherheiten und einer höheren Belastung durch mehr Selbstverantwortung einhergehen (Beck 1986: 182; 1990b: 39f; Beck und Beck-Gernsheim 1990: 10f).

Die Reduktion der Familie ist indessen nicht gleichzusetzen mit deren Bedeutungsverlust, sondern nunmehr bietet die Familie einen Gegenpol zu „sinnentleerten" Arbeitsbeziehungen, wodurch die Bedürfnisse der Partner vermehrt auf die Beziehungen ausgerichtet werden. Einerseits werden Ehe, Familie und Partnerbeziehungen für die Identität der Menschen von zentraler Bedeutung, andererseits überlässt die fehlende Reglementierung neuer Lebensformen durch die Gesellschaft jedem Einzelnen die individuelle Gestaltung seines Lebens nach seinen eigenen Bedürfnissen und erhöht dadurch die Komplexität. „Je höher die Komplexität im Entscheidungsfeld, desto größer ist auch das Konfliktpotenzial der Ehe" (Beck-Gernsheim 1986: 215) und desto mehr stehen die Partner unter einem stetigen Entscheidungsdruck. Nach Beck (1990a: 132) führt der Wandel der früheren Arbeitsgemeinschaft zur Gefühlsgemeinschaft zu einem zerbrechlichen Gebilde, das anfällig für Krisen ist und mit einer höheren Eheinstabilität einhergeht, was auf die damit verbundene Emotionalisierung der Partnerbeziehungen zurückzuführen ist.

Beck-Gernsheim (1994: 118f) untersucht eingehend die Veränderungen der privaten Lebensformen und fragt nach den Ursachen des Geburtenrückgangs in jüngeren Kohorten. Sie analysiert dazu die Entwicklung der Geburtenziffer auf europäischer Ebene. Im europäischen Vergleich ab den siebziger Jahren ist die Geburtenzahl in Deutschland zwar deutlich niedriger, die prozentuale Abnahme

---

12 In den siebziger Jahren des zwanzigsten Jahrhunderts.

aber bei Weitem nicht so hoch wie in vielen Ländern der Europäischen Union. Mit fast 50 % ist sie in Irland, Portugal, Spanien und Italien am höchsten, dagegen verzeichnen die skandinavischen Länder wieder steigende Geburtenraten (Beck-Gernsheim 2006: 7ff). Entsprechend der Formel „je näher zum Papst, desto weniger Kinder" kommentiert eine norwegische Politikerin diesen Befund und „... je näher zur Gleichberechtigung, desto mehr Kinder" bewertet Beck-Gernsheim (2006: 148) diese Entwicklung. Abgesehen von den unterschiedlichen Entwicklungen innerhalb Europas gab es historisch gesehen immer wieder Phasen mit steigenden und sinkenden Geburtenzahlen. Aus diesem Grund ist eine Vorhersage für die zukünftige Entwicklung der Geburtenrate auf Basis eines kurzen Beobachtungszeitraumes nicht sinnvoll. Für den Geburtenrückgang benennt Beck-Gernsheim heterogene Faktoren, die durch die Modernisierung ursächlich beeinflusst werden. In früheren Zeiten überwogen die ökonomischen Vorteile, Kinder zu haben, während Kinder heutzutage zunehmend mit hohen Kosten verbunden sind.

Im Falle einer Scheidung bedeuten Kinder vor allem für Frauen ein hohes Armutsrisiko. Moderne Verhütungsmethoden erlauben eine Geburtenplanung und verändern den Stellenwert von Kindern. Kinder sind somit nach Beck (1990b: 45) zunehmend Wunschkinder, die zur Befriedigung der eigenen emotionalen Bedürfnisse, insbesondere zum psychologischen Nutzen, gezeugt werden. Die Individualisierung ermöglicht nunmehr die freie Wahl der Lebensform und Wahlfreiheit bei der Entscheidung für oder gegen Kinder. Mit der Geburt von Kindern verbinden vor allem Frauen der Unterschicht Lebenssinn und Lebensaufgabe (Beck-Gernsheim 1990: 138f; 1998: 135f, 182; Beck 1990b: 48). Mit der Möglichkeit der Geburtenplanung rückt die Frage nach dem finanziellen Aufwand für Kindererziehung und der Vereinbarkeit von Familie und Beruf in den Mittelpunkt. Insbesondere höher gebildete Frauen verschieben ihren Kinderwunsch teilweise so lange, bis das gebärfähige Alter überschritten ist, oder sie gebären weniger beziehungsweise gar keine Kinder (Beck-Gernsheim 1990: 143; 1998: 112). Mit dem Anstieg der Anforderung an die Kindererziehung und Verantwortung für Kinder beginnt eine „Spiralbewegung: Je weniger Kinder geboren werden, desto wertvoller wird das einzelne [...]. Je wichtiger und teurer jedes Kind wird, desto mehr Menschen schrecken aber auch zurück." (Beck-Gernsheim 1990: 144). Gleichzeitig gewinnt die Antizipation der Partnerschaftsstabilität an Bedeutung für die Geburtenentwicklung. Je weniger stabil diese eingeschätzt wird, desto seltener werden Kinder geboren. Hieraus lässt sich ableiten, dass Kinder heutzutage nur in bestimmten Partnerschaften – beispielsweise in besonders kindzentrierten – geboren werden (Beck-Gernsheim 1990: 143 f, 176ff). Die kindzentrierte Familie ist dennoch nicht zwangsläufig stabiler als andere Familientypen, denn durch die intensive Beschäftigung mit den eigenen

Kindern sind „mögliche Beziehungskonflikte vorprogrammiert. Zeit, Kraft, Nerven, Geduld und Gefühle – sie gehen heute nicht selten vorrangig ans Kind. Die alte Regel, dass Kinder' verbinden, gilt unter den neuen Bedingungen nicht mehr, oder nur noch zum Teil" (Beck-Gernsheim 1990: 179).

Auch die Veränderung des Wirtschaftssystems und die damit einhergehende Zunahme der Frauenerwerbstätigkeit haben einen Anteil am Geburtenrückgang in Deutschland. Obwohl die Auswirkungen dieses Wandels in den letzten Jahrzehnten überwiegend gesellschaftliche Akzeptanz fanden und für das Wirtschaftssystem als notwendig erachtet wurden, hat sich auf der anderen Seite die Einstellung zur Mutterrolle kaum verändert. Mit der Geburt von Kindern wurde und wird die Übernahme der traditionellen Frauenrolle erwartet, die mit der Aufzucht und Betreuung von Kindern einhergeht. Die tradierten Muster haben sich auch bei der Vaterrolle kaum verändert. Väter beteiligen sich nur mäßig an der Betreuung, besonders wenig jedoch bei Kleinkindern, oder unterbrechen ihre Erwerbstätigkeit, um Vaterschaftsurlaub zu nehmen (Beck-Gernsheim 1992; 1998: 88; 2006: 16f; Beck 1990b: 47f). Darüber hinaus sind Frauenerwerbstätigkeit und Kinderwunsch aufgrund mangelnder Kinderbetreuungseinrichtungen, der geforderten Mobilität im Berufsleben sowie befristeter Verträge – insbesondere für Akademikerinnen – nur schwer realisierbar (Beck-Gernsheim 2006: 120ff). Wirth und Schmidt (2003: 104f) decken einen stark negativen Effekt der Bildung auf das Heiratsverhalten und die damit verbundene geringe Fertilitätsneigung auf. Seit den siebziger Jahren des letzten Jahrhunderts gehen die Geburtenzahlen zurück, vor allem wegen des gleichzeitigen Anstiegs des Bildungsniveaus von Frauen (Wirth 2006: 3f). Angebote, die Elternschaft und Beruf vereinbaren, können einen Anstieg der Geburtenrate fördern, vergleichbar etwa mit der Entwicklung in den skandinavischen Ländern (Beck-Gernsheim 2006: 142ff).

Aufgrund der genannten Gründe stellen Kinder nach Beck (1986: 193; 1990b: 55) zwar ein Hindernis im Individualisierungsprozess dar, sind aber letztendlich die einzige „Primärbeziehung", die Menschen noch gemeinsam verwirklichen können. Beck bezeichnet Kinder aus diesem Grund als letzte Barriere gegenüber einer Trennung oder Scheidung, die trotz Veränderungen in der Gesellschaft noch Bestand hat. Eigene Kinder vermindern folglich die Scheidungswahrscheinlichkeit, wohingegen kinderlose Ehen eine höhere Trennungswahrscheinlichkeit aufweisen.

Trotz der Popularität der Individualisierungstheorie stößt sie in der Scheidungsforschung auf starke Kritik, die insbesondere die nicht evidente Theorieentwicklung bemängelt. Zwar wird versucht, die Überlegungen zur Individualisierung und Modernisierung in die soziologische Diskussion der Familiensoziologie einzubinden, jedoch wird die systematische Integration soziologischer

Theorieentwicklung nicht vollzogen. An keiner Stelle werden Verknüpfungen zu einem der bedeutenden Paradigmen, seien sie strukturfunktionalistischer oder austauschtheoretischer Art, geknüpft. Weiterhin werden die Begriffe Individualisierung und Modernisierung nicht eindeutig geklärt und sind schlecht operationalisierbar. Außerdem ist zu kritisieren, dass die empirische Überprüfung der Hypothesen sich nur auf eine geringe Anzahl empirischer Untersuchungen stützt oder teilweise gar nicht erfolgt. Die Individualisierungstheorie verwendet vielfach Daten der amtlichen Statistik, die nur allgemeine Veränderungen, aber keine Aussagen über individuelle Risiken aufzeigen können. Nach Kopp (1994: 36) ist beispielsweise die These von Beck-Gernsheim, die folgert, dass Erwerbstätigkeit zum neuen Selbstverständnis der Frauen gehört, empirisch zweifelhaft, da die Frauenerwerbstätigkeit vielmehr auf der reinen ökonomischen Notwendigkeit basiert, den Wohlstand der Familie zu sichern. Auch der Kinderwunsch ist bei Frauen in Ehen und nichtehelichen Lebensgemeinschaften erheblich wichtiger als die Ausübung einer beruflichen Tätigkeit (Kopp 1994: 34ff).

Zusammenfassung: Die Individualisierungstheorie beschreibt den Wandel der traditionalen Familie zu neuen Lebensformen und betont die damit einhergehende Emotionalisierung der Partnerschaften, die dadurch krisenanfälliger und instabiler geworden sind. Mit dem Wandel der Partnerschaft zur Gefühlsgemeinschaft steigt die Bedeutung von Kindern als Lebenssinn ebenso wie auch der psychologische beziehungsweise emotionale Nutzen. Dagegen erhöht oder vermindert sich die Ehestabilität, je nachdem wie intensiv die Beschäftigung mit den eigenen Kindern die Partnerschaft belastet, indem sie sich nur auf das Wohl von Kindern konzentriert und die Beziehung aus den Augen verliert. Je mehr Kinder in den Mittelpunkt der Partnerschaft rücken, desto stärker sinkt die Geburtenrate. Durch die Pluralisierung der Lebensformen entstehen zum einen kindzentrierte Partnerschaften, die Kindern einen wichtigeren Stellenwert als früher beimessen, zum anderen nehmen Partnerschaften zu, die nicht auf die Geburt von Kindern ausgerichtet sind. Die verstärkte Partizipation der Frauen am Arbeitsmarkt führt zur Doppelbelastung, die sich negative auf die Geburt von Kindern auswirkt. Gleichzeitig reduziert die traditionelle Rolleneinstellung von Ehemännern, vor allem in Bezug auf die Beteiligung an der Hausarbeit, die Geburtenrate und die Stabilität der Partnerschaft. Die Individualisierung führt nicht zu einem Bedeutungsverlust von Ehe und Kindern, sondern zur Bedeutungssteigerung, die aber durch die gleichzeitige Komplexitätszunahme heterogene Wechselwirkungen verursacht.

Hypothese (1):   Leibliche Kinder erhöhen die Ehestabilität.
Hypothese (2):   In kindzentrierten Ehen erhöht sich durch die Geburt von Kindern, im Vergleich zu anderen Ehetypen, nicht zwangsläufig die Ehestabilität.

Kontrollvariablen: Bildung der Ehefrau[13], Erwerbstätigkeit der Ehefrau[14], Rolleneinstellung des Ehemannes.[15]

Abbildung 2:   Individualisierung und Ehestabilität

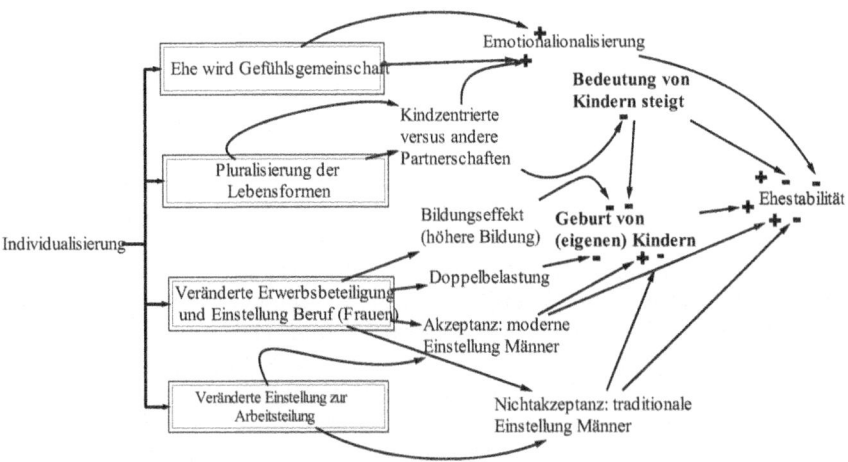

Quelle: eigene Darstellung.

---

13 Hypothese: Eine höhere Bildung der Ehefrau verringert (indirekt) die Ehestabilität.
14 Hypothese: Die Erwerbstätigkeit von Frauen verringert (indirekt) die Ehestabilität.
15 Hypothese: Ehemänner mit moderner Rolleneinstellung erhöhen (indirekt) die Ehestabilität.
Fragen zur Rolleneinstellung werden im Familiensurvey 2000 jedoch nicht gestellt.

2.1.3 Anspruchssteigerung

Die Theorie der Anspruchssteigerung, die entscheidend durch die Arbeiten von Nave-Herz geprägt wurde, argumentiert in ähnliche Richtung wie die zuvor genannte Individualisierungstheorie und beinhaltet Aspekte des Deinstitutionalisierungsprozesses. Während Individualisierungstheoretiker Veränderungen struktureller Bedingungen für das Ansteigen der Scheidungsrate verantwortlich machen, werden in dieser Theorie veränderte Wertorientierungen als Ursache des familialen Wandels benannt. Die Deinstitutionalisierungsthese spricht von einem Bedeutungs- und Sinnverlust der Ehe, dagegen wird an dieser Stelle der Terminus Bedeutungswandel im Hinblick auf die sich veränderten Strukturen von Partnerbeziehungen verwendet, die sich vor allem seit der Mitte des letzten Jahrhunderts vollzogen haben. Mit steigendem Wohlstand nach dem Zweiten Weltkrieg verloren die zuvor stark aufgewerteten Institutionen Ehe und Familie zunehmend an Bedeutung, auch befördert durch die Wahrnehmung von Alternativen zur Ehe, wie zum Beispiel die nichteheliche Lebensgemeinschaft (Nave-Herz 2000: 261ff; 2002b: 48ff). In Anlehnung an die Theorie des Wertewandels von Klages (1985) kommt es zu einer Verschiebung der Wertorientierung von Pflicht- zu Selbstentfaltungswerten, einhergehend mit der Zunahme des Anspruchs an die Partnerbeziehung. Nave-Herz (1990) und Scheller (1992) belegen dies mit empirischen Studien, die sowohl quantitative als auch qualitative Aspekte berücksichtigen. Die Hauptergebnisse dieser Studien werden nachfolgend kurz erläutert.

Jüngere Heiratskohorten weisen höhere Ansprüche an die Qualität der Partnerbeziehungen auf, dies führt vermehrt zu Beziehungsproblemen und dem Anstieg der Eheinstabilität. Überwiegend jüngere Frauen suchen in der Ehe nach „mehr Gemeinsamkeit, Selbstständigkeit und Mitbestimmung" (Scheller 1992: 211), was in Verbindung mit Kinderlosigkeit zu einem höheren Scheidungsrisiko führt. Das Ergebnis des Wertewandels ist ein Perioden- und Kohorteneffekt. Zum einen sind vornehmlich junge Kohorten betroffen, zum anderen ist bei allen Kohorten die individuelle Anspruchsverschiebung, zum Beispiel durch eheexterne Faktoren wie Studium oder Erwerbstätigkeit, positiv mit der Scheidungsrate korreliert. Nur bei Frauen, deren Ehe auf Pflichtwerten basiert, wobei es sich vornehmlich um ältere, durch marginale Schulbildung sowie durch starke religiöse Bindung geprägte Frauen handelt, ist die Ehestabilität weiterhin hoch. Hingegen weisen Gruppen mit hohen Selbstentfaltungswerten, die mit hoher Berufsorientierung und geringer Religiosität einhergehen, höhere Scheidungsraten auf. Beeinflusst durch Faktoren wie die Bildungsexpansion und sinkende religiöse

Werte, verbunden mit der Zunahme unterschiedlicher familialer Lebensformen[16], steigen die psychischen und affektiv-emotionalen Anforderungen an die Partner und erhöht sich die Instabilität der Ehe. Exogene Faktoren wie Arbeitslosigkeit, starke Arbeitsbelastung, lange Arbeitszeiten beziehungsweise finanzielle Schwierigkeiten verstärken den Effekt und erhöhen die Scheidungsrate. Kurz gefasst kann das steigende Ehescheidungsrisiko aus der Perspektive der Theorie der Anspruchssteigerung in Anlehnung an Parsons (1952) und Berger und Kellner (1965) mit einer Anspruchssteigerung in Bezug auf Ehe und Familie erklärt werden (Berger und Kellner 1965: 63; Nave-Herz 1990: 66ff, 137f; 1998: 305; 2002b; Scheller 1992: 211ff).

Obwohl viele Familienforscher aufgrund der genannten Entwicklungen von einem „Zerfall der Familie" sprechen, den sie durch den Funktionsverlust oder die Entstehung neuer Lebensformen als Konkurrenz zur Familie erklären, kommt Nave-Herz zu einem konträren Ergebnis. Kritik übt sie an dem Modell der Kernfamilie sowie an einigen methodischen Aspekten, die zu Fehlschlüssen führen. Die Kernfamilie als hauptsächlich vorherrschendes Familienmodell gab es historisch gesehen nur einen begrenzten Zeitraum neben anderen Ehe-Modellen. Methodische Fehler wie die Verwendung von Querschnitts- statt Längsschnittdaten verzerren den Befund, der besagt, dass die meisten Deutschen im Verlauf ihres Lebens eine Familie gründen. Die Möglichkeit, verschiedene Lebensformen (siehe Partnerschaftsformen nach Meyer (1993)) zu wählen, ist zwar in der jüngsten Zeit angestiegen, allerdings lösen diese Partnerschaftstypen nicht die Familie in ihrer Bedeutung ab. Viele Paare leben zwar in nichtehelichen Lebensgemeinschaften, allerdings sind diese kein funktionales Äquivalent zur Ehe, sondern zumeist eine Phase vor der Heirat, die in die Ehe oder eine neue Partnerschaft mündet (Nave-Herz 1997: 48; 2002a: 227ff; 2002b: 64). Auch Vaskovics (2006) betont, dass die Anzahl der nichtehelichen Lebensgemeinschaften in Deutschland stark zugenommen hat, diese aber kaum eine Alternative zur Ehe darstellen. Selten ist das Single-Dasein oder die Kinderlosigkeit freiwillig gewählt. Infolgedessen verliert die Ehe nicht ihre Monopolstellung, zumal, mit Ausnahme der 50er und 60er Jahre des letzten Jahrhunderts, ca. 80 % der Kinder in Kernfamilien[17, 18] aufwachsen. Während bei bestimmten Familienformen wie der Ehe die Sozialisation und Reproduktion von Kindern im Vordergrund steht, ist die nichteheliche Lebensgemeinschaft hauptsächlich auf die Befriedigung der emotionalen Bedürfnisse und Erwartungen der Partner ausgerichtet, mündet aber bei Kinderwunsch meistens in die Ehe (Nave-Herz 1998: 286ff; 2000: 263ff;

16 Klein (1999) widerspricht der These der Pluralisierung der Lebensformen, da sie sich „bei genauerem Hinsehen auf die Zunahme nichtehelicher Lebensgemeinschaften reduziert" (Klein 1999a: 487).
17 Gemeint sind hier Zweipersonenhaushalte mit Mutter und Vater.
18 Nach Analysen des Familiensurveys (die Quelle wird vom Autor nicht genannt).

2002b: 56ff; Vaskovics 2006: 143ff). Ebenso wie die Ehe nicht an Bedeutung verloren hat, steht auch der Wunsch nach Kindern in Deutschland nach wie vor an zentraler Stelle. Bewusste Kinderlosigkeit wird selten gewählt, stattdessen wird der Kinderwunsch vielfach verschoben und kann unter Umständen mit zunehmendem Alter nicht mehr realisiert werden – diese Entwicklung nimmt in jüngeren Kohorten zu. Die steigende Zahl der künstlichen Befruchtungen ist beispielsweise ein Kennzeichen für den anhaltenden sowie starken Kinderwunsch (Nave-Herz 1988: 29f, 40f; 1998: 299f). Als Gründe für die Kinderlosigkeit beziehungsweise die Reduktion der Kinderzahl lassen sich weiterhin der Anstieg der Frauenerwerbstätigkeit und materielle Gründe nennen. Bei näherer Betrachtung scheinen dagegen vor allem die Unvereinbarkeit von Beruf und Familie und die mangelnde Beteiligung von Männern an der Hausarbeit, als ursächliche Faktoren für die Kinderlosigkeit in Betracht zu kommen, beides Sachverhalte die nicht mit dem partnerschaftlichen Ideal übereinstimmen (Nave-Herz 1988: 48f; 2002b: 59f). Schulz und Blossfeld[19] (2006) zeigen nachdrücklich das Fortbestehen des traditionellen Hausarbeitsmusters auf, welches mit einer geringen Beteiligung von Männern an Routinehausarbeiten einhergeht. Die Beteiligung von Männern an der Hausarbeit verringert sich im Verlauf der Ehe systematisch und nimmt mit der Geburt von Kindern drastisch ab. Ursächlich beeinflussen traditionelle Rollenmodelle und kulturelle Vorgaben diese Form der Arbeitsteilung in den Haushalten, jedoch beruhen sie nicht auf ökonomischen Überlegungen, „sondern vielmehr auf Trägheiten im Geschlechter-Arrangement" (Schulz und Blossfeld 2006: 46).

Mit der Zunahme der Bedeutung von Kindern für Partnerschaften erhöht sich durch nicht geplante Kinderlosigkeit die Eheinstabilität. Ursache gestiegener Scheidungsraten ist folglich nicht die vermehrte Frauenerwerbstätigkeit, sondern die Diskrepanz zwischen partnerschaftlichem Ideal, also dem Wunsch, Kinder zu gebären, und der Realität, das heißt einem steigenden Nichterfüllen des Kinderwunsches. Meyer (1993), der an die klassische Differenzierungstheorie anknüpft, sieht einen Wandlungsprozess der Familie, vergleichbar wie Nave-Herz, hin zu neuen Lebensformen. Durch die Ausdifferenzierung des zuvor einheitlichen Privatsystems Familie entstehen drei Privatheitsformen, die sich an die steigende Komplexität des Privatheitssystems anpassen. Diese neuen Subsysteme der privaten Lebensführung sind der kindorientierte, partnerschaftsorientierte und individualistische Privatheitstyp. Zentrale Aufgabe des kindorientierten Familientyps ist die Erziehung und Sozialisation von Kindern, dieser Typ findet sich zumeist in Ehen. Obwohl dieser Partnerschaftstyp durch hohe Stabilität gekennzeichnet

---

19 Künzler et al. erzielen mit der Würzburger Arbeitsteilungsstudie und dem SOEP ähnliche Ergebnisse: Nur wenn Kindergartenkinder vorhanden sind, steigt die Wahrscheinlichkeit „dass der Mann mehr als nur symbolisch zur Hausarbeit beiträgt" (Künzler 1999: 257).

ist, weist er eine geringe Beziehungsqualität auf. „Je mehr Kinder in den Mittelpunkt rücken, desto mehr gerät der Eigensinn der Paarbeziehung tendenziell in
den Hintergrund" (Meyer 1993: 28). Der partnerschaftsorientierte, vorwiegend
durch nichteheliche Lebensgemeinschaften repräsentierte Typus basiert auf funk-
tionalen Liebesbeziehungen, deren zentrale Bedeutung auf affektiven, erotisch-
sinnlichen und sexuell-körperlichen Dimensionen beruht. Im Mittelpunkt dieser
– gegenüber Problemen tendenziell instabilen – Privatheitsform stehen das Paar
sowie dessen Interessen, die aufgrund der starken Berufs- und Freizeitorientie-
rung mit Elternschaft kollidieren. Sie ist nicht auf Dauer ausgelegt und wird von
der Gründung einer Familie oder durch neue Partnerschaften abgelöst. Der individualistische Privatheitstyp ist gekennzeichnet von dem größten Potenzial an
Selbstverwirklichungs-, Berufs- und Freizeitstreben. Diese intermediäre Lebensform ist am weitesten bei Singles[20] und WGs verbreitet, die nach Unabhängigkeit
von institutionellen Zwängen und traditionellen Rollenverständnissen streben
(Meyer 1993). Die Geburt eigener Kinder, die einen partnerschaftsstabilisieren-
den Faktor darstellt, findet, analog zu Nave-Herz, überwiegend in
kindorientierten Lebensformen statt. Die Familie reduziert sich aus diesem
Grund auf den kindorientierten Privatheitstyp, der nunmehr durch die Entstehung
weiterer Lebensformen das Monopol der privaten Lebensführung verliert. Meyer
bezeichnet diese Entwicklung als „Monopolverlust" der Familie.

Nach Roussel (1980a; 1980b) können in einer Gesellschaft verschiedene
Ehemodelle nebeneinander existieren. Er benennt vier Ehemodelle: die „traditionelle Ehe", die „Bündnis-Ehe", die „Verschmelzungsehe" und die „Partner-Ehe".
Die „traditionelle Ehe" ist eine Institution, die das Überleben der Individuen zum
Ziel hat. Im Gegensatz dazu steht bei der „Bündnis-Ehe" und der „Verschmelzungsehe" die affektive Solidarität in Form von persönlichem Glück als wichtigste Nutzenkomponente im Vordergrund. Das Ehemodell der „Verschmelzungsehe" reduziert sich auf die emotionale Komponente, während in der
„Bündnis-Ehe" der institutionelle Rahmen auch von Bedeutung ist. Die „Partner-
Ehe" ist nicht auf Dauer angelegt und verfolgt das Ziel „jedem Partner möglichst
viele Annehmlichkeiten zu verschaffen" (Roussel 1980b: 84). Die unterschiedlichen Ehemodelle können das ungleiche Scheidungsrisiko je nach Partnerschaftsform beziehungsweise Funktion der Ehe erklären. Je emotionaler beziehungsweise hedonistischer die Partnerschaftsform ist, desto niedriger ist die Ehestabilität (Roussel 1980a, 1980b).

Hill und Kopp (1999: 27f) bemängeln die makrosoziologische Ausrichtung der
Theorie, der es an einer expliziten Handlungstheorie fehlt. Makrosoziologische
Phänomene, die den theoretischen Zusammenhang zwischen Ehestabilität und

---

20 Diese setzen sich aus freiwilligen und nicht freiwilligen Singles zusammen.

den Ursachen der Ehescheidung erklären sollen, benötigen eine ausreichende Verknüpfung mit den individuellen Handlungsoptionen der Akteure – diese fehlt der Theorie der Anspruchssteigerung jedoch. Je nach Lebenssituation oder Interpretation der Lebenssituation können Personen unterschiedliche Verhaltensmuster aufweisen. Beispielsweise bewirken gestiegene Ansprüche an die Partnerschaft nicht notwendigerweise Konflikte. Diese entstehen nur, wenn die Erwartungen an die Partner nicht realisierbar oder nicht miteinander vereinbar sind (Hill und Kopp 1999: 28f; Scheller 1992: 56). Desgleichen eröffnen sich durch die gestiegene Frauenerwerbsbeteiligung mehr Handlungsoptionen für Frauen, allerdings sind die Konsequenzen nicht für alle Frauen identisch (Kopp 2004: 269). Daneben kritisiert Kopp (1994) die Vorgehensweise bei der Theoriebildung. Erst werden empirische Ergebnisse betrachtet und danach die theoretischen Konstrukte gebildet, weshalb sie ohne Erklärungsgehalt sind (Kopp 1994: 39f).

Zusammenfassung: Fokussierend auf die Stabilität von Ehen und die Geburt von Kindern liefert die Theorie der Anspruchssteigerung in Verbindung mit der Deinstitutionalisierungstheorie nach Meyer heterogene Ergebnisse. Zentrale Faktoren, die zur Verminderung der Geburtenrate und dem Anstieg des Scheidungsrisikos führen, sind die Entstehung neuer Lebensformen, der steigende Anspruch an die Partnerbeziehung und die Frauenerwerbstätigkeit, die sich wiederum gegenseitig beeinflussen. Auf Selbstentfaltungswerten basierende Beziehungen, die mit geringer Ehestabilität einhergehen, nehmen zu, während umgekehrt Partnerschaften, die auf Pflichtwerten beruhen, abnehmen. Daneben wird die Ehestabilität indirekt durch die Entstehung neuer Lebensformen und der Verbreitung der Erwerbsbeteiligung von Frauen beeinflusst. Je nach Ausrichtung der Lebensform[21] zeigen sich unterschiedliche Konsequenzen für die Geburtenrate. Die steigende Frauenerwerbstätigkeit bedingt weitere ehedestabilisierende Faktoren. Die Unvereinbarkeit von Familie und Beruf und die veränderte Einstellung von Frauen hinsichtlich der innerfamilialen Arbeitsteilung im Zusammenspiel mit der mangelnden Beteiligung von Männern an der Hausarbeit sind zentrale Faktoren, die Einfluss auf den Geburtenrückgang nehmen.

Hypothese (3): Unerfüllter Kinderwunsch verringert die Ehestabilität.

Hypothese (4): Die Geburt von Kindern ist für kindorientierte Ehen wichtiger als für andere Ehetypen, diese Ehen sollten stabiler sein als andere Ehetypen.

---

21 Die Partnerschaftstypen lassen sich, in Anlehnung an Meyer (1993), als kind-, partner-, oder individualorient klassifizieren.

Kontrollvariablen: Anspruchssteigerung[22], kindorientierte Partnerschaften[23], Selbstentfaltungs- und Pflichtwerte[24], Rollenorientierung der Ehemänner[25], Vereinbarkeit von Berufs- und Familienleben.[26]

Abbildung 3: Anspruchssteigerung und Ehestabilität

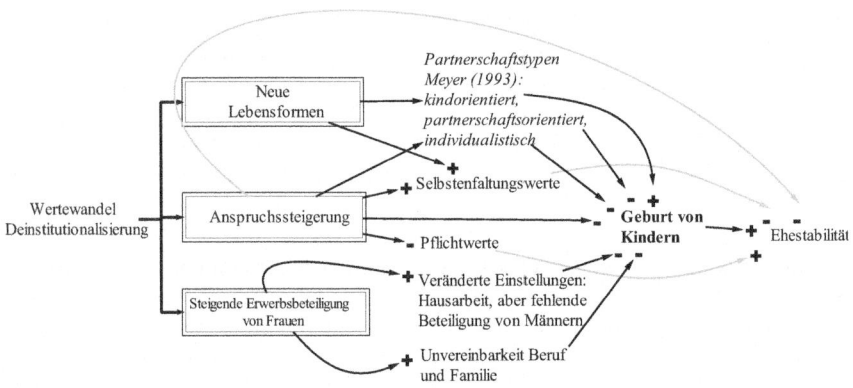

Quelle: eigene Darstellung.

22 Hypothese: Je höher die Ansprüche an die Ehe sind, desto geringer ist die Ehestabilität (indirekter Einfluss). .Diese Hypothese ist mit den Daten des Familiensurvey nicht überprüfbar.

23 Hypothese: Kindorientierte Partnerschaften sind eher in Ehen zu finden und sind stabiler als andere Ehetypen.

24 Hypothese: Ehen, die auf Selbstentfaltungswerten basieren, sind instabiler als Ehen, die durch Pflichtwerte geprägt sind. Selbstentfaltungswerte finden sich eher in jüngeren Kohorten als in älteren.

25 Hypothese: Je traditionaler die Rolleneinstellung der Ehemänner ist, desto geringer ist die Ehestabilität. Mit den Daten des Familiensurvey 2000 kann diese Hypothese nicht überprüft werden, da Fragen zur Rolleneinstellung nur für die aktuelle Beziehung gestellt werden.

26 Hypothese: Je weniger Frauen Berufs- und Familienleben vereinbaren können, desto geringer ist die Ehestabilität. Diese Hypothese ist mit den Daten des Familiensurvey nicht überprüfbar.

2.1.4 Austauschtheorie

Das strukturfunktionalistische Paradigma, das in der Familiensoziologie lange Zeit eine vorherrschende Position einnahm, kann eine Vielzahl von Fragestellungen, insbesondere die nach den Determinanten der Ehescheidung, nur unzureichend beantworten. Die Austauschtheorie bietet durch ihre behavioristische Ausrichtung die Möglichkeit, familiale Prozesse hinreichend zu erklären. Die Arbeiten von Levinger, Lewis und Spanier und Nye, die sich auf die Arbeiten von Blau und Thibaut und Kelley beziehen, sind von zentraler Bedeutung für die Austauschtheorie der Ehescheidung.

Grundlage dieser Theorien ist die Annahme, dass soziales Handeln sich als Tausch von materiellen und immateriellen Gütern begreifen lässt, der dann erfolgt, wenn er für die Akteure von Vorteil ist und der andere Tauschpartner ein Interesse an dem Tausch hat. Die Austauschtheorie beachtet neben ungleicher Macht- und Ressourcenausstattung auch die aufgrund der Sozialisation internalisierenden Werte und Normen der Akteure. Die zwischen den subjektiv-rationalen Akteuren innerhalb affektiver Sozialbeziehungen tauschbaren Güter können beispielsweise Emotionen, Wertschätzung, Aufmerksamkeit, Hilfe- und Dienstleistungen, Pflichten und Rechte sowie Verständnis sein (Foa und Foa 1980: 77ff). Für den sozialen Tausch bestehen andere Kriterien als für den ökonomischen Tausch, insbesondere liegen Reziprozitätserwartungen des Empfängers und des Gebers von Ressourcen vor. Der Geber erwartet vom Empfänger eine adäquate Gegenleistung und der Empfänger fühlt sich zur Erwiderung mittels einer entsprechenden Gegenleistung verpflichtet, obwohl allerdings weder die Art noch der Zeitpunkt des Tausches dieser Güter spezifiziert werden. Der Austausch erfolgt nach dem Prinzip der Verstärkung[27] und führt, falls die Interaktionen zu Beginn des Tauschverhältnisses von beiden Partnern positiv bewertet wurden, zu einer Wiederholung (Blau 1964; Coleman 1990: 315; Nye 1982; White und Klein 2002: 33ff).

Nach Homans (1972: 43ff) lernen die Akteure über Belohnungen, das heißt, sie entscheiden meist kognitiv, in welcher Situation welches Handlungsmuster ausgeführt wird. Mit zunehmender Belohnungshäufigkeit und Höhe des Gewinns aus der Handlung steigt die Bereitschaft, die Handlung auszuführen. Allerdings unterliegen diese auch Deprivations- und Sättigungsprozessen, falls Personen innerhalb eines kurzen Zeitraums Belohnungen erhalten haben (Homans 1972: 47). Nach dem Gerechtigkeitsprinzip, das vor allem auf die equity theory zurückzuführen ist, reagieren Akteure auf das Nicht-Erhalten einer erwarteten,

---

27 Von der Lerntheorie übernommen.

angemessenen Belohnung mit Wut und Enttäuschung (Hill und Kopp 2004: 110; Homans 1972: 64). Die durch den Tausch erfahrenen Belohnungen führen zu einer Verstetigung der Interaktionen, deshalb können eheliche Beziehungen als verstetigte Tauschbeziehungen affektiv-emotionaler Art charakterisiert werden, die für beide Akteure wechselseitige Belohnungen implizieren. Der Tausch von Ressourcen innerhalb der Partnerschaft unterliegt dem Grundsatz des Nutzenmaximierungsprinzips. Allerdings stehen eheliche Güter wie beispielsweise Liebe oder Freundschaft nur in begrenztem Umfang zur Verfügung. Der Gewinn aus einer Beziehung errechnet sich aus den Kosten, wie dem physischen oder psychischen Aufwand, Zeit oder Opportunitätskosten, abzüglich des Nutzens, wie Wertschätzung, Emotionen oder Zuneigung. Thibaut und Kelley (1959) versuchen mit der Interdependenztheorie soziale Beziehungen und Interaktionen zwischen Personen zu analysieren und darüber hinaus Gründe für stabile und zufrieden stellende Beziehungen zu erörtern. Kernpunkt ist die Annahme, dass die Wirkungen einer Interaktion den Akteuren Belohnungen (rewards) und Kosten (costs) verursachen. Die Auswirkungen der Interaktionen werden anhand von persönlichen Maßstäben, dem Vergleichsniveau CL^{28} und dem alternativen Vergleichsniveau CL_{alt} bewertet. Nach Thibaut und Kelley bieten sich hierbei zwei verschiedene Alternativen, die Attraktivität der existierenden Beziehung und die der möglichen Alternativen. Die Attraktivität der Beziehung wird durch den individuellen Nutzen der Partnerschaft bestimmt, zum Beispiel durch das Vorhandensein von Kindern. Je höher sie ist, desto positiver wird die eigene Beziehung bewertet. Gleichermaßen verhält es sich mit dem Nutzen möglicher Alternativen, die von persönlichen Erfahrungen und kulturellen Vorgaben in unterschiedlichem Maße geprägt sind. Alternative Beziehungen werden dann in Erwägung gezogen, wenn der Nutzen der bestehenden Beziehung geringer ist als der der alternativen Möglichkeiten. Alternativen sind nicht zwingend andere Partnerschaften, sondern sie können sich auch in einem „Single-Dasein" ausdrücken (Kelley 1983; Kelley und Thibaut 1978: 8f; Thibaut und Kelley 1959: 98ff; White und Klein 2002: 37ff).

In Bezug auf Ehescheidung spielen in der Austauschtheorie der Familie insbesondere zwei zentrale Konstrukte, die Ehestabilität und die Ehequalität, eine Rolle. Die Stabilität der Ehe wird bei Levinger (1965) als „Funktion sozialer und psychologischer Attraktionen und Barrieren" bestimmt, die vor allem durch das Zusammenspiel dreier Faktoren erklärt wird: der Attraktivität der eigenen Ehe, der Attraktivität alternativer Beziehungen und der Barrieren, die einer Trennung entgegenwirken (Levinger 1965: 19). Die Attraktivität der existierenden Partner-

---

28 Von dem englischen Begriff „comparison level" übernommen.

schaft ist wiederum von emotionalen, sozioökonomischen und symbolischen Belohnungen abhängig. Barrieren werden von persönlichen Verpflichtungen, Wertevorstellungen, Normen und Kosten geprägt. Alternativen zur Ehe sind von emotionalen und ökonomischen Belohnungen abhängig (Levinger 1965: 21ff). Die genannten Einflussfaktoren operationalisiert Levinger, um sie anhand empirischer Untersuchungen mittels verschiedener Indikatoren zu überprüfen. Beispielsweise werden „materielle Belohnungen" durch die Variablen Familieneinkommen oder Hausbesitz, „affektionale Belohnungen" durch präferierte alternative Sexualpartner, „ökonomische Belohnungen" mit der Unabhängigkeit der Frau durch eigenes Einkommen oder „affektionale Kosten" mit Gefühlen den Kindern gegenüber operationalisiert (Levinger 1979: 44ff).

Kinder, insbesondere Kleinkinder, verursachen im Falle einer Trennung hohe emotionale Kosten und sind somit ehestabilisierend. Folglich sind kinderlose Partnerschaften instabiler. Die Geburt von Kindern kann allerdings auch zu „sinkender Attraktion" der Partnerschaft führen, „couples with children in the home tend to have lower marital satisfaction [...] they have greater financial burdens and more interpersonal stress" (Levinger 1979: 55). Barrieren spielen nach Levingers Meinung in zufriedenen Ehen eine untergeordnete Rolle, sie sind nur dann bedeutsam, wenn die Attraktivität der Partnerschaft sinkt. Niedrige Attraktivität im Zusammenspiel mit hohen Barrieren kann allerdings dazu führen, dass Alternativen selten in Betracht gezogen werden, was wiederum das Konfliktpotenzial in diesen Partnerschaften erhöht. Sind die Attraktivität der Ehe und die Barrieren niedrig, so werden vermehrt Alternativen gewählt (Levinger 1965: 24ff, 1979: 44ff; 1982: 113).

Lewis und Spanier (1979) schließen an Levinger an, kritisieren jedoch an den bis dato entwickelten Modellen – vorwiegend Idealtypen der Ehe – das Fehlen eines systematischen Konzepts der Ehequalität (Lewis und Spanier 1979: 270f). Die Theorie der Ehequalität und Ehestabilität nach Lewis und Spanier beruht auf der Analyse einiger Hundert soziologischer und psychologischer Manuskripte, Zeitschriften sowie empirischer Befunde. Sie entwickeln ein Modell, das die starke Verbindung von Ehequalität und -stabilität systematisch unter Bezugnahme vielfältigster Einflussfaktoren beschreibt. Ehequalität und Ehestabilität korrelieren stark, dennoch kann der Zusammenhang zwischen den beiden Determinanten nicht als invers beschrieben werden, welcher den Schluss von hoher Qualität auf hohe Stabilität zuließe. Ehequalität manifestiert sich als „high marital adjustment, satisfaction, and happiness" (Lewis und Spanier 1979: 273) und wird als eine Funktion mehrerer Variablen verstanden. Die Variablen werden in drei Dimensionen zusammengefasst: „soziale und personelle Ressourcen", „Zufriedenheit mit dem Lebensstil" und „soziale und Belohnungen aus Interaktionen mit dem Partner". Im folgenden Modell (vergleiche Abbildung 4) von Lewis und Spanier wird die Wirkung der Variablen auf die Ehestabilität und Ehequalität dargestellt (Lewis und Spanier 1979: 289).

„Soziale und personelle Ressourcen" sind „voreheliche Variablen", zu ihnen zählen Homogamie, voreheliche Ressourcen, adäquate Rollenvorbilder und Unterstützung von anderen Bezugsgruppen. Voreheliche Ressourcen können materiell, zum Beispiel im Sinne von Vermögen, aber auch immateriell in Form von vorehelichen Kindern Einfluss auf die Ehequalität und dadurch auf die Ehestabilität nehmen. Im Speziellen wird in Bezug auf voreheliche Kinder gesagt, dass „Couples experiencing a premarital pregnancy will have a lower marital quality than couples not experiencing a premarital pregnancy" (Lewis und Spanier 1979: 276). „Zufriedenheit mit dem Lebensstil" beinhaltet etwa Zufriedenheit mit der Erwerbstätigkeit der Partnerin oder die optimale Aufteilung der Haushaltszusammensetzung. Die Zufriedenheit des Ehemannes mit der Erwerbstätigkeit der Ehefrau impliziert die Zufriedenheit der Frau mit ihrem Berufsleben und umfasst gleichzeitig die eigenständige Entscheidung für Berufs- oder Haushaltstätigkeit, ebenso wie die freie Berufswahl. Je höher die Zufriedenheit der Ehefrau mit dem Berufsleben und die Akzeptanz durch den Partner sind, desto größer ist die Zufriedenheit mit dem Eheleben. Die bestmögliche Haushaltszusammensetzung beinhaltet die Anzahl der Haushaltsangehörigen und die geplante Anzahl von Kindern. Aber je weniger erwachsene Personen in einem Haushalt leben und „the more the couple is able to control their fertility according to their own desires" (Lewis und Spanier 1979: 280), desto höher ist die Ehequalität. Die Familiengröße steht somit in einem inversen Verhältnis zur Qualität von Ehen. Die dritte Dimension, die als „Belohnungen der ehelichen Interaktion" zusammengefasst wird, beschreibt Faktoren wie Aufmerksamkeit der Partner, emotionale Gratifikation, die Effizienz der ehelichen Kommunikation, Rollenanpassung und die Häufigkeit der Interaktionen (Lewis und Spanier 1979: 279ff; 1982: 52ff).

Die Ehequalität übt wiederum kausalen Einfluss auf die Stabilität von Partnerschaften aus, von hoher Ehequalität kann aus diesem Grund auf hohe Ehestabilität geschlossen werden. Das Ausmaß an Ehequalität wird von den drei genannten Dimensionen bestimmt, daneben beeinflussen „Kontingenzen", in Form von „alternativen Attraktionen" und „externem Druck" die Ehestabilität. Je nach Stärke der Kontingenzen ist unterschiedliches Scheidungsverhalten zu beobachten. Alternativen zur Ehe wirken negativ auf die Ehestabilität, während Barrieren, gekennzeichnet durch externen Druck, beispielsweise ein strenges Scheidungsrecht, soziale Stigmatisierung oder Religiosität, die Ehestabilität erhöhen. Die „Kontingenzen" stellen aber nur eine Schranke dar, die bei geringer Ehequalität von zweitrangiger Bedeutung ist (Lewis und Spanier 1979: 285ff). Die von Lewis und Spanier (1979) formulierte Hypothese, nach der die Ehequalität der

Abbildung 4:   Modell der Ehequalität und Ehestabilität nach Lewis und Spanier (1979)

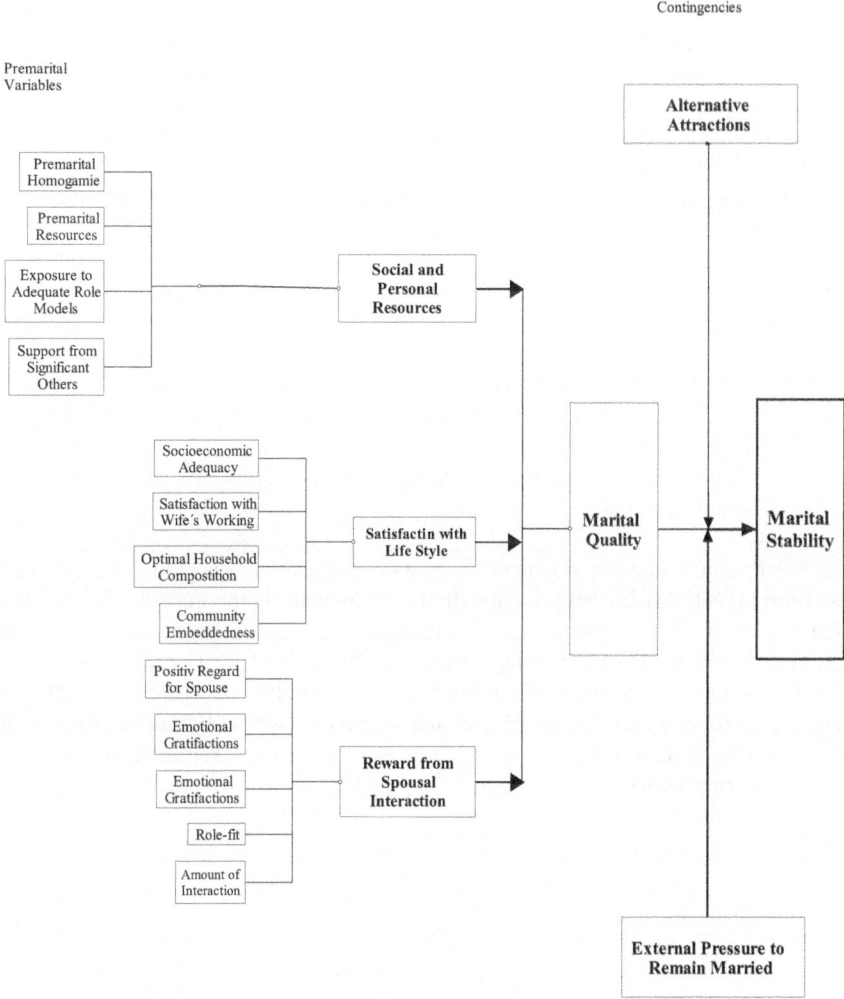

Quelle: Lewis und Spanier (1979), Darstellung als Mindmap.

bedeutendste Prädiktor für die Ehestabilität ist, wurde in zahlreichen empirischen Studien bestätigt, sollte aber nicht kritiklos übernommen werden. Nach Thibaut und Kelley (1959) können Partner ferner unzufrieden sein, wenn der Nutzen aus ihrer Beziehung unter dem Standard liegt, den die Partner für gültig erachten, oder geringer als der vermutete Nutzen aus alternativen Beziehungen ist. Desgleichen werden unter Umständen Alternativen zur bestehenden Beziehung erst dann wahrgenommen, wenn die Ehequalität unter den persönlich gesetzten Vergleichsmaßstab sinkt, während sie in zufriedenen Partnerschaften keine Rolle spielen (Thibaut und Kelley 1959).

In einer empirischen Studie weist Udry (1981) nach, dass Alternativen zur Ehe besser geeignet sind, die Stabilität von Partnerschaften zu erklären als die Ehequalität. Drei Hypothesen, die einen Zusammenhang zwischen Alternativen und der Ehestabilität zum Gegenstand haben, wie ihn Levinger (1965, 1979) beschreibt, werden bestätigt:

- mögliche Alternativen zur Ehe vermindern deren Stabilität,
- die Wirkung ehelicher Alternativen ist unabhängig von der Zufriedenheit mit der Ehe,
- die eigene Ressourcenausstattung korreliert direkt mit Alternativen zur Ehe (Udry 1981).

In Anlehnung an die zuvor genannten austauschtheoretischen Modelle entwickelt Rusbult (1980) das Investitionsmodell, das zwei zentrale theoretische Konstrukte zur Erklärung der Stabilität von Beziehungen übernimmt und um den Faktor „Investitionen in die Beziehung" erweitert. Rusbult et al. (1998: 360), deren Modell nicht nur heterosexuelle Partnerschaften, sondern auch die Stabilität von unterschiedlichen expressiven Beziehungen, beispielsweise Freundschaften oder die Bindung an den Arbeitsplatz, erklären soll, stellen die Wirkung der genannten Faktoren schematisch wie folgt dar:

Abbildung 5: Investmentmodell nach Rusbult et al. 1998

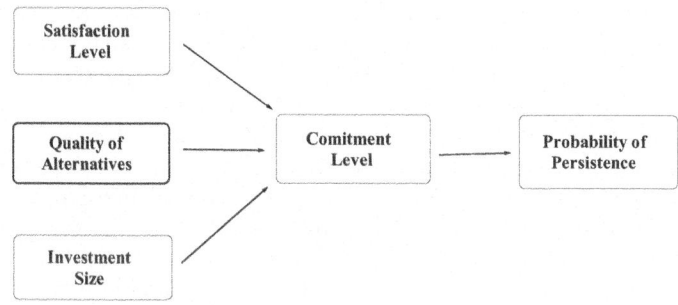

Quelle: Rusbult et al. 1998: 360, überarbeitete Darstellung.

Rusbult geht, wie die Interdependenztheorie, von der Annahme aus, dass die Zufriedenheit mit einer Beziehung und die Qualität der Alternativen zur Beziehung das Commitment[26] erhöhen und dadurch partnerschaftsstabilisierend wirken (Rusbult et al. 1998: 358f). Die Zufriedenheit mit der Beziehung (SAT_x[27]) ergibt sich aus dem Vergleich von hohen Belohnungen (REW_x[28]), niedrigen Kosten (CST_x[29]), das heißt dem Nettowert der Belohnungen und Kosten, und dem Vergleichslevel (CL_x[30]):

$$SAT_x = (REW_x - CST_x) - CL_x.$$

In gleicher Weise kann die Wirkung wahrgenommener Alternativen ALT_x berechnet werden (Rusbult 1983: 102). Die zentralen Prädiktoren des Investitionsmodells, das sich als bedeutsamer Beitrag zur Vorhersage der Stabilität und Dynamik von Partnerschaften erwiesen hat, sind die Investitionen (INF_x[31]) in die bestehende Partnerschaft. Das Commitment (COM_x[32]) lässt sich formal als:

$$COM_x = SAT_x - ALT_x + INF_x$$

---

26 Begriff „commitment" wurde übernommen, da er in der Familiensoziologie ein feststehender Begriff ist und es bei Verwendung des übersetzten Begriffs zu Verwechslungen mit „Bindung" im Sinne der Bindungstheorie kommen könnte.
27 Von dem englischen Wort „satisfied" übersetzt.
28 Von dem englischen Wort „reward" übernommen.
29 Von dem englischen Wort „costs" übersetzt.
30 Von dem englischen Begriff „comparison level" abgeleitet.
31 Von dem englischen Wort „involvement" übernommen.
32 Von dem englischen Wort „commitment" übersetzt.

darstellen (Rusbult 1983: 103). Zwischen dem Commitment und dem Zufriedenheitslevel und der Investitionshöhe besteht ein positiver Zusammenhang, zwischen Commitment und den möglichen Alternativen $(ALT_x)^{33}$ ein negativer. Mit
der Höhe der Investitionen steigt das Commitment und wirkt als Trennungshin-
dernis, da es im Falle einer Trennung nicht mehr genutzt werden kann. Die Investitionen können intrinsisch oder extrinsisch sein: "Intrinsic investments are
those resources that are put directly into the relationship, such as time, emotional
effort, or self-disclosures. Extrinsic investment occurs when initially extraneous
resources become inextricably connected to the relationship (e.g., mutual friends,
shared memories or material possessions, activities/persons/objects/ events
uniquely associated with the relationship). Invested resources may also prove to
be rewarding or costly, for example, shared memories or mutual friends could
also serve as rewards, whereas emotional effort or monetary investments could
be costly." (Rusbult 1983: 102). Hohe extrinsische Investitionen sind beispielsweise gemeinsame Erfahrungen mit Kindern (Rusbult et al. 1998: 359; Rusbult
und van Lange 2003: 363).

In Anlehnung an das Modell zur Ehequalität von Lewis und Spanier (1979:
286) kann das Investitionsmodell[34] verschiedene Typen stabiler und instabiler
Beziehungen durch das Zusammenspiel vom Zufriedenheitslevel, von der Qualität der Alternativen und der Höhe der Investitionen erklären. Eine Beziehung
wird aufrechterhalten, obwohl die Zufriedenheit und die Investitionen gering
sind, aber kaum Alternativen zur Verfügung stehen. Personen trennen sich, wenn
zwar der Zufriedenheitslevel hoch ist, aber die Investitionen gering sind und
viele Alternativen zur Verfügung stehen.

Die Erklärungskraft der Austauschtheorie für die Stabilität von Beziehungen wird von verschiedenen Autoren kontrovers diskutiert. Zum Beispiel kritisiert Kopp (1994: 51f), dass die Verknüpfung der Einflussfaktoren der Ehequalität zu sozialen Vorgängen nur in geringem Maße erfolgt. Die ursächlichen Gründe des Scheidungsanstieges werden deshalb nur unzureichend erklärt. Ebenso
basieren beispielsweise die Arbeiten von Lewis und Spanier nur auf der Auswer-
tung von Arbeiten und empirischen Befunden anderer Autoren. Bei der Theorie-

---

33 Von dem englischen Wort „alternative" abgeleitet.
34 Auf dem Investitionsmodell aufbauend entwickeln Rusbult et al. (1998) einen Fragebogen, der die
vier Komponenten des Investitionsmodells in Bezug zu Partnerschaften misst. Die Hypothesen
wurden in zahlreichen empirischen Studien getestet und bestätigt. Le und Agnew (2003) konnten in
einer Metaanalyse hohe Korrelationen zwischen dem Zufriedenheitslevel, der Investmenthöhe und
den Alternativen und dem Commitment mit 75 % Varianzaufklärung feststellen (Impett et al. 2002;
Le und Agnew 2003). Inkonsistenzen fanden sich in Bezug auf die Kosten, diese können aber von
der unterschiedlichen Operationalisierung der zentralen Konstrukte abhängen. Insgesamt wurden die
empirischen Validitäts- und Reliabilitätskriterien zufrieden stellend bestätigt (Grau et al. 2001;
Rusbult 1983; Rusbult et al. 1986; Rusbult et al. 1998).

bildung sollte aber zuerst eine Konstruktion der theoretischen Basis erfolgen und danach die Überprüfung der Thesen stattfinden (Kopp 1994: 51f). Theoretische Konstrukte der Austauschtheorie, wie Barrieren, Kosten und Nutzen oder das Vergleichsniveau, sind unzureichend operationalisierbar beziehungsweise werden in verschiedenen Studien unterschiedlich operationalisiert, dies erschwert den Vergleich der empirischen Ergebnisse. Nach Hartmann (1989: 70) enthält die Austauschtheorie keine Information über den Wert von Belohnungen, die Partner sich gegenseitig bereiten oder die Höhe der Kosten, die bestimmte Barrieren hervorrufen. Ferner wird die altruistische Natur menschlichen Handelns nicht einbezogen. Die Austauschtheorie stellt, ebenso wie die zuvor besprochenen Theorien, nur unzureichend den Einfluss von Kindern auf die Ehestabilität heraus. Zu bedenken ist, dass die immensen Kosten, die Kinder im Verlauf ihrer Entwicklung verursachen, nach der austauschtheoretischen Kosten- und Nutzenrechnung eher zu einem Rückgang des Kinderwunsches beitragen sollten (Hartmann 1989; White und Klein 2002: 81ff).

Indes bietet die Austauschtheorie dennoch eine fundierte theoretische Basis, auf deren Grundlage empirisch überprüfbare Anschlusstheorien entwickelt wurden. Anzuführen sind das oben dargestellte Investitionsmodell von Rusbult und die Familienökonomie von Becker (Kopp 1994: 51f; 2004: 274). Herausragende Bedeutung hat die Austauschtheorie für die Erklärung der Mechanismen, die Einfluss auf die Ehequalität ausüben. Eine Vielzahl überwiegend amerikanischer Studien verwendet austauschtheoretische Modelle, deren zentrale Hypothesen – auch in Bezug auf die Ehequalität – bestätigt werden. Fragen, die zur Messung der Ehequalität und subjektiven Einschätzung der Ehestabilität dienen, werden in deutschen Surveys nur in der Mannheimer Scheidungsstudie (1996) erfragt. Einige Fragen, die zur Überprüfung der Ehequalität dienen, finden sich im Familiensurvey 2000 wieder. Da sie nur für die aktuelle Beziehung erhoben wurden, sind sie für diese Arbeit jedoch nicht relevant.

Zusammenfassung: Obwohl Kinder nicht im Mittelpunkt der austauschtheoretischen Betrachtung stehen, werden deren zentrale Bedeutung für die Ehestabilität und Ehequalität deutlich. Kinder beeinflussen alle Faktoren, die Einfluss auf die Ehestabilität nehmen. Theoriegeschichtlich werden hier erstmals in einer Theorie explizit die unterschiedlichen Kindschaftsverhältnisse betrachtet. Voreheliche Kinder sind personale Ressourcen, die negativ auf die Ehequalität wirken, während eheliche Kinder die Attraktivität der Ehe erhöhen. Die Geburt von Kindern ist zugleich als Investition in die Ehe zu verstehen und erhöht gleichzeitig den externen Druck, der zur Aufrechterhaltung der Ehe beiträgt, wenn alternative Attraktionen die Ehestabilität gefährden. Insbesondere kleine Kinder wirken als Barriere Ehescheidungen entgegen. Zwischen der Anzahl von Kindern und der

Ehequalität besteht dagegen ein weiterer Zusammenhang: Werden so viele Kinder geboren wie von den Ehepaaren gewünscht, ist die Zufriedenheit mit dem Lebensstil hoch und die Ehequalität und Ehestabilität werden dadurch gestärkt. Während zwischen der Anzahl der im Haushalt lebenden Personen – dies schließt auch Kinder ein – und der Ehequalität ein negativer Zusammenhang besteht, welcher dazu führt, dass viele Kinder die Ehequalität vermindern.

Hypothese (5):   Voreheliche Kinder (beziehungsweise voreheliche[35] Schwangerschaft) stellen geringere emotionale Kosten als eheliche Kinder dar, aus diesem Grund sind sie weniger ehestabilisierend als eheliche Kinder.

Hypothese (6):   Eheliche Kinder erhöhen die Attraktivität der Ehe und stellen Investitionen in die Ehe dar. Mit dem Vorhandensein von ehelichen Kindern erhöht sich sowohl die Ehequaliät als auch die Ehestabilität.

Hypothese (7):   Für die Zufriedenheit mit dem Lebensstil spielt die optimale Haushaltszusammensetzung eine wesentliche Rolle. Können Ehepartner die geplante Anzahl von Kindern realisieren, erhöhen sich die Ehequalität und die Ehestabilität.

Hypothese (8):   Ehequalität und Anzahl der in einem Haushalt lebenden Personen, Kinder eingeschlossen, stehen in einem inversen Verhältnis. Die Anzahl von Kindern hat, solange sie im Haushalt der Eltern leben, Einfluss auf die Ehequalität. Viele Kinder vermindern die Ehequalität und somit die Ehestabilität.

Hypothese (9):   Kinder sind eine Barriere gegen Ehescheidungen. Insbesondere kleine Kinder reduzieren das Scheidungsrisiko.

---

[35] Nach Lewis und Spanier (1979)

Kontrollvariablen:[36] Homogamie[37], Erwerbstätigkeit der Ehefrau[38,39], Einkommen des Partners[40], Hausbesitz[41], Partnerbildung[42], Scheidungsrecht[43], Kirchgangshäufigkeit[44], religiöse Normen[45].

---

36 Eine Vielzahl von Variablen, die laut Austauschtheorie Auswirkungen auf die Ehequalität haben, sind nicht operationalisierbar oder können mit den Daten des Familiensurvey nicht überprüft werden. In Bezug auf das dargestellte Modell der Ehestabilität sind das: Vermögen, alternative Sexualpartner, Stigmatisierung, emotionale Zuwendung und Rollenanpassung.

37 Hypothese: Je homogamer Partner in Bezug auf Bildung oder das soziale Umfeld sind, desto höher ist die Ehestabilität.

38 Hypothese: Je höher die Zufriedenheit der Ehefrau mit dem Berufsleben und die Akzeptanz durch den Partner sind, desto größer ist die Zufriedenheit mit dem Eheleben. Diese Hypothese ist mit den Daten des Familiensurvey nicht überprüfbar.

39 Hypothese: Frauenerwerbstätigkeit bedeutet finanzielle Unabhängigkeit vom Ehemann und bietet erhöhte Wahrscheinlichkeit, alternative Sexualpartner kennenzulernen. Erwerbstätige Frauen haben aus diesem Grund ein höheres Scheidungsrisiko als nicht erwerbstätige Frauen.

40 Hypothese: Ein hohes Einkommen des Partners erhöht die Attraktivität der Ehe und hat positiven Einfluss auf die Ehestabilität.

41 Hypothese: Der Kauf eines Hauses ist eine Investition in die Ehe und erhöht deren Stabilität.

42 Hypothese: Je höher die Bildung des Partners ist, desto attraktiver ist die bestehende Ehe.

43 Hypothese: Je restriktiver das Scheidungsrecht, desto weniger Ehen werden geschieden. Seit der Änderung des Scheidungsrechts im Jahre 1977 sind Ehescheidungen einfacher geworden. Ehen jüngerer Heiratskohorten sind aus diesem Grund instabiler als ältere.

44 Hypothese: Ehepaare, die regelmäßig den Gottesdienst besuchen, weisen ein geringeres Scheidungsrisiko auf als andere Ehepaare.

45 Hypothese: Religiöse Normen und Werte stellen eine Barriere der Ehescheidung dar. Bei jüngeren Kohorten sollte sich dieser Effekt vermindern.

Abbildung 6:   Die Austauschtheorie der Ehestabilität

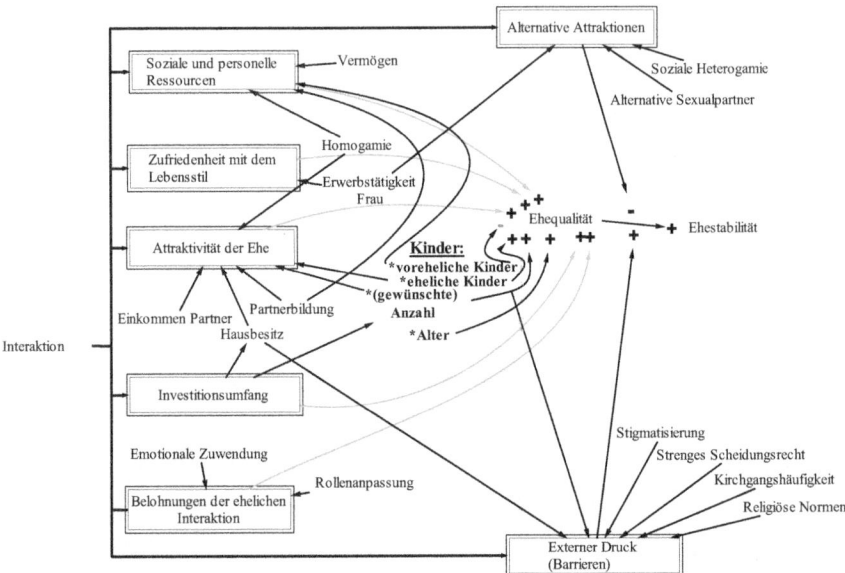

Quelle: eigene Darstellung.

2.1.5 Familienökonomie

Die Familienökonomie, die maßgeblich durch die Arbeiten von Gary S. Becker und Theodore Schultze beeinflusst wird, versucht familiales Verhalten mithilfe ökonomischer Modelle zu erklären. Becker geht von der Grundannahme der Nutzenmaximierung aus, die besagt, dass jeder „seine Wohlfahrt, *so wie er sie sieht*, maximiert – ob er nun egoistisch, altruistisch, loyal, boshaft oder masochistisch ist" (Becker 1996: 22). Die individuelle Nutzenmaximierung wird durch verschiedene Ressourcen beeinflusst, die nur in begrenztem Umfang verfügbar sind, wie zum Beispiel Zeit oder Einkommen. Nutzenmaximierendes Handeln beinhaltet auch das Eingehen von Ehen und Scheidungen, die Geburt von Kindern und andere zwischenmenschliche Beziehungen (Becker 1976: 205ff; 1986: 186ff; 1991: 20ff). Unter welchen Bedingungen Ehen geschieden werden, ist ein zentrales Thema der Scheidungsforschung. Um die Rolle von Kindern für die Stabilität von Ehen zu analysieren und andere Faktoren der Ehestabilität zu untersuchen, muss aus diesem Grund die Frage, welche Faktoren das Eingehen von Ehen beeinflussen, erörtert werden. In den nächsten Abschnitten werden neben diesem Aspekt die wichtigsten Faktoren der Ehestabilität benannt und herausgestellt, welche Bedeutung Kinder dabei einnehmen. Der Nutzen von Kindern fällt, je nachdem in welchem Kindschaftsverhältnis sie zu den Ehepartnern stehen oder welches Charakteristikum, wie etwa welches Alter, sie aufweisen, unterschiedlich aus. Es wird deshalb versucht, diese unterschiedlichen Wirkungsweisen aufzuzeigen. Daneben wird in einem Abschnitt das Verhältnis von Qualität und Quantität von Kindern und deren Einfluss auf die Geburtenrate erläutert. Weiterhin wird der Versuch einer Abgrenzung zur Austauschtheorie unternommen und abschließend werden die wichtigsten Ergebnisse im Hinblick auf den Zusammenhang zwischen Kindern und Ehestabilität zusammengefasst.

Ehe aus Sicht der Familienökonomie

Das Eingehen einer Ehe ist nach der Familienökonomie ein rationales, nutzenmaximierendes Verhalten, das dann gewählt wird, wenn der zu erwartende Nutzen innerhalb der Ehe größer ist als außerhalb der Ehe. Von besonderer Bedeutung für die Ehe sind Güter, deren Produktion und Konsum innerhalb der Ehe günstiger sind. Diese Güter, bezeichnet als commodities[49], wie etwa Kinder, Prestige oder Gesundheit, werden durch den Einsatz von Zeit, Marktgütern und Produktionsbedingungen, zum Beispiel Humankapital, produziert. Sie können weder auf dem Markt produziert werden noch sind sie auf diesem erhältlich, gleichfalls haben sie keinen Marktpreis, sondern einen so genannten „Schatten-preis"[50], der ihren Produktionskosten[51] entspricht. Haushalte sind nach Becker „kleine Fabriken", deren Ziel es ist, möglichst viele commodities unter Annahme ihrer Budgetrestriktionen verfügbare Zeit und verfügbares Einkommen zu pro-duzieren. Der Produktionsertrag aus der Haushaltsproduktion ist von der Haus-haltszusammensetzung und infolgedessen von dem Partner- beziehungsweise dem Heiratsmarkt abhängig. Je höher das Humankapital der Partner ist, desto mehr commodities können erzeugt werden. Während Single-Haushalte nicht arbeitsteilig produzieren, können Mehrpersonenhaushalte effizienter wirtschaften und deshalb mehr commodities erzeugen. Das Nutzenmaximierungsprinzip er-klärt die Gründung von Haushalten und das Eingehen von Ehen. Personen grün-den einen gemeinsamen Haushalt, um ihre Wohlfahrt zu maximieren und ihre Kosten zu reduzieren. Dies gilt für heterosexuelle ebenso wie für homosexuelle Haushalte, desgleichen für Zwei- und Mehrpersonenhaushalte. Paare heiraten, falls der von Ehen erwartete Nutzenstrom Z größer ist, als sie den Nutzenstrom Unverheirateter einschätzen. Ziel innerhalb der Ehe ist dementsprechend die Maximierung des Ehegewinns. Wird der maximale Output Z_{m0} und Z_{0f}[52] von alleinstehenden Männern (M) und Frauen (F) verglichen mit ihren Einkommen als Verheiratete m_{mf} und f_{mf}, ergibt sich als notwendige Bedingung für eine Hei-rat von M und F, dass

$$m_{mf} \ge Z_{m0} \text{ und } f_{mf} \ge Z_{0f}$$

oder, wenn das durch die Heirat erreichte Gesamteinkommen $m_{mf} + f_{mf}$ durch den Output der Ehe ersetzt wird, ist notwendige Bedingung für eine Heirat, dass:

---

49 Unter commodities versteht die Familienökonomie nach Becker direkt nutzenstiftende Haushalts-güter: „children, prestige and esteem, health, altruism, envy, and pleasures of the senses", aber auch recreation, companionship, love" (Becker 1976: 207). Da sich der Begriff nur schwer ins Deutsche übersetzen lässt, wird der Begriff commodities beibehalten.
50 Nach Becker, aus dem Englischen „shadow price" übersetzt.
51 Kopp (1994) merkt treffend an: „Entsprechend zu der üblichen Einkommensrestriktion muß eine Zeitrestriktion (vgl. Becker 1976: 89-114) eingeführt werden, die in die Gesamtrestriktion aufge-nommen wird. Durch diesen Punkt gewinnt sämtliche Zeit und besonders auch die Hausarbeitszeit einen Wert, der in der herkömmlichen Vorgehensweise nicht berücksichtigt wurde."
52 Zm0 entspricht dem maximal erzielbaren Nutzen beziehungsweise Output des Mannes und Z0f dem der Frauen, wenn sie nicht in einer Partnerschaft leben.

$$m_{mf} + f_{mf} \equiv Z_{mf} \geq Z_{m0} + Z_{0f}.$$

Werden nun Haushalte von Ehepaaren mit Mehrpersonenhaushalten verglichen, so ist der bedeutsamste Unterschied das Vorhandensein von Kindern. „Sexual gratification, cleaning, feeding, and other services can be purchased, but not *own* children: both the man and the woman are required to produce their own children and perhaps to raise them." (Becker 1973: 816, 818, 1976: 231). Die Produktion und die Aufzucht eigener Kinder sowie die emotionale und physische Anziehung beider Geschlechter stellen aus diesem Grund nach Becker den wichtigsten Anlass für eine Heirat dar.

Um die Stabilität von Ehen aufrechtzuerhalten, sind drei Faktoren von grundlegender Bedeutung: die Auffassung des *Haushalts* als Produktionseinheit, der Einfluss *unvollständiger Information* auf dem Partnermarkt und *Investitionen in die Ehe* (Wagner 1997: 98). Für diese Untersuchung ist die Rolle von Kindern innerhalb dieser drei Einflussfaktoren der Ehestabilität von zentraler Bedeutung. Im Folgenden werden diese Faktoren und ihr Einfluss auf die Ehestabilität knapp umrissen und die Bedeutung von Kindern herausgestellt.

Im Haushalt: Kinder als commodities

Im Haushalt organisieren Ehepartner ihre Arbeit und Ressourcen arbeitsteilig, um den Ehegewinn zu maximieren, und erwirtschaften gleichzeitig Spezialisierungsgewinne und commodities. Der Nutzen des commodity eheliches Kind entsteht jedoch nicht alleine durch dessen Existenz, sondern insbesondere durch die als positiv bewertete Interaktion zwischen Ehepartner und Kindern. Eine Reduktion der Spezialisierung in der Ehe, beispielsweise durch die Erwerbstätigkeit beider oder des Partners mit geringeren Einkommenschancen, vermindert den Ehegewinn und erhöht die Trennungswahrscheinlichkeit. Die notwendige Spezialisierung der Frauen auf die Hausarbeit wird durch ihre geringeren Einkommenschancen im Vergleich zum Ehemann erklärt. Arbeiten beide Ehepartner, so können zwar mehr Marktgüter gekauft, aber diese durch die fehlende Zeit nicht in commodities umgewandelt werden. Durch die Berücksichtigung des Humankapitals in der Familienökonomie ist die Produktion der commodities abhängig von den Fähigkeiten der involvierten Personen, die zumeist an schulischer und beruflicher Bildung gemessen werden (Schultz 1986 zitiert nach Kopp (2004: 120)). Die Ehestabilität ist insofern unmittelbar an die Veränderung des eigenen Humankapitals gekoppelt. Zum einen erhöht eine bessere Qualifikation von Frauen das Lohneinkommen, zum anderen werden die Opportunitätskosten der Hausarbeit höher und die für den Haushalt eingesetzte Zeit sinkt. Mit dem

Anstieg der Bildungsniveaus von Frauen können der Rückgang der Geburten ehelicher Kinder und Kinderlosigkeit erklärt werden. Die zur Betreuung von Kindern benötigte Zeit ist für Frauen mit hohem Bildungsabschluss teurer als für geringer qualifizierte (Becker 1965, 1985, 1991: 69ff; Mincer 1963: 67f). Je mehr Verdienst durch die Erwerbsarbeit der Ehefrau erwirtschaftet wird, desto höher sind die Opportunitätskosten eigener Kinder und desto negativer sollte der Zusammenhang zwischen Erwerbsbeteiligung der Frau und der Kinderzahl ausfallen. Andererseits steigt durch die Antizipation hoher Scheidungsraten die Frauenerwerbstätigkeit[53], was wiederum Konsequenzen auf die Fertilität und Ehestabilität hat (Becker 1996: 110).[54]

Der Heiratsmarkt und die Rolle unehelicher und vorehelicher Kinder für die Ehestabilität

Der Aspekt unvollständiger Informationen, die Personen auf Partnermärkten vorfinden, ist ein weiteres Kriterium, das die Stabilität von Ehen maßgeblich beeinflusst. Die Suche nach dem passenden Partner ist nach Becker, Landes und Michael (1977: 1147ff) mit Kosten und Unsicherheiten über die Eigenschaften des Partners gekennzeichnet. Die Suchkosten sind von Zeit, Geld und persönlichem Engagement abhängig und beeinflussen dadurch den Zeitpunkt der Heirat. Personen mit „seltenen Eigenschaften" oder solche, die ihre Chancen auf dem Partnermarkt pessimistisch einschätzen, haben höhere Suchkosten. Die Antizipation erhöhter Kosten führt zu unvollständiger Suche und fördert Frühehen. Zwischen dem Heiratsalter und der Ehestabilität besteht empirischen Untersuchungen zufolge eine positive Korrelation, laut der Frühehen häufiger geschieden werden. Mütter vorehelicher oder unehelicher Kinder haben ebenfalls geringere Chancen auf dem Partnermarkt und verkürzen die Suchdauer, um ihre Kinder „legitimieren" zu können. Voreheliches Zusammenleben verbessert tendenziell die Informationen über die Persönlichkeitsmerkmale des potenziellen Ehepartners und erhöht so die Ehestabilität. Nach Becker beeinflussen Persönlichkeitskonflikte und sexuelle Schwierigkeiten nur zu Beginn der Ehe die Ehestabilität, wohingegen Bildung und Aussehen sich im Verlauf der Ehe selten gravierend

---

53 Einerseits erhöht die Erwerbsbeteiligung von Frauen direkt die Scheidungswahrscheinlichkeit und diese andererseits indirekt auch den Effekt der geringeren Fertilität. Mit dem Ansteigen der Ehescheidungen nimmt die Erwerbsbeteiligung zu, was erneut die Ehestabilität vermindert (Beck und Hartmann 1999; Becker 1996: 110f).
54 Die Fertilitätsrate ist nach Becker (1991: 138ff) von weiteren Faktoren wie Stadt-Land-Unterschieden, höheren Lebenshaltungskosten, staatlichen Versorgungseinrichtungen von Kinderbetreuungsmöglichkeiten abhängig. Durch die verbesserte staatliche Förderung kann gleichfalls die Zunahme von außerehelichen Geburten erklärt werden.

verändern. Zu den Faktoren, die erst im Verlauf der Ehe Auswirkungen auf die Ehestabilität ausüben, zählen Einkommensaussichten oder potenzielle alternative Partner (Becker 1974a: 823ff; 1991: 324ff; Becker et al. 1977: 1147ff; Wagner 1997: 99). Die Suche nach dem passenden Partner ist die Suche nach komplementären Eigenschaften, es gesellt sich sozusagen „gleich zu gleich" (Teckenberg 2000: 62). Die für die optimale Suche geforderten Eigenschaften sind ein „set of traits, such as intelligence, race, religion, education, wage rate, height, aggressiveness, tendency to nurture, or age." (Becker 1973: 825). Wenige, aber wichtige Eigenschaften sind indes Substitute und ermöglichen negative Interaktionseffekte, die den Ehegewinn erhöhen. Als bedeutsamstes Substitut nennt Becker das Erwerbseinkommen, das einen negativen Einfluss auf die eheliche Arbeitsteilung, wie oben bereits ausführlich diskutiert, ausübt (Becker 1973: 827ff; 1991: 324ff; Teckenberg 2000: 62).

Otts' Erweiterung des familienökonomischen Ansatzes

Ott (Ott 1989: 98ff, 1992; 1998: 80ff) erweitert den beckerschen Ansatz unter Berücksichtigung der spieltheoretischen Verhandlungsmodelle und bezieht verstärkt die individuellen Nutzenerträge beider Partner in die Fertilitätsentscheidung ein. Entsprechend verhandelt „ein homo oeconomicus mit einer femina oeconomica über die Allokation der jeweils individuell zur Verfügung stehenden Ressource Zeit" (Ott 2001: 133). Folglich wird nicht nur der Anstieg des Gesamtnutzens, sondern auch der Nutzen beziehungsweise Verlust, der durch die Geburt von Kindern entsteht, berücksichtigt. Durch das Ansteigen der Erwerbsarbeit von Frauen kann der individuelle Nutzen der Frau durch die Geburt von Kindern sinken beziehungsweise zugunsten des Mannes verschoben werden. Mit der Unterbrechung der Erwerbsarbeit ist „häufig mit starken Verlusten der Einkommenskapazität" (Ott 1989: 102) zu rechnen und die nunmehr anfallenden Kosten der Kinderbetreuung müssen in die Berechnung der Kosten-Nutzen-Kalkulation einfließen. Der Gesamtnutzen würde in diesem Falle zwar gleich bleiben oder steigen, aber der Nutzen für die Frau sinken. Der Anteil der jeweils erbrachten Arbeit im Haushalt kommt nun zum Tragen. Nur wenn beide Partner von der Entscheidung für die Geburt von Kindern profitieren, werden sie diese in Erwägung ziehen. Wird die von Frauen geforderte Arbeitsteilung erfüllt oder wird der Verfall des Humankapitals durch staatliche Regelungen vermindert, werden sich Frauen für Kinder entscheiden. Ein wichtiger Aspekt ist die Höhe des Einkommens der Frau, die je nach Umfang deren Nutzenverlust bestimmt. Hohe Bildung von Frauen, einhergehend mit besseren Erwerbschancen und hohem Verdienst, erhöhen den individuellen Nutzen und das „Drohpotenzial" gegenüber dem Partner. Die Entscheidung zur Familiengründung wird dann stärker an die funktionierende Arbeitsteilung gekoppelt als bei niedrig qualifizierten Frauen. Mit der Familiengründung nimmt das Drohpotenzial von Frauen stetig ab, indem sich ihre Erwerbschancen verschlechtern, folglich bleiben hoch qualifizierte Frauen häufiger kinderlos (Ott 1989, 1992, 2001).

Kinder als Investitionen in die Ehe und der Einfluss unterschiedlicher Kindschaftsverhältnisse

Ein weiterer Gesichtspunkt, der die Ehestabilität beeinflusst, sind Investitionen in die Ehe. Das so genannte ehespezifische Kapital nimmt mit der Ehedauer zu und kann nach einer Scheidung nicht mehr im vollen Umfang genutzt werden. Hauseigentum, Kinder, sexuelle Kompatibilität und Wissen über den Partner zählen nach Becker, Landes und Michael (1977: 1151f) zu den Investitionen, mit deren Höhe die Scheidungswahrscheinlichkeit abnimmt. Je mehr in ehespezifisches Kapital, wie etwa eheliche Kinder, investiert wird, desto höher sind der zu erwartende Ehegewinn und die Ehestabilität. Dagegen kann die Antizipation von Unsicherheiten[55] im Hinblick auf die Ehestabilität zu geringeren Investitionen in ehespezifisches Kapital, gemäß der „self-fulfilling-prophecy", führen und dies wiederum die Eheinstabilität erhöhen.

Diese Wechselwirkung kann bei ungleichen Paaren oder Unsicherheit in Bezug auf Persönlichkeitsmerkmale des Partners zum Tragen kommen. Weiterhin ist ehespezifisches Kapital, insbesondere in Form von Kindern, nach einer Scheidung negatives Kapital für weitere Ehen. Dies erklärt das erhöhte Scheidungsrisiko von Zweitehen. Ferner unterliegt ehespezifisches Kapital einer Abschreibungsrate, da manche Güter mit zunehmender Zeit, zum Beispiel Kinder mit ansteigendem Alter oder nach ihrem Auszug, keinen Nutzen mehr stiften. Eigene Kinder tragen, solange sie noch im gleichen Haushalt leben, somit zur Verringerung des Scheidungsrisikos bei. Dagegen vermindern unehelich gezeugte Kinder mit einem anderen Partner die Ehestabilität, da sie nicht durch den

---

55 Diese Argumentation ist analog zur „Selektionshypothese", die besagt, dass die hohe Trennungswahrscheinlichkeit von Paaren auf einem Selektionseffekt beruhen. Die subjektiv erwartete Instabilität der Ehe hat Auswirkungen auf die Wahrscheinlichkeit oder den Zeitpunkt der Geburt von Kindern. Werden keine Kinder oder wird das erste Kind spät geboren, steigt das Scheidungsrisiko und umgekehrt werden, je höher das antizipierte Scheidungsrisiko ist, weniger Kinder oder keine Kinder geboren. Papastenfanou (1990) kann den Zusammenhang zwischen der Geburt von ersten Kindern und dem Anstieg der Scheidungsziffer für Deutschland empirisch belegen. Die Selektionshypothese wurde durch Waite und Lillard (1990) für die USA erstmals untersucht und bestätigt. In ihrer Untersuchung ermittelten sie bei Frauen, die schon mindestens ein Kind haben, dass die erwartete Instabilität ihrer Ehe stärkeren Einfluss auf die Entscheidung für weitere Kinder hat, als dies bei kinderlosen Frauen der Fall ist (Lillard und Waite 1993; Papastenfanou 1990).

eigenen Haushalt „produziert" wurden und kein ehespezifisches Kapital darstellen (Becker 1981; Becker et al. 1977).

Zur Adoption von Kindern führt Becker (1973: 818) an, dass Familien, die keine Kinder gebären können, sich mit einer Adoption ihren Kinderwunsch erfüllen. Im Verhältnis zu ehelichen Kindern investieren Eltern weniger Kapital in ihre Aufzucht, denn adoptierte Kinder besitzen nicht die Gene der Eltern und es liegen weniger Informationen über ihre intrinsischen Eigenheiten vor. Folglich werden adoptierte Kinder die Ehestabilität erhöhen, aber nicht im gleichen Umfang wie eheliche Kinder (Becker 1973: 818; 1991: 44f; 1996: 231).

Verschiedene Charakteristika von Kindern und ihr Einfluss auf die Ehestabilität

Die außerordentliche Bedeutung von Kindern als ehespezifisches Kapital und commodities wurde in den vorhergehenden Abschnitten diskutiert und von Becker in vielen seiner Arbeiten besonders hervorgehoben. Neben den in den vorangegangenen Abschnitten genannten Kindschaftsverhältnissen können ferner unterschiedliche Charakteristika von Kindern Einfluss auf die Ehestabilität nehmen. Becker benennt als ehestabilisierende Charakteristika das Alter, die Anzahl und das Geschlecht von Kindern. Allerdings werden diese unterschiedlichen Charakteristika von Kindern und der Zusammenhang mit dem Scheidungsrisiko in den zahlreichen Arbeiten von Becker nur sehr knapp umrissen, dennoch sind sie von zentraler Bedeutung für diese Untersuchung. Die Familienökonomie bietet damit die einzige umfassende Theorie für diesen Untersuchungsgegenstand.

Mit der Anzahl im Haushalt vorhandener Kinder sinkt der Grenznutzen, das heißt der Nutzenzuwachs vermindert sich relativ mit der zunehmenden Anzahl von Kindern. Ebenso stehen Quantität und Qualität von Kindern (vergleiche Abschnitt 0) in einem inversen Verhältnis zueinander, da jeder Haushalt nur über ein eingeschränktes Budget, beispielsweise das Haushaltseinkommen, verfügt.

Kleine Kinder vermindern die Scheidungswahrscheinlichkeit stärker als ältere Kinder, denn die Vorteile des Verheiratetseins und das ehespezifische Kapital nehmen mit dem Alter von Kindern oder deren Auszug ab. Becker spricht in diesem Zusammenhang von einer Abschreibungsrate des ehespezifischen Kapitals Kinder. Demzufolge nimmt der Nutzen von Kindern mit zunehmendem Alter ab und verliert mit deren Auszug an Bedeutung (Becker 1996: 105ff; Becker und Lewis 1973; Becker und Tomes 1976; Hall 1999b).

Die Familienökonomie bietet auch erste Erklärungsversuche für den Einfluss des Geschlechts von Kindern beziehungsweise der Geschlechterpräferenz Ehestabilität. In Gesellschaften, die ein bestimmtes Geschlecht von Kindern präferieren, beeinflusst die Geburt des gewünschten Geschlechtes die Fertilität und erhöht zudem die Ehestabilität. Bevorzugen Eltern ein bestimmtes Geschlecht von Kindern, werden sie mehr Kinder gebären[56], denn „whether a daughter or a son is born, in a marriage is by nature a random experiment'" (Diekmann und Schmidheiny 2004: 652). Becker betont, dass sich eine deutlich höhere Präferenz für Söhne[57] empirischen Studien zufolge nur in Entwicklungsländern zeigt, denn Söhne bieten in diesen Gesellschaften deutlich mehr ökonomische Sicherheit und liefern höhere Ertragsraten als Mädchen. Mit steigendem Wohlstand vermindert sich die Präferenz für Söhne und reale Investitionen in Humankapital verteilen sich gleichmäßiger auf beide Geschlechter. In modernen Wohlstandsgesellschaften ist demzufolge keine Geschlechterpräferenz vorhanden und das Geschlecht von Kindern hat keinen Einfluss auf die Ehestabilität (Becker 1991: 193f; 1996: 150f).

Der Zusammenhang zwischen der Qualität und der Quantität von Kindern

Becker (1960 zitiert nach Becker (1993: 190)) bezeichnet in seiner Untersuchung zur Qualität und Quantität von Kindern diese als langlebige Konsumgüter, deren Nutzen „über eine Nutzenfunktion oder Indifferenzkurvensystem mit dem anderer Güter verglichen" wird und deren Verlauf von den „relativen Präferenzen für Kinder" abhängt. Eltern müssen entscheiden, wie viele Kinder sie bekommen und wie viel Geld und Kapital sie in Kinder, zum Beispiel deren Ausbildung, investieren. Teurere Kinder werden, analog zu anderen Konsumgütern, als Kinder höherer Qualität bezeichnet, deren Qualität mit dem dafür aufgewendeten Preis steigt. Die Qualitätssteigerung kann mittels des Gesundheitszustands, der Bildung, des Vermögens oder des Einkommens empirisch gemessen werden. Mit steigendem Einkommen, bedingt durch den technischen Fortschritt vor allem in westlichen Gesellschaften, erhöhen sich die Ausgaben für Kinder. Produktivitätssteigerungen erhöhen die Kosten für Zeit – und dementsprechend steigen die Kosten der Versorgung und Qualität von Kindern an – und senken die Fertilitäts-

---

56 Mit "The desire for a son is the father of many daughters" (Seidl 1995 zitiert nach Andersson et al. (2007: 136)) begründen Andersson et al. 2007 Geschlechterpräferenzmuster für Jungen (Andersson et al. 2007: 136).
57 Becker sagt (vor allem in späteren Werken), dass statt von Präferenz für Söhne von einem höheren Wert von Söhnen für Eltern gesprochen werden sollte (Wagner 1997: 179).

rate[58] (Becker 1996: 35ff, 103ff). Qualität und Quantität von Kindern sind eng miteinander verknüpft, das heißt, es existiert ein Interaktionseffekt zwischen den beiden Faktoren. Der „Schattenpreis" von Kindern ist abhängig von Anzahl und Qualität von Kindern. Die Steigerung der Qualität ist teurer, wenn mehrere Kinder vorhanden sind, und umgekehrt die Erhöhung der Quantität kostspieliger, falls Kinder höherer Qualität existieren. Das Zusammenspiel von Qualität und Quantität erklärt, weshalb mit dem Geburtenrückgang ein Anstieg des Gesundheitszustands und der Bildung von Kindern einhergeht. Anders ausgedrückt, „die Zahl der absolvierten Schuljahre sowie der Gesundheitszustand von Kindern hängt negativ mit der Anzahl der Geschwister zusammen" (Becker 1996: 105). Von zentraler Bedeutung für die Geburtenrate ist die durch den Anstieg des Bildungsniveaus von Frauen erhöhte Qualität von Kindern. Mit der einhergehenden Erhöhung der Lohnraten steigt der Wert der Zeit für Mütter und die Kosten für Kindererziehung. Zwischen dem Erwerbseinkommen von Ehemännern und der Fertilität ist kein oder nur ein marginaler Zusammenhang auszumachen, denn Väter investieren im Verhältnis zu Ehefrauen sehr viel weniger Zeit in ihre Kinder (Becker 1960, 1991: 37ff; 138ff; 1993: 191ff; Becker und Lewis 1973).

Ott (1998) gibt zu bedenken, dass Kindererziehung im Verhältnis zu anderen Gütern außerdem teuer geworden ist und deshalb Anreize zur Verminderung der Geburten bestehen. Ebenso erscheint eine Spezialisierung auf Hausarbeit nur noch in Kindererziehungsphasen sinnvoll, diese werden aber mit verminderten Geburtenraten immer kürzer. Mangelnde Spezialisierungsgewinne und geringeres ehespezifisches Kapital durch geringe Fertilitätsraten gehen mit höheren Scheidungsraten einher. Die gesunkene Heiratsneigung erklärt Becker mit den marginalen Vorteilen, die Ehen im Verhältnis zu anderen Partnerschaftsformen bietet (Becker 1996: 110f; Ott 1998).

Die Kosten für Kinder variieren, da die Kosten der eigenen Zeit und Haushaltsproduktionsfunktion zwischen Familien unterschiedlich hoch sind. Kinder sind billiger, wenn sie im eigenen Haushalt, also im Familienunternehmen, mitarbeiten oder in ländlichen Regionen aufwachsen. Höhere Geburtenraten sind folglich in weniger wirtschaftlich entwickelten Ländern und ländlichen Regionen zu verzeichnen. Eltern mit höherem Einkommen investieren mehr in die Qualität beziehungsweise Bildung ihrer Kinder, deren Einkommen sollte demzufolge höher ausfallen als das von Kindern weniger wohlhabender Eltern. Dieser Einfluss ist allerdings nicht so stark wie von Becker in früheren Arbeiten angenommen. Soziale Mobilität, die einen starken Effekt auf den Rückgang der Geburten-

---

58 Becker (vgl. Diekmann und Engelhardt 2002: 5) spricht von einem geringen Ansteigen der Fertilitätsrate bei steigendem Einkommen und nennt als Ursache für den Geburtenrückgang vermehrte Kenntnisse über Empfängnisverhütung. Diese Hypothese wird in späteren Arbeiten korrigiert, da der Geburtenrückgang schon vor Einführung neuer Verhütungsmittel einsetzte.

rate hat, wird nicht ausschließlich vom Status oder Einkommen der Eltern beeinflusst (Becker 1974b: 1082; 1991: 138f; 195f; Becker und Tomes 1976: 161f).
Sozialsicherungssysteme senken die Kosten von Kindern für einkommensschwa-
che Familien und erhöhen deren Geburtenrate. Theoretisch können Eltern durch
Sozialtransferzahlungen mehr Geld in Bildung und anderes Humankapital ihrer
Kinder investieren. In der Praxis wirkt der positive Effekt der finanziellen Hilfe
durch die steigende Fertilitätsrate der Empfänger und der einhergehenden Kos-
tensteigerung für die Kinder negativ auf das Wohl der einzelnen Kinder. Transferleistungen der Sozialsicherungssysteme ermöglichen ferner das Ansteigen
außerehelicher Geburten und führen zur Verminderung der Eheschließungsrate.
Die Sozialversicherung bezeichnet Becker (1996) als eine von Kindern zu ent-
richtende Steuer zur Finanzierung der älteren Generation. Sie senkt einerseits die
Nettolöhne von Kindern und erhöht die Kosten für (altruistische) Eltern, andrerseits wird die Nachfrage nach Kindern vermindert (Becker 1991: 171; 1996:
111ff; Becker und Tomes 1976: 151f).

Vergleich von Austauschtheorie und Familienökonomie

Die Ansätze der Familienökonomie und der Austauschtheorie weisen eine Vielzahl von Gemeinsamkeiten auf, denn beide verwenden mikroökonomische und
spieltheoretische Grundlagen. Zentraler Aspekt ist die Theorie der Haushaltsgründung bzw. -auflösung, die auf Kosten- und Nutzen-Abwägungen basiert
Während die Austauschtheorie die Ehequalität in den Vordergrund stellt, verwendet die Familienökonomie den Terminus Ehegewinn als zentralen Einflussfaktor der Ehestabilität. Zwar scheinen diese Begriffe starke Gemeinsamkeiten
zu besitzen und letztendlich werden auch die in beiden Theorien die Konstrukte
„Alternativen zur Ehe" und „Scheidungskosten"verwendet. Allerdings wird
„Ehegewinn" offensichtlich weiter gefasst als „Ehequalität". „Ehequalität" bezieht sich alleine auf die Interaktion der Partner, während der ,Ehegewinn' den
gesamten Nutzenstrom umfasst" (Kopp 2004: 282f). Nach der Familienökonomie ist es demzufolge denkbar, Ehequalität und zum Beispiel den Einfluss von
Kindern auf die Ehestabilität zu unterscheiden und mögliche Beziehungen dieser
beiden Variablen zu analysieren.

    In Bezug auf die Spezialisierung der Arbeitsteilung sind Analogien fest-
stellbar, allerdings ist Beckers Ansatz nicht geschlechtsspezifisch ausgerichtet.
Derjenige Partner, der in der Lage ist, ein höheres Einkommen zu erzielen, sollte
erwerbstätig sein. Ott (1989) kritisiert diese Betrachtung als zu einseitig und
führt das individuelle Nutzenniveau beider Partner statt der gemeinsamen Haushaltsnutzenfunktion ein. Weiter zu kritisieren sind die von Becker proklamierten

intrinsich-komparativen Vorteile der Frau: „Woman not only have a biological commitment to the production and feeling of children, but they also are biological committed to the care of children in other, more subtle ways. Moreover, women have been willing to spend much time in caring for their children because they want their heavy biological investment in production to be worthwhile."(Becker 1991: 37f) (Becker 1991: 37f; Hartmann 2003: 60f; Ott 1989: 102).

Problematisch erweist sich der Terminus „commodities": Falls die commodities als „Haushaltsgut" angesehen werden, überschneiden sie sich partiell mit dessen Nutzen. Für die empirische Überprüfung abgeleiteter Hypothesen ist die Unterscheidung der unterschiedlichen commodities, beispielsweise in materielle Güter oder eigene Kinder, notwendig. Weiterhin ist es schwierig, dass Becker nicht die Anzahl der in die Nutzenfunktion eingehenden commodities spezifiziert, da sie für die empirische Überprüfung genau bestimmt werden müssten.

Hartmann (1989: 132f) bemängelt weitere inkonsistente Begrifflichkeiten, beispielsweise „unvollständige Informationen", und benennt die Schwierigkeit der Operationalisierung von theoretischen Konstrukten wie dem „Schattenpreis" (Hartmann 1989: 132f). Dagegen ist einzuwenden, dass eine Vielzahl theoretischer Konstrukte der Familienökonomie trotzdem gut operationalisierbar ist. Hill und Kopp (1999: 34ff) zeigen exemplarisch anhand der Suchkosten, des Ehegewinns und der ehespezifischen Investitionen auf, inwiefern empirische Studien die theoretischen Konstrukte umsetzen können. Für die Suchkosten wird vorwiegend das Heiratsalter, für den Ehegewinn die Komplementarität der Partner hinsichtlich sozialer Merkmale wie Bildung, ethnische und soziale Herkunft und für die ehespezifischen Investitionen gemeinsames Eigentum und Kinder kontrolliert (Hill und Kopp 1999: 34ff).

Familiale Entscheidungen unterliegen Unsicherheiten beziehungsweise erfolgen unter Risiken. Dies wird dagegen von der Familienökonomie nur unzureichend berücksichtigt, ebenso wie die statistische Modellierung der Erklärung familialen Verhaltens. Ausführlich stellt Ott (1998: 72ff) die Probleme der Modellierung der Haushaltsnutzenfunktion, des Heiratsmarktes oder die Nachfrage nach Kindern dar. Für die Nachfrage nach Kindern ist es ihrer Meinung nach nicht sinnvoll, die verschiedenen Aspekte, zum Beispiel Kinder als Konsumgut, als Arbeitskraft und als Altersvorsorge, zusammenzufassen, indem nur die Nettokosten betrachtet werden (Hartmann 2003: 60; Ott 1998: 72ff).

Trotz vielfältiger Kritik an der Familienökonomie nimmt dieser Ansatz eine zentrale Stellung unter den verschiedenen Erklärungen des Scheidungsrisikos ein und bildet für die überwiegende Zahl von Arbeiten zur Ehestabilität die zentrale theoretische Fundierung.

Zusammenfassung: Die Familienökonomie leistet den wichtigsten Beitrag zur Erklärung des Einflusses von Kindern auf die Ehestabilität, indem sie die Wirkung unterschiedlicher Kindschaftsverhältnisse und Charakteristika von Kindern untersucht. Einerseits beschreibt sie die Effekte unterschiedlicher Kindschaftsverhältnisse als Investitionen in die Ehe und Suchkosten, andererseits gibt sie an, unter welcher Bedingung Kinder als commodities zur Nutzenmaximierung beitragen.

Die Geburt ehelicher Kinder ist die bedeutsamste Investition in die Ehe und bedingt insofern hohe Ehestabilität. Ebenso zählen adoptierte Kinder zu ehespezifischem Kapital, wenngleich ihr Nutzen geringer ausfällt als der Nutzen ehelicher Kinder. Dagegen fließen eheliche Kinder nach einer Scheidung als negatives Kapital in die Nutzenfunktion weiterer Ehen ein und vermindern die Ehestabilität von Mehrfachehen. Kinder eines anderen Partners verringern eheliches Kapital und die Ehestabilität. Uneheliche Kinder mit einem anderen Partner werden nicht im eigenen Haushalt produziert und führen, ebenso wie voreheliche Kinder, zu unvollständiger Suche auf dem Partnermarkt. Mit der Zunahme wohlfahrtsstaatlicher Absicherungen werden vermehrt uneheliche Kinder geboren und voreheliche Schwangerschaften nehmen zu. Demgegenüber sinkt die Geburtenrate mit der starken Beteiligung von Frauen am Erwerbsleben und höherer Bildung von Ehefrauen. Die Antizipation eines hohen Scheidungsrisikos bedingt einen Rückkopplungseffekt[59], der zu vermehrter Frauenerwerbstätigkeit führt und wiederum die Scheidungswahrscheinlichkeit erhöht.

Neben den beschriebenen Auswirkungen unterschiedlicher Kindschaftsverhältnisse nehmen die verschiedenen Charakteristika von Kindern Einfluss auf die Ehestabilität. Becker unterscheidet nach Alter, Anzahl und Geschlecht von Kindern und berichtet, inwiefern die verschiedenen Eigenschaften von Kindern die Nutzenmaximierung beeinflussen. Mit zunehmendem Alter von Kindern verringert sich der Nutzen, denn Kinder unterliegen einer Abschreibungsrate. Mit der Anwesenheit von Kleinkindern ist demzufolge mehr Ehestabilität verbunden als mit älteren Kindern oder Kindern, die nicht mehr im ehelichen Haushalt wohnen. Die Anzahl von Kindern sowie deren Alter haben vergleichbare Wirkung auf die Ehestabilität. Je mehr Kinder geboren werden, desto geringer ist ihr Grenznutzen. Anders ausgedrückt erhöht sich mit steigender Anzahl von Kindern, die im Haushalt der Eltern leben, der Nutzen nicht proportional.

Ein weiterer Aspekt, den Becker anspricht, ist die Frage, ob die Geburt von Kindern eines bestimmten Geschlechts von Eltern bevorzugt wird. Präferenzmuster haben generell einen Einfluss auf die Geburtenrate und die Ehestabilität.

---

59 Vergleiche dazu die empirische Analyse von Diekmann (1994), der die Effekte zwischen Frauenerwerbstätigkeit und dem Scheidungsrisiko als „Scheidungsspirale" bezeichnet.

Becker argumentiert allerdings, dass in den westlichen Wohlfahrtsstaaten keine Geschlechterpräferenz vorhanden ist und deshalb das Geschlecht von Kindern keinen Einfluss auf die Ehestabilität ausübt.

Hypothese (10): Eheliche Kinder erhöhen die Ehestabilität.

Hypothese (11): Adoptierte Kinder sind Investitionen in die Ehe, die das ehespezifische Kapital weniger stark als eheliche Kinder erhöhen. Adoptierte Kinder wirken aus diesem Grund nur leicht ehestabilisierend.

Hypothese (12): Uneheliche Kinder mit einem anderen Partner verringern die Suchdauer auf dem Partnermarkt und sind kein ehespezifisches Kapital. Insofern vermindern sie die Ehestabilität.

Hypothese (13): Voreheliche Kinder verkürzen die Suchdauer nach dem geeigneten Partner und können ein suboptimales Match bedingen. Voreheliche Kinder vermindern deshalb die Ehestabilität. Da sie mit dem Ehepartner gezeugt wurden, ist der Effekt aber geringer als der unehelicher Kinder.

Hypothese (14): Bei vorehelicher Schwangerschaft ist der Zeitpunkt der Zeugung von Bedeutung. Kinder, die bis zu vier Monaten nach der Heirat geboren wurden, zählen zu vorehelichen Kindern, denn zwischen der Entscheidung für eine Schwangerschaft und einer möglichen Heirat liegen etwa fünf Monate. Sie vermindern, vergleichbar mit allen anderen vorehelichen Kindern, die Ehestabilität im Vergleich zu unehelichen Kindern. Bei Kindern, die zwischen fünf und neun Monate nach der Eheschließung geboren wurden, ist davon auszugehen, dass die Heirat zuvor geplant war, sie werden als eheliche Kinder angesehen.

Hypothese (15): Das Alter und der Wohnort von Kindern sind von Bedeutung für die Ehestabilität. Die Ehestabilität ist bei Anwesenheit von kleinen Kindern im Haushalt der Eltern höher als bei älteren Kindern.

Hypothese (16). Die Anzahl von Kindern spielt eine Rolle für den Ehenutzen. Je mehr Kinder geboren werden, desto geringer ist der Nutzenzuwachs für die Ehe.

Hypothese (17): In entwickelten Wohlfahrtsstaaten gibt es keine Präferenz für ein bestimmtes Geschlecht. Folglich hat das Geschlecht von Kindern in Deutschland keinen Einfluss auf die Ehestabilität.

Kontrollvariablen: Antizipation von hohem Scheidungsrisiko[60], Erwerbsbeteiligung von Frauen[61], Erwerbsbeteiligung von Männern[62], Bildung der Ehefrau[63], Bildung des Ehemanns[64], Hausbesitz[65], voreheliches Zusammenleben[66], Homogamie[67], Frühehen[68].

---

60 Hypothese: Mit der Antizipation von hohem Scheidungsrisiko steigt die Frauenerwerbstätigkeit und dies hat wiederum negative Auswirkung auf die Geburtenrate und die Ehestabilität hat. In jüngeren Kohorten ist das Scheidungsrisiko höher, gleichfalls ist davon auszugehen, dass die Wahrnehmung eines erhöhten Scheidungsrisikos gegeben ist. In jüngeren Kohorten sollten weniger Kinder geboren werden und mehr Frauen erwerbstätig sein. Jüngere Kohorten haben aus diesem Grund ein stark erhöhtes Scheidungsrisiko.
61 Hypothese: Die Erwerbsbeteiligung von Frauen erhöht das Scheidungsrisiko. Je mehr Zeit eine Frau für Erwerbstätigkeit aufwendet, desto weniger Kinder werden gezeugt und desto höher ist das Scheidungsrisiko.
62 Hypothese: Die Erwerbsbeteiligung von Männern hat keinen Einfluss auf die Ehestabilität.
63 Hypothese: Je höher die Bildung der Frau, desto höher ist das Scheidungsrisiko (vergleiche die Hypothese zur Erwerbstätigkeit von Frauen).
64 Hypothese: Die Bildung des Ehemanns hat keinen Einfluss auf die Ehestabilität (vergleiche Hypothese zur Erwerbstätigkeit von Männern).
65 Hypothese: Hausbesitz ist eheliches Kapital und erhöht die Ehestabilität.
66 Hypothese: Je länger Ehepaare vor der Ehe zusammengelebt haben, desto höher ist die Ehestabilität.
67 Hypothese: Je ähnlicher sich Partner sind, desto höher ist die Ehestabilität. Homogamie lässt sich durch Bildungshomogamie oder den Ort des Kennenlernens messen.
68 Hypothese: Unvollständige Suche führt zu vorschneller Heirat. Frühehen sind instabiler als andere Ehen.

Abbildung 7: Die Familienökonomie der Ehestabilität

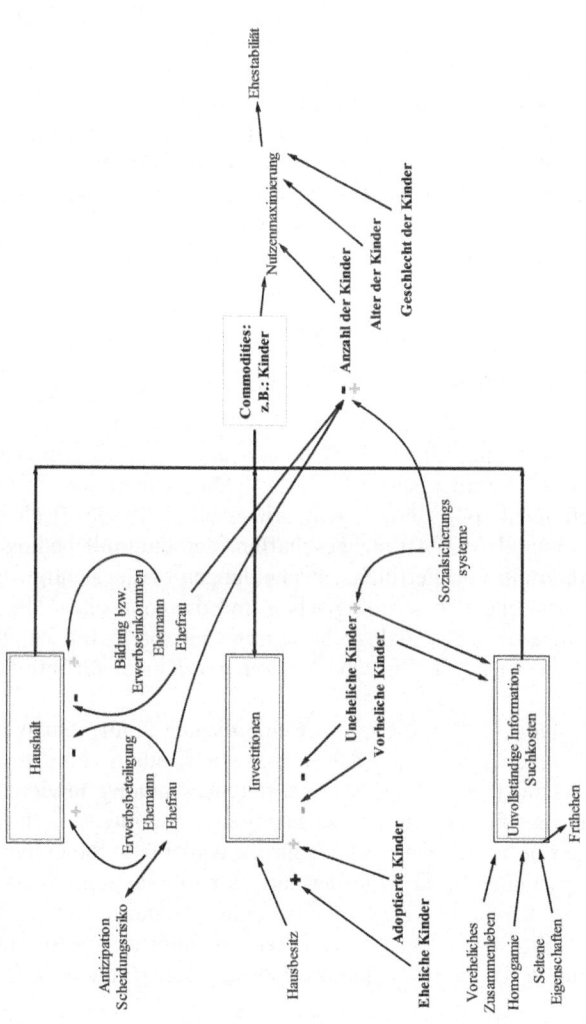

Quelle: eigene Darstellungen.

2.2 Hypothesen zum Einfluss von Kindern in Partnerschaften

Die überwiegende Anzahl empirischer Analysen zum Scheidungsrisiko basiert auf den zuvor genannten Theorien. Daneben kann ein theoretischer Ansatz aus der Fertilitätsforschung, das Value-of-Children-Konzept, die zentrale Bedeutung von Kindern für Ehepaare weiter erläutern und damit zur Erklärung des Einflusses von Kindern auf das Scheidungsrisiko beitragen.

Zudem basieren in der Scheidungsforschung eine Reihe empirischer Analysen, die den Zusammenhang zwischen dem Geschlecht von Kindern und der Ehestabilität oder Fertilität analysieren, auf Hypothesen, für die keine ausreichende theoretische Basis existiert. Diese Ad-hoc-Hypothesen, beispielsweise die „Fathers'-Involvement-Hypothese" oder die „Attenuation-Hypothese", werden an dieser Stelle kurz umrissen.

2.2.1 Der Value-of-Children-Ansatz

Die Value-of-Children-Forschung, deren Konzeption auf die Arbeiten von Hoffman und Hoffman (1973) zurückgeht, versucht, Veränderungen im Fertilitätsverhalten und Einstellungen von Eltern zu Kindern gesellschaftsspezifisch zu erklären. Damit wurde erstmals ein Ansatz geschaffen, der kulturell bedingte Unterschiede bei der Erklärung von Fertilitätsentscheidungen berücksichtigt. Er ergänzt die bis dato vorherrschenden soziologischen und ökonomischen Theorien des Fertilitätsverhaltens durch sozialpsychologische Faktoren. Im Mittelpunkt dieses Ansatzes steht der psychologische Nutzen, den Kinder für ihre Eltern darstellen.

Für Hoffmann und Manis (1982), die in einer empirischen Studie den Wert von Kindern in den USA untersuchten, fällt der Nutzen von Kindern von Person zu Person unterschiedlich hoch aus: „There are differences among inividuals with respect to which needs children are seen as satisfying, how intensely these needs are felt, and whether or not there are other sources available to the individual for satisfying these particular needs. Furthermore, for satisfaction of some needs, only one child is sufficient, whereas other needs may require many children." (Hoffmann und Manis 1982: 143). Abgeleitet aus empirischen Studien wird ein Schema konstruiert, das alle Aspekte des Nutzens von Kindern umfassen soll:

(1) Adult status and social identity
(2) Expansion of the self, ties to larger entity, immortality

(3) Morality: religion, altruism, good of group; norms regarding sexuality, action on impulse, virtue
(4) Primary group ties, affection
(5) Stimulation, novelty, fun
(6) Achievement, competence, creativity
(7) Power, influence, effectiveness
(8) Social comparison, competition
(9) Economic utility

(Hoffmann und Hoffmann 1973: 46f)

Diese neun Kategorien können unter dem Begriff „Value of Children" (VOC) zusammengefasst werden. Diese bilden gemeinsam mit den Einflussfaktoren „alternative Quellen des Werts von Kindern", „Kosten von Kindern" sowie „Barrieren und Anreize" ein theoretisches Modell (Hoffmann und Hoffmann 1973: 62).

Der Wert von Kindern beruht auf den genannten Komponenten und variiert in Abhängigkeit vom Gesellschaftstyp, Institutionen oder Personen. Beispielsweise können Sozialsicherungs-systeme als alternative Quellen den ökonomischen Wert von Kindern übernehmen. Kosten von Kindern können für Eltern direkt als finanzielle Kosten für Kindererziehung oder Aufzucht und indirekt durch Opportunitätskosten entstehen. Barrieren sind Faktoren wie Krankheit oder Armut der Eltern, die den angestrebten Wert, also die Geburt von Kindern, schwer zugänglich machen. Gegenteilig wirken Anreize, indem sie die Erlangung des Wertes Kind erleichtern. Hierzu gehören Wohlstand, Unterstützung durch die Familie oder positive Einstellungen zu Kindern (Hoffmann und Hoffmann 1973; Hoffmann und Manis 1982). Das Konzept des Value-of-Children-Ansatzes wurde seit den siebziger Jahren des letzten Jahrhunderts in großen Ländern in vergleichenden Studien empirisch überprüft, um Zusammenhänge zwischen Kultur, sozial-ökologischem Kontext, individuellen Werten von Kindern für ihre Eltern und generativem Verhalten aufzuzeigen. Ziel war es, ein Messinstrument zu entwickeln, das innerhalb interkulturell vergleichender Untersuchungen Unterschiede in Bezug auf die Fertilitätsentscheidungen von Eltern erklären kann. Indem es in verschiedenen Ländern ungleiche Phänomene auf die Variation derselben Determinanten zurückführt, sollten komplexe Zusammenhänge mit einer sehr reduzierten Modellierung erklärt werden. „Ein internationaler Vergleich von Fruchtbarkeitsniveaus wird dadurch möglich, dass unterschiedliche Kosten, Barrieren und Anreize, aber auch Werte von Kindern angenommen werden, die je nach den spezifischen Randbedingungen in den Kulturen variieren." (Nauck 2001: 411)

Aussagen über das Fertilitätsverhalten unterschiedlicher Gesellschaften können durch dieses Modell erklärt werden, dessen zentrale Annahmen an die handlungstheoretischen Modelle anknüpfen. Fertilitätsentscheidungen können beispielsweise als Strategien subjektiver Nutzenmaximierung betrachtet werden.

Auf theoretischer, messtheoretischer und methodologischer Ebene traten allerdings eine Reihe von Problemen auf, die nicht gelöst werden konnten. Die Value-of-Children-Studien verwenden oftmals eine Terminologie, die das Konzept des Wertes nicht umsetzen kann. Auch wird die induktive Theoriebildung von Hoffmann und Hoffmann häufig kritisiert. Dennoch kann dieser Ansatz für weitere empirische Studien genutzt werden und es können zwei zentrale, signifikante Dimensionen[66] abgeleitet werden, der ökonomisch-utilitaristische Nutzen[67] sowie der psychologisch-emotionale Nutzen[68] von Kindern. Diese zentralen Befunde des Value-of-Children-Ansatzes sind vergleichbar mit den Annahmen von Leibenstein[69] und Becker zum Nutzen von Kindern (Nauck 2001; Trommsdorff und Nauck 2005a: 10f). Die unterschiedlichen Dimensionen des Nutzens von Kindern für Eltern wurden in weiteren länderübergreifenden Studien und der Migrationsforschung erfolgreich angewendet und bestätigt. Nauck (2001) versucht, das Value-of-Children-Konzept – im Rahmen der Theorie sozialer Produktionsfunktionen – als spezielle Handlungstheorie weiterzuentwickeln. Der Nutzen von Kindern in der sozialen Produktionsfunktion wird in zwei

---

66 In anderen Ländern (zum Beispiel der Türkei) konnten drei Dimensionen extrahiert werden: der ökonomisch-utilitaristische, der psychologisch-affektive und der sozial-normative Nutzen von Kindern (Nauck In Press: 11).

67 Beiträge zum Familienhaushalt durch die Erwerbsarbeit von Kindern, Hilfe im Haushalt und zusätzliches Einkommen, Alterssicherung.

68 Stärkung der emotional-affektiven Gruppenbindung, expressive Stimulation durch Interaktionen mit den Kindern.

69 Leibenstein versucht den generellen Nutzen, der mit Kindern verbunden ist, zu klassifizieren, indem er drei Nutzen- und zwei Kostentypen beschreibt. Der Nutzen hängt davon ab, ob Kinder als positives Gut angesehen werden, als Arbeitskraft oder zur Alterssicherung dienen. Kosten entstehen direkt, durch Aufwendungen für Erziehung etc., oder indirekt durch Opportunitätskosten (Leibenstein zitiert nach Kopp (2004).

Untenarten mit zwei Unterdimensionen[70], den sogenannten Grundbedürfnissen, aufgeteilt:

Abbildung 8:   Value of Children in der sozialen Produktionsfunktion nach Nauck (2001)

	psychisches Wohlbefinden	soziale Anerkennung
kurzfristig	**Arbeitsnutzen**	**Statusgewinn**
langfristig	**Versicherungsnutzen**	**emotionaler Nutzen**

Quelle: Nauck (2001: 415).

Nachfolgend werden von Nauck (2001) vierundzwanzig Hypothesen zu den Werten von Kindern dargestellt, die auf die sechs Dimensionen des familiären Handlungssystems zurückgeführt werden: Größe, Dauerhaftigkeit, Kontextopportunitäten und Restriktionen, Ressourcen, Generationenbeziehungen und Geschlechterverhältnisse. Im Kontext der gesellschaftlichen Bedingungen, die in der BRD vorzufinden sind, lauten die zentralen Annahmen für den Wert von Kindern und Elternschaft:

1. Wird der emotionale Nutzen von Kindern hoch bewertet, sind viele Kinder nicht zwangsläufig Nutzen steigernd, da der Nutzen nicht kumuliert werden kann, ein oder zwei Kinder können für die psychische Befriedigung ausreichen, während keine oder viele Kinder eher ungünstig sind.

2. Wenn der emotionale Nutzen von Kindern hoch bewertet wird, investieren Eltern viel Kapital in die Versorgung und die Ausbildung von Kindern, unabhängig vom Alter und dem Geschlecht der Kinder.

---

70 Diese werden später auf drei erweitert (vgl. Becker und Tomes 1976).

	Physical Well-being	Social Esteem
short-term	stimulation/affect	status-attainment
intermediate	work utility	social approval
long-term	insurance utility	dialogical benefits

Quelle: Nauck (In Press: 11).

3. Je höher der erwartete Nutzen aus der Beziehung zu Kindern ist, desto sicherer ist die Bindung an Kinder.

4. Die Nachfrage nach adoptierten Kindern ist bei kleinen Kindern höher als bei älteren, da sie länger zum emotionalen Nutzen beitragen.

5. Eltern, die den Statusnutzen hoch bewerten, werden mehr Kinder gebären, falls staatliche Transferleistungen an die Anzahl von Kindern gebunden sind.

6. Kontextopportunitäten, wie soziale Netzwerke oder Infrastrukturopportunitäten, wirken als Schwellenwert für Elternschaft, das heißt, wenn diese vorhanden sind, werden Kinder als emotionaler Nutzen angesehen und geboren, aber ihre Anzahl erhöht den Nutzen nur marginal.

7. Je höher das ökonomische oder soziale Kapital von Eltern ist, desto geringer wird der emotionale Nutzen von Kindern für soziale Beziehungen bewertet.

8. Für Eltern mit geringen ökonomischen und kulturellen Ressourcen ist der Versicherungs- und Statusnutzen von Kindern höher, während kein Zusammenhang zu den individuellen Ressourcen der Eltern besteht.

9. Je mehr in einer Gesellschaft – durch institutionelle Regelungen – deszendenz-verwandtschaftliche Beziehungen gegenüber affinalverwandtschaftlichen[71] überwiegen, desto stärker ist die Statusdifferenzierung zwischen den Geschlechtern und desto stärker ist die Präferenz für ein bestimmtes Geschlecht.

Nauck und Klaus (In Press) vergleichen die verschiedenen Ansätze zum Nutzen von Kindern und erweitern ihren ursprünglichen Ansatz um weitere Nutzenarten, die sie in drei Dimensionen (comfort, affect und stimulation und social esteem) unterteilen, die in empirischen Studien bestätigt werden konnten.

---

71 Nauck (In Press: 23) zählt Deutschland zu den bilinear-affinalen Ländern.

Abbildung 9: Übereinstimmung der Struktur der theoretischen Ansätze zum Nutzen von Kindern

Theory of the Social Production Function	Early Value of Children-Studies	Economic Theory of Fertility
Comfort	Economic-utilitarian VOC	Work- and insurance utility of children
Affect & Stimulation	Emotional VOC	Children as consumer durables
Social esteem	Social-normative VOC	

Quelle: Nauck und Klaus (In Press: 9).

Durch diese Erweiterung des Value-of-Children-Konzepts zu einer speziellen Handlungstheorie kann das generative Verhaltensmuster in unterschiedlichen Gesellschaften erklärt werden, wobei „das gelebte Muster des Kindschaftsverhältnisses weltweit gesehen ein sehr spezielles ist" (Nauck 2001: 429). Durch die Sozialsicherungssysteme in Deutschland verliert der psychische Nutzen durch den Versicherungsnutzen und Arbeitsnutzen von Kindern an Bedeutung. Der Statusnutzen von Kindern geht zurück, während der emotionale Nutzen steigt. Der emotionale Nutzen ist indes bei Personen mit hochformalisierten, spezifischen Tätigkeiten am größten, während mit zunehmender Tertiärisierung der Wirtschaft alternative emotionale Nutzen steigen und zur Polarisierung der Bevölkerung in zwei Gruppen führen, die mehr oder weniger kindorientiert sind. Dies wird zur Steigerung von Kinderlosigkeit führen. Mit dieser Theorie kann zudem erklärt werden, weshalb in Armutsgesellschaften die Fertilitätsraten hoch sind, ohne auf die veralteten Annahmen zurückzugreifen, wie beispielsweise das Festhalten einer Gesellschaft an kulturellen Traditionen oder auch mangelnde Kenntnisse der Geburtenkontrolle (Nauck 2001).

Als replikative Studie wurde zwischen 2002 und 2003 eine auf der Value-of-Children-Forschung basierende Studie[72] durchgeführt, die über die länderspezifischen Aspekte (soziodemografische Faktoren, Familienstrukturen, Fertilität und Erziehung) in elf Nationen informiert. Basierend auf diesem Forschungsansatz wurde eine Fünf-Punkte-Likert-Skala mit 18–27 Items konstruiert und vier

---

72 Value of Children in Six Cultures. A Replication and Extension of the "Values-of-Children-Studies", gefördert von der DFG.

verschiedene Gruppen (jüngere und ältere Mütter, Großmütter und Jugendliche) gebildet. Aufgrund dieser Studie lassen sich mittels verschiedener statistischer Verfahren (u. a. der Faktorenanalyse) Aussagen zum Wert von Kindern in den partizipierten Ländern treffen. Die ersten Ergebnisse können die Hypothesen zum Teil bestätigen, insbesondere kann die Verminderung des ökonomischen Nutzens mit dem Ausbau sozialstaatlicher Sicherungssysteme erklärt werden (Nauck und Klaus 2007; Trommsdorff und Nauck 2005b). Während in Wohl-fahrtsstaaten der Wert von Kindern als intermediäres Gut an Bedeutung verloren hat und der emotional Nutzen gestiegen ist, sind Kinder in Armutsländern zur sozialen Absicherung notwendig und bedingen die hohe Geburtenrate. Insgesamt sind unterschiedliche Entwicklungen in den verschiedenen Ländern zu verzeich-nen: Der Wert von Kindern ist beispielsweise in Ländern wie Israel, China oder Korea vom Stadt-Landkontext abhängig, während es diese Unterschiede in Indi-en nicht gibt, dafür aber die ideale Familie mit zwei Kindern angestrebt wird. Frauen mit hohem Bildungsabschluss sehen die Geburt von Kindern und die Erwerbstätigkeit als problematisch an, während die Frauenerwerbstätigkeit in Israel keine Rolle spielt. Obwohl in Israel sowohl bei Juden als auch bei Mos-lems die Sozialsicherungssysteme gut ausgebaut sind und die Bildung der Frauen hoch ist, nimmt die Fertilitätsrate nicht ab. Nauck (in Press: 34) führt als mögli-che Erklärung dieser „Anomalie" die Zuwanderung von Personen aus Hoch-Fertilitäts-Ländern an. Belastend und lebenszufriedenheitsmindernd sind Kinder für koreanische Frauen vor allem in Städten, ihre Fertilitätsrate nimmt in jünge-ren Kohorten stark ab. In der Türkei spielen Kinder eine große Rolle in Bezug auf Geschlechtsrollen, soziale Normen, Einstellungen und Fertilitätsverhalten, dagegen sinken die Geschlechterpräferenz und die Kinderzahl in den jüngeren Kohorten (Ataca et al. 2005; Kim und Park 2005; Klaus et al. 2005; Mareš und Možný 2005; Mishra et al. 2005; Nauck in Press; Suckow 2005; Zheng et al. 2005).

In einer Validierungsstudie konnten Nack und Klaus (Nauck und Klaus in Press) die Value-of-Children-Struktur überprüfen und die Validität des Messin-struments durch verschiedene Tests belegen. Der Vergleich von Fragen des Fa-miliensurvey 2000 und der Fragebatterie der Value-of-Children-Studie[72] von 2002/03 liefert keine brauchbaren Übereinstimmungen. Einige Fragen des Fami-liensurvey 2000 sind jedoch geeignet, um zwischen dem ökonomischen und psychologischen Nutzen von Kindern zu differenzieren. Mittels einer Clusterana-lyse lassen sich zwei verschiedene Ehetypen beschreiben, die zur Überprüfung von Hypothesen des VOC dienen.

Die Arbeiten von Rosenstiel (1978) zum Valenz-Instrumentalitäts-Erwartungs-Modell (VIE) versuchen – ähnlich wie Hoffmann und Hoffmann –, den Nutzen oder die Valenz von Kindern für Eltern zu ermitteln. Sie erweitern das ursprüngliche Modell, das Handlungen von Menschen als subjektive Entscheidungen für den größtmöglichen Nutzen unter Berücksichtigung der Auftretenswahrschein-lichkeit beschreibt, um den Eigenwert von Kindern und den Einfluss sozialer Normen. Der Ansatz umfasst somit drei Komponenten: extrinsische Werte von Kindern, sie bestimmen die gewünschte Anzahl von Kindern und deren Instrumentalität, intrinsische Werte, den persönlichen Wert, den Kinder für ihre Eltern darstellen und soziale Normen, die durch die Gesellschaft vorgegebenen Erwartungen. Die genannten Faktoren wirken auf den Kinderwunsch und dadurch auf das Fertilitätsverhalten von Paaren (Rosenstiel 1978).

Kritische Einwände gegen den erweiterten Value-of-Children-Ansatz sind, wie zuvor schon bei Hoffmann und Hoffmann bemängelt, im Hinblick auf das induktive Vorgehen zu sehen. Problematisch sind ebenfalls die Auswahl der Stichprobe und die geringe Fallzahl. Werden fast ausnahmslos Frauen befragt, ist schwer nachvollziehbar, wie der Wert von Kindern für Männer erklärt werden kann. Ferner sind für die Berechnung von Stadt-Landunterschieden nach Altersgruppen und weiteren multivariaten Analysen größere Datensätze unerlässlich. Für die Scheidungsforschung ist der Value-of-Children-Ansatz von Bedeutung, da er den Wert beziehungsweise Nutzen von Kindern und deren Einfluss auf die Geburtenrate erklärt. Die Höhe des Nutzens hat wiederum Einfluss auf die Ehestabilität.

Von dem Value-of-Children-Ansatz lassen sich folgende Hypothesen für die Ehestabilität ableiten:

Hypothese (18): Wird der emotionale Nutzen von Kindern hoch bewertet, sind viele Kinder nicht zwangsläufig nutzensteigernd, da der Nutzen nicht kumuliert werden kann. Ein oder zwei Kinder können für die psychische Befriedigung ausreichen, während keine oder viele Kinder eher ungünstig sind. Für die Ehestabilität lässt sich ableiten, dass Ehepaare mit ehelichen Kindern, die den emotionalen Nutzen von Kindern hoch bewerten, weniger Scheidungen aufweisen als kinderlose Ehepaare oder Ehepaare mit vielen Kindern.

Hypothese (19): Adoptierte Kinder fördern die Ehestabilität, insbesondere im Kleinkindalter, da sie den emotionalen Nutzen erhöhen.

Hypothese (20): In Ländern mit affinalverwandtschaftlichen Beziehungen wie Deutschland gibt es keine Geschlechterpräferenz bei der Geburt von Kindern. Das Geschlecht von Kindern hat insofern keinen Effekt auf die Ehestabilität.

Hypothese (21): In Deutschland wird der emotionale Nutzen von Kindern höher
                 bewertet als der psychologisch-utilitaristische Nutzen. Keine
                 und viele Kinder vermindern folglich die Ehestabilität.

Hypothese (22): Die zunehmende Tertiärisierung der Wirtschaft teilt die Bevöl-
                 kerung in zwei Gruppen, die mehr oder weniger
                 kindorientierten Ehepaare schätzen den Wert von Kindern hö-
                 her ein als weniger kindorientierte. Mit der Geburt von eheli-
                 chen Kindern erhöht sich die Stabilität dieser Ehen.

2.2.2 Hypothesen zur Geschlechterpräferenz

„Do parents of girls really have a higher risk of divorce?" ist die zentrale Fragestellung der Untersuchung von Morgan und Pollard (2002). Sie gehen davon aus,
dass die Geburt von Mädchen eine geringere Ehestabilität bedingt als die Geburt
von Söhnen. Der Einfluss des Geschlechts von Kindern auf die Ehestabilität wird
durch die Präferenz von Söhnen gegenüber Töchtern erklärt. Folglich ist nicht
das Geschlecht der Kinder direkte Ursache für unterschiedliche Scheidungsrisiken, sondern die Präferenz der Eltern für ein bestimmtes Geschlecht von Kindern. Wird ein bestimmtes Geschlecht oder eine bestimmte Geschlechterkombination von Kindern bevorzugt, verringert sich durch das Vorhandensein der
gewünschten Kinder-Kombination das Scheidungsrisiko. Das bedeutet, dass die
Stabilität der Ehe durch die Passung zwischen der Präferenz für ein bestimmtes
Geschlecht von Kindern und dem Vorhandensein dieses Geschlechts oder der
Geschlechterkombination beeinflusst wird. Für die Scheidungsforschung kann
abgeleitet werden, dass geschlechtsspezifische Scheidungsraten die unterschiedlichen Geschlechterpräferenzstrukturen reflektieren. Die Bevorzugung eines
bestimmten Geschlechts von Kindern lässt sich durch weitere Annahmen erklären, die im Folgenden dargestellt werden.

Die Gender-Preference-Hypothese

Allgemeine Hypothesen zur Bevorzugung eines bestimmten Geschlechts von
Kindern werden unter dem Begriff „gender preference"-, „sex preference"-, oder
„gender bias"-Hypothesen subsumiert. Geschlechterpräferenzstrukturen wurden
in zahlreichen demografischen Studien untersucht und vor allem in Entwicklungsländern nachgewiesen. Seit geraumer Zeit steht das Thema Geschlechterpräferenz vermehrt im Forschungsinteresse der Scheidungs- und Fertilitätsfor-

schung. Untersuchungen zur Geschlechterpräferenz haben in den USA eine längere Tradition, während sie in Deutschland erst seit Anfang dieses Jahrtausends vermehrt im Interesse der Forschung stehen. Eine umfassende theoretische Fundierung der beobachteten Geschlechterpräfenzstrukturen existiert bis dato dagegen nicht.

Die Frage, ob Eltern ein bestimmtes Geschlecht bei der Geburt von eigenen Kindern präferieren, wird beispielsweise mit dem Value-of-Children-Ansatz[73], der Modernisierungshypothese[74] oder der „differential costs"-Hypothese thematisiert.

Nach Diekmann und Schmidheiny (2004) sind Investitionen in ehespezifisches Kapital höher, wenn das gewünschte Geschlecht von Kindern geboren wird (Diekmann und Schmidheiny 2004: 652).

Für eine Untersuchung des Zusammenhangs von Geschlechterpräferenzstrukturen und dem Scheidungsrisiko bedarf es demgemäß der Kenntnis der Präferenzstrukturen in einer Gesellschaft. In der Scheidungsforschung wird vielfach untersucht, ob mit der Geburt von Söhnen ein geringeres Scheidungsrisiko einhergeht als mit Töchtern. Auch Becker (1991: 193f; 1996: 150f) spricht in seiner Theorie von der Präferenz für Söhne, die hauptsächlich in Armutsgesellschaften von Bedeutung ist, denn männliche Nachkommen erbringen durch ihre Arbeitskraft und als Altersabsicherung mehr Nutzen für die Eltern. Aus diesem Grund, so Becker, sollte in modernen Wohlfahrtsstaaten die Geschlechterpräferenz an Bedeutung verlieren.[75]

Indessen sehen Marleau und Saucier die Bevorzugung von weiblichen Nachkommen bei Frauen, was mit der leichteren Erziehung oder mit dem höheren Nutzen als „gleichgesinnter" Interaktionspartner begründet wird (Marleau und Saucier 2002).

Zur Erklärung der Geschlechterpräferenzstruktur werden weiterhin Unterschiede in den Sozialbeziehungen und kulturelle Einflüsse[76] genannt. Sozialbeziehungen können die interpersonelle Kommunikation steigern und in Bezug auf die Geschlechterpräferenz einerseits neue Ideale vermitteln oder andererseits konservative Verhaltensmuster erhalten.

---

73 Vergleiche Kapitel 2.2.1.
74 Siehe „Attentuation-Hypothese", wird von Andersson et al. (2007: 150) auch als „diffusion theory" bezeichnet.
75 Vergleiche dazu die „Attenuation-Hypothese" von Morgan und Pollard (Morgan und Pollard 2002).
76 Nach Leigh (2006: 7) benannt.

Dadurch werden kulturspezifische Fertilitätsraten[77] und Geschlechterpräferenzen in unterschiedlichen Ländern erklärt (Andersson et al. 2004: 2; Andersson et al. 2007: 135ff; Hank und Kohler 2000: 2ff). Empirische Studien zur Geschlechterpräferenz[78] finden sich vorwiegend in der Fertilitätsforschung. Zahlreiche Studien gehen von der Annahme aus, dass die Geschlechterpräferenz die Wahrscheinlichkeit weiterer Geburten beeinflusst. Wird ein bestimmtes Geschlecht von Kindern, zum Beispiel Söhne, favorisiert, sollte die Wahrscheinlichkeit der Geburt eines weiteren Kindes nach der Geburt von zwei Mädchen[79] ansteigen, um das gewünschte Geschlecht zu zeugen.[80] Diese Argumentation ist allerdings nicht unumstritten: „It is also possible to interpret different propensities for a third birth in the opposite way—parents with two girls may be more likely to have an additional child not because they desire a son but because they so enjoy their girl children that they desire another child." (Raley und Bianchi 2006) Jedoch basieren viele Studien zur Fertilität trotz kritischer Einwände auf der oben genannten Annahme.[81]

Die Ergebnisse der Forschung[82] zeigen ein uneinheitliches[83] Bild der Geschlechterpräferenzstrukturen. Für die skandinavischen Länder[84] zeigt sich leichter ein Trend zur Bevorzugung eines gemischten Geschlechterverhältnisses (Andersson et al. 2004: 26; Andersson und Woldemicael 2000: 3; Schullström 1996). Während Finnen in Ein Kind Familien Söhne bevorzugen, zeigt sich bei Dänen, Norwegern und Schweden ein konträres Bild. Sie bevorzugen Töchter (Andersson et al. 2004: 26; Andersson und Woldemicael 2000: 3; Schullström 1996). Jacobsen (1999) sieht für Dänemark keine Geschlechterpräferenz in Ein-Kind-Familien, bei zwei Kindern wird im Gegenteil ein gemischtes Geschlechterverhältnis bevorzugt, indes werden ca. 6 % mehr dritte Kinder bei Geburt von

---

77 Siehe präferierte Familiengröße in verschiedenen Ländern nach den Ergebnissen der Value-of-Children-Forschung.

78 Die Ergebnisse, die den Zusammenhang zwischen dem Geschlecht von Kindern und der Ehestabilität untersuchen, werden in Kapitel 2.2.2 dargestellt.

79 Diese Annahme lässt sich auch auf die Geburt von zweiten Kindern anwenden.

80 Vergleiche die Argumentation von Becker Kapitel 2.1.5 zur Nachfrage nach Kindern eines bestimmten Geschlechts.

81 Gallup Surveys in den USA verwenden die Frage: „Suppose you could only have one child. Would you prefer that it be a boy or girl?" Dahl und Moretti (2007) beziehen sich in ihren Analysen teilweise auf die direkte Frage nach der Präferenz für Mädchen oder Jungen, während Marleau und Saucier (2002) in einer Literaturanalyse die Antworten schwangerer Frauen auswerten (Dahl und Moretti 2007: 25f; Marleau und Saucier 2002; Raley und Bianchi 2006: 404).

82 Siehe Tabelle „Geschlechterpräferenzen" im Anhang.

83 Siehe Diskussion von Hank und Kohler (2002), die die Probleme der Vergleichbarkeit verschiedener empirischer Studien aufgrund der unterschiedlichen Daten und Instrumente hervorheben (Hank und Kohler 2002: 5).

84 Dänemark, Finnland, Norwegen und Schweden.

zwei Mädchen als nach der Geburt von zwei Söhnen geboren (Jacobsen et al. 1999: 1130). Der Trend zu zwei Kindern unterschiedlichen Geschlechts zeigt sich auch für die USA, Kanada und Australien außer bei einer Studie von Dahl und Moretti (2007): Männer bevorzugen Söhne und umgekehrt Frauen Töchter (Dahl und Moretti 2007; Leigh 2006; Marleau und Saucier 1996). Letztere Ergebnisse wurden durch eine Literaturanalyse auch für weitere westliche Länder bestätigt (Marleau und Saucier 2002).

Siebzehn europäische Länder analysieren Hank und Kohler (2000) mit dem FFS und finden in fünf Ländern, auch Deutschland, keine Präferenz für ein bestimmtes Geschlecht, in der Tschechischen Republik, Litauen und Portugal eine Präferenz für Mädchen und in den neun verbleibenden Ländern eine Mixed-Gender-Präferenz. Mit Daten des ALLBUS ermitteln Hank und Kohler (2002) in Deutschland eine Präferenz für ein gemischtes Geschlechtsverhältnis. Differenzierte Analysen zeigen für Frauen und höher Gebildete hingegen die Präferenz von Töchtern. Dieser Effekt verringert sich in jüngeren Kohorten zugunsten einer Sohn-Präferenz. Indessen ermittelt Brockmann (2001) mit den Daten des SOEP eine Töchter-Präferenz in jüngeren Kohorten. Die in älteren Kohorten vorherrschende Sohn-Präferenz vermindert sich zugunsten einer signifikanten Töchter-Präferenz (Brockmann 2001; Hank und Kohler 2002).

Brockmann erklärt diesen Präferenzwandel mit dem deutschen Wohlfahrtssystem und der Familienpolitik, das die Arbeitsbeteiligung von Frauen fördert und zum anderen die Geburt von Kindern mit Begünstigungen belohnt. Steigende Frauenerwerbsbeteiligung und „the growing 'burden of ageing' should increase the value of a daughter, since she assumes both the role of a breadwinner and that of a caregiver. In the future, the average girl may well wish to become the mother of one-daughter family" (Brockmann 2001: 199)

Von der Gender-Preference-Hypothese und der Annahme, dass es in Deutschland eine Präferenz für ein gemischtes Geschlechtsverhältnis gibt, lassen sich für diese Untersuchung folgende Hypothesen ableiten:

Hypothese (23): In Deutschland wird ein gemischtes Geschlechterverhältnis favorisiert, deshalb ist das Scheidungsrisiko für zwei Kinder unterschiedlichen Geschlechts geringer als für andere Geschlechterkombinationen.

Fathers'-Involvement-Hypothese

Die Geburt von Töchtern bedingt ein höheres Scheidungsrisiko als die Geburt von Söhnen, ermitteln Morgan, Lye und Condran (1988) in einer empirischen Studie für die USA und legen damit die Basis für eine Reihe von Studien, die sich mit der Geschlechterverteilung, der Ehestabilität und Fertilität beschäftigen. Die zugrundeliegende Hypothese besagt, dass Väter für die Erziehung von Söhnen eine größere Rolle spielen und deshalb mehr Zeit mit ihnen als mit Töchtern verbringen. Je mehr Väter sich an der Kindererziehung beteiligen, desto höher ist die Ehestabilität. Die nach Diekmann und Schmidheiny (2004) als Fathers'-Involvement-Hypothese[85] benannte Annahme wird von Morgan et al. (1988, 2002) mit der Theorie Durkheims und Beckers erklärt. Zentrale Aspekte sind einerseits die Auswirkungen, die mit der Veränderung der geschlechtsspezifischen Arbeitsteilung einhergehen, andererseits die Anhäufung von ehespezifischem Kapital durch die Geburt von Söhnen. Basierend auf der Differenzierungstheorie von Durkheim steigt die organische Solidarität mit der Zunahme der sexuellen Arbeitsteilung an und wirkt positiv auf die Ehestabilität. Die Geburt von Kindern erhöht die geschlechtsspezifische Arbeitsteilung, gleichzeitig wird die organische Solidarität wiederum gesteigert. Aus Durkheims Differenzierungstheorie wird gefolgert, dass Söhne eine weitere Stufe der Differenzierung bewirken: Eltern möchten ihr eigenes Geschlechterbild an die Nachkommen weitergeben, deshalb sind Söhne für Väter von größerer Bedeutung als Töchter. Soziale Normen prägen das Rollenverhalten der Eltern, wobei Väter das männliche Rollenmodell an die Söhne weitergeben. Väter sind besonders wichtig für die Vermittlung von Regeln, Disziplin und Erziehung der Söhne, während sie für die Sozialisation der Töchter nur eine untergeordnete Rolle spielen. Die Annahme, dass Väter für die Sozialisation, insbesondere für die Geschlechtsrollenorientierung und die Entwicklung von Emotionen, ihrer Söhne notwendig sind, schafft zusätzliche Abhängigkeit zwischen den Ehepartnern. Aus diesem Grund erhöht die komplementäre Elternrolle die Stabilität von Partnerschaften. Im durkheimschen Sinn steigt die organische Solidarität durch die Geburt von Söhnen. Mittels gemeinsamer Erlebnisse und Aktivitäten bei der Kindererziehung machen Ehepartner positive Erfahrungen, wodurch emotionale Bindungen und die Ehesolidarität ansteigen. Neben der Theorie Durkheims erklärt die Familienökonomie die Abhängigkeit der Ehestabilität vom Geschlecht von Kindern mit

---

85 Diekmann und Schmidheiny (2004: 652) kritisieren bei Morgan, Lye und Condran (1988) das Fehlen der „gender preference"-Hypothese. Das Ergebnis ihrer Analysen, Söhne vermindern das Scheidungsrisiko stärker als Mädchen, wird nur mit der Fathers'-Involvement-Hypothese erklärt, aber nicht mit der allgemeineren Geschlechterpräferenzhypothese.

Investitionen in ehespezifisches Kapital. Die Geburt von Söhnen erzeugt mehr ehespezifisches Kapital als die Geburt von Töchtern, denn Väter investieren mehr Zeit in die Söhne und teilen mehr gemeinsame Aktivitäten mit ihren Söhnen als mit ihren Töchtern. Der Nutzen, den Söhne bieten, ist außerdem dauerhafter als der Nutzen von Töchtern (Harris und Morgan 1991: 532f; Morgan et al. 1988: 111ff; Morgan und Pollard 2002: 1ff).

Auf der Basis der beiden Theorien und der Fathers'-Involvement-Hypothese leiten Familienforscher weitere Hypothesen ab. Die Beteiligung der Väter an der Kindererziehung ist ferner vom Alter der Kinder und deren Altersabstand abhängig. Je jünger die Kinder sind und je geringer der Altersabstand der Kinder ist, desto mehr Zeit wird in die Kindererziehung investiert.

Harris und Morgan (1991) bescheinigen nicht nur Ehen mit einer Sohnpräferenz ein geringes Scheidungsrisiko, sondern gehen davon aus, dass mit der Anzahl der männlichen Nachkommen die Beteiligung der Väter an der Kindererziehung für alle Kinder eines Ehepaares steigt. Je mehr Söhne ein Ehepaar hat, desto mehr profitieren Mädchen von der väterlichen Fürsorge. Nicht nur Söhne, sondern auch ein gemischtes Geschlechterverhältnis erhöhen folglich die Ehestabilität, „the cruical variable then would be not the gender of the child, but the gender composition of the sibship" (Harris und Morgan 1991: 533).

Weitere Belege für die Fathers'-Involvement-Hypothese finden sich in zahlreichen Studien, die ebenfalls zu belegen versuchen, dass Väter mehr Zeit mit Kindererziehung verbringen (Harris und Morgan 1991; Katzev et al. 1994b; Morgan et al. 1988; Raley und Bianchi 2006; White 1990). Dieser Effekt wird von Crouter und Crowley (1990) für die USA nur in Familien mit traditionalen „Breadwinner"-Ehemännern bestätigt (Crouter und Crowley (1990) zitiert nach (Raley und Bianchi 2006: 410)). Die ungleiche Verteilung der Aufmerksamkeit von Vätern gegenüber Töchtern schwächt sich hingegen ab, wenn männliche Nachkommen vorhanden sind (Harris und Morgan 1991). Die Geburt von vorehelichen Söhnen erhöht überdies die Wahrscheinlichkeit einer Heirat, ferner investieren Väter von Söhnen mehr in nichteheliche Lebensgemeinschaften als Väter von Töchtern (Lundberg et al. 2006; Lundberg und Rose 2002; Raley und Bianchi 2006). Diekmann und Schmidheiny (2004: 659) können für sieben von acht europäischen Ländern, auch Deutschland, die Fathers'-Involvement-Hypothese nicht bestätigen[86], nur in Spanien finden sie eine geringe Präferenz für Söhne.

---

86 Die Autoren, deren Analyse auf dem Fertility and Family Survey basieren, verweisen auf die Problematik der sozialen Erwünschtheit bei Fragen zur Beteiligung von Männern an der Kindererziehung. Allerdings stammen die meisten dieser Daten aus den 90er Jahren und sind zu alt, um neue Trends wiederzugeben (Diekmann und Schmidheiny 2004: 659).

Kalmijn (1999) kann zwischen der Beteiligung von Männern an der Kindererziehung und der Ehestabilität einen signifikanten Zusammenhang nachweisen. Dieser Effekt ist allerdings nicht mehr vorhanden, wenn die Ehezufriedenheit der Ehefrauen berücksichtigt wird. Stärker an der Kindererziehung beteiligte Väter weisen nach diesem Befund keine stabileren Ehen auf, weil sie mehr Zeit in ihre Kinder investieren, sondern weil ihre Ehefrauen zufriedener sind, wenn die Väter sich an der Kindererziehung beteiligen (Kalmijn 1999).

Von der Fathers'-Involvement-Hypothese und den aufgeführten empirischen Studien lassen sich nachfolgende Hypothesen für die vorliegende Untersuchung ableiten:

Hypothese (24): Väter beteiligen sich stärker an der Kindererziehung, wenn Söhne geboren werden.

Hypothese (25): Je mehr sich Väter an der Kindererziehung beteiligen, desto höher ist die Ehequalität und Ehestabilität.

Hypothese (26): Söhne werden gegenüber Töchtern präferiert, demzufolge vermindern Ehen mit Söhnen das Scheidungsrisiko stärker als Ehen mit Töchtern.

Hypothese (27): Je mehr Söhne geboren werden, desto mehr profitieren Töchter von der Beteiligung der Ehemänner an der Kindererziehung. Mit der Anzahl der Söhne steigt sowohl für Söhne als auch für gemischte Geschlechterverhältnisse die Ehestabilität.

Hypothese (28): Je jünger die Kinder sind, desto mehr beteiligen sich die Väter an der Kindererziehung und desto größer ist die Ehestabilität.

Hypothese (29): Je geringer der Altersabstand von Kindern, desto höher ist die Beteiligung von Männern an der Kindererziehung und desto größer ist die Ehestabilität.

Weitere Hypothesen

In einigen empirischen Arbeiten zum Einfluss des Geschlechts von Kindern auf die Ehestabilität oder Fertilität finden sich Hypothesen, die für diese Arbeit relevant sind, und deshalb kurz umrissen werden.

Attenuation-Hypothese:[87]

Morgan und Pollard (2002) finden für die USA in jüngeren Kohorten einen Rückgang des Geschlechterverhältnis-Effekts von Söhnen und begründen diesen durch sich verändernde familiale Rollenstrukturen, die zu einem zunehmenden egalitären Verhältnis in der Beziehung von Vätern zu Söhnen und Töchtern führen (Morgan und Pollard 2002: 1, 12). Dieser Effekt deckt sich partiell mit einigen Studien zur Geschlechterpräferenz (Marleau und Saucier 2002; Schullström 1996), während Diekmann und Schmidheiny in 16 von 18 Ländern keine (signifikanten) Effekte ermitteln oder andere Analysen neue Präferenzstrukturen ermitteln (Andersson et al. 2007; Brockmann 2001).

Hypothese (30): In jüngeren Kohorten vermindert sich der Effekt der Sohn-Präferenz, das Geschlecht von Kindern hat in jüngeren Kohorten keinen Einfluss mehr auf die Ehestabilität.

Complementary-Costs-Hypothese:[88]

Die Kosten für Kindererziehung hängen davon ab, ob Eltern Söhne oder Töchter besitzen. Zum Beispiel können Spielsachen und Kleidung an die jüngeren Geschwister weitergegeben werden, wenn sie das gleiche Geschlecht haben, das ist kostengünstiger als bei gemischtem Geschlechterverhältnis. Eltern werden aus diesem Grund ein gleiches Geschlechterverhältnis bevorzugen und das Vorhandensein des gewünschten Geschlechts von Kindern wirkt sich positiv auf die Ehestabilität aus. Die Untersuchung von Leigh (2006) erforscht – neben weiteren Hypothesen – die Complementary-Costs-Hypothese, kann diese jedoch nicht bestätigen.

Hypothese (31): Kinder gleichen Geschlechts vermindern das Scheidungsrisiko.

Parity-Preference-Hypothese:

Die Geburtenreihenfolge von Kindern und die Geschlechterkombination spielen eine Rolle für die Geburt weiterer Kinder. Wird ein bestimmtes Geschlechterverhältnis bevorzugt, ist die Wahrscheinlichkeit weiterer Geburten größer, falls das gewünschte Geschlecht nicht geboren wurde. Die Existenz dieser Präferenzstruktur hat Auswirkungen auf den Entschluss, sich scheiden zu lassen oder zu

---

87 Nach Diekmann und Schmidheiny (2004) bezeichnet (Diekmann und Schmidheiny 2004: 657).
88 Dahl und Moretti (2007) bezeichnen die oben genannte Hypothese als „differential costs"-Hypothese.

heiraten (Andersson et al. 2007; Andersson und Woldemicael 2000; Hank und Kohler 2002; Leigh 2006). Der Vergleich der empirischen Ergebnisse der Studien zur Geschlechterpräferenz zeigt ein uneinheitliches Bild, während wenige Studien von einer Präferenz von Söhnen sprechen, sehen andere ein gemischtes Geschlechterverhältnis[89] als dominante Struktur. Werden Söhne oder gemischte Nachkommen präferiert, hat die Reihenfolge der Geburten unterschiedliche Auswirkung auf die Ehestabilität. Geht man von einer Präferenz für ein gemischtes Geschlechterverhältnis aus, wird folgende Hypothese abgeleitet:

Hypothese (32):   Je nach Parität der Geburten verändert sich das Scheidungsrisi-
                  ko: Eine Mädchen-Sohn-Kombination oder eine Sohn-
                  Mädchen-Kombination hat ein geringeres Scheidungsrisiko als
                  andere Geschlechterkombinationen.

2.3   Weitere Einflussfaktoren der Ehestabilität

Die zuvor besprochenen Theorien der Ehestabilität (Abschnitt 2.1) wurden insbesondere im Hinblick auf den Einfluss von Kindern auf die Ehestabilität untersucht und Hypothesen abgeleitet, die den vermuteten Einfluss von Kindern auf das Scheidungsrisiko widerspiegeln. Abgesehen von den Kindervariablen werden in den multivariaten Modellen weitere durch die Scheidungsforschung bestätigte Einflussfaktoren des Scheidungsrisikos kontrolliert. Einige dieser Einflussfaktoren wurden bereits in dem Theoriekapitel erörtert und die dazugehörigen Hypothesen in den Fußnoten benannt. Daneben finden sich weitere Merkmale, die zwar in den multivariaten Modellen kontrolliert werden, für die theoretische Begründung ihrer Wirkung müsste man aber andere Theorien anführen, die an dieser Stelle nicht vorgestellt werden. Im Folgenden werden diese wichtigen Einflussfaktoren des Ehescheidungsrisikos genannt und die Hypothesen formuliert. In Anlehnung an Wagner und Weiß (2003: 39f) werden die Hypothesen, sofern möglich, nach theoretischen Konzepten geordnet.

---

89 Siehe Kapitel 2.2.

Informationsniveau über den Partner vor der Heirat

Voreheliche Kohabitation:
Hypothese: Das Scheidungsrisiko von Ehepaaren, die vor der Ehe zusammengelebt haben, ist geringer als das von Ehepaaren, die nicht kohabitiert haben.[90]

Dauer von Beziehungsbeginn bis Haushaltsgründung:
Hypothese: Je länger die Dauer zwischen dem Beziehungsbeginn und der Haushaltsgründung ist, desto höher ist die Ehestabilität.

Suchkosten

Heiratsalter:[91]
Hypothese: Mit zunehmendem Heiratsalter der Ehefrau beziehungsweise des Ehemanns sinkt das Scheidungsrisiko.

Investitionen in die Ehe[92]

Wohneigentum:
Hypothese: Besitzen Ehepartner gemeinsames Wohneigentum, ist ihr Scheidungsrisiko im Verhältnis zu anderen Ehepaaren geringer.

Externe Barrieren:

Kirchgangshäufigkeit:
Hypothese: Ehepaare, die regelmäßig den Gottesdienst besuchen, werden seltener geschieden als andere Ehepaare.

---

90 Zahlreiche, zumeist ältere Studien ermitteln gegenteilige Effekte, das liegt nach Hartmann (2003: 120) an den Fehlspezifikationen der verwendeten Modelle, während sich bei korrekter Spezifikation der theoretisch vermutete Effekt zeigt. Wird, wie beispielsweise von White (1990: 906), davon ausgegangen, dass Paare die vor der Ehe kohabitieren, eher andere Einstellung zur Ehe haben, sollte diese (vgl. auch die verschiedenen Partnerschaftstypen nach Nave-Herz, Meyer oder Roussel in Kapitel 2.1.3) kontrolliert werden.

91 Frauen unter 14 und Männer unter 16 wurden für die Berechnungen ausgeschlossen, in Deutschland ist es nicht erlaubt, früher zu heiraten.

92 Kinder werden hier nicht mehr getrennt betrachtet, vergleiche die entsprechenden Theorien.

Kirchliche Heirat:
Hypothese: Ehepaare, die kirchlich heiraten, weisen ein geringeres
                    Scheidungsrisiko auf.

Arbeitsteilung in der Ehe

Erwerbstätigkeit:
Hypothese: Erwerbstätige Frauen haben ein höheres Scheidungsri-
                    siko als nicht erwerbstätige Frauen.[93]
Hypothese: Erwerbstätige Männer haben ein geringeres Schei-
                    dungsrisiko als nicht erwerbstätige Männer.
Arbeitsteilung in Haushalten:
Hypothese: Je egalitärer die Arbeitsteilung, desto höher ist das
                    Scheidungsrisiko.[94]

Sozialer Kontext

Heiratskohorten:
Hypothese: Je älter die Heiratskohorte, desto geringer ist das
                    Scheidungsrisiko.[95]

Homogamie

Bildungshomogamie:
Hypothese: Partner mit gleicher Bildung werden seltener geschie-
                    den als Paare mit ungleicher Bildung.[96]

---

93 Dies wird kontrovers diskutiert, siehe Beck und Hartmann. Wird die Antizipation des Scheidungsrisikos beziehungsweise die subjektive Einschätzung der Ehestabilität, siehe Kapitel 4.3.2, kontrolliert, sollte der Effekt zurückgehen (Beck und Hartmann 1999).
94 Diese Annahme wird kontrovers diskutiert.
95 In jüngeren Kohorten sollten zudem folgende – die Ehestabilität beeinflussende – Faktoren geringer sein: Ehenormen, Selbstentfaltungs- und Pflichtwerte, Einflüsse strengen Scheidungsrechts und
religiöse Normen. Diese Einflussfaktoren wirken ehestabilisierend. In jüngeren Kohorten ist zudem
davon auszugehen, dass sie ihr höheres Scheidungsrisiko antizipieren. Die Antizipation eines erhöhten Scheidungsrisikos bedingt das Ansteigen der Frauenerwerbstätigkeit und verringert die Fertilität
und Ehestabilität.
96 Besonders stark sollte dieser Effekt sein, falls Bildungshomogamie und ein hohes Ausbildungsni-
veau kontrolliert werden (Diekmann und Schmidheiny 2001).

Beide katholisch:
Hypothese: Katholische Ehepaare haben ein geringeres Schei-
                    dungsrisiko als andere.
Art des Kennenlernens:
Hypothese: Ehepaare, die sich im ähnlichen sozialen Kontext ken-
                    nen lernen, haben ein geringeres Scheidungsrisiko als
                    andere Ehepaare.

Soziale und personale Ressourcen

Bildung des Vaters:
Hypothese   Je höher die Bildung des Vaters, desto geringer ist das
                    Scheidungsrisiko.
Bildung der Ehefrau:
Hypothese: Je höher die Bildung der Frau, desto höher ist das
                    Scheidungsrisiko.
Bildung des Ehemannes:
Hypothese: Je höher die Bildung des Ehemannes, desto geringer
                    ist das Scheidungsrisiko.
Scheidungstransmission

Eltern geschieden:
Hypothese: Personen, deren Eltern geschieden wurden, weisen ein
                    höheres Scheidungsrisiko auf.

Eheerfahrung:

Mehrfachehe:
Hypothese: Personen, die schon einmal geschieden wurden, wei-
                    sen ein höheres Scheidungsrisiko auf als Ehepaare oh-
                    ne Scheidungserfahrung.

Weitere Determinanten:

Partnerschaftstyp:
Hypothese: Familienorientierte Partnerschaften werden seltener
                    geschieden als andere.
Einstellung zur Mutterrolle:
Hypothese: Je traditioneller die Einstellung zur Mutterrolle ist,
                    desto stabiler sind die Ehen.

Hypothese: Kindorientierte Ehen[97] weisen ein geringeres Schei-
                    dungsrisiko auf als andere Ehetypen.
Hypothese: In modernen Wohlfahrtsgesellschaften geht die Be-
                    deutung des ökonomischen Nutzens von Kindern zu-
                    rück. Der ökonomische Nutzen spielt in Deutschland
                    keine Rolle für die Stabilität von Ehen.

Subjektive Einschätzung der Ehestabilität:[98]
Hypothese: Je stabiler die Ehe eingeschätzt wird, desto geringer ist
                    das Scheidungsrisiko.[99]

Ehequalität:
Hypothese: Je höher die Ehequalität, desto geringer ist das Schei-
                    dungsrisiko[99]

Ehedauer:
Hypothese: Mit zunehmender Ehedauer sinkt das Scheidungsrisi-
                    ko.

Rolleneinstellung:
Hypothese: Ehemänner mit moderner Rolleneinstellung weisen
                    ein geringeres Scheidungsrisiko auf als Männer mit
                    einer traditionellen Einstellung[99].

Ansprüche an die Ehe:
Hypothese: Je höher die Ansprüche an die Ehe sind, desto gerin-
                    ger ist die Ehestabilität. Je traditioneller die Rollein-
                    stellung der Ehemänner ist, desto geringer ist die Ehe-
                    stabilität. In jüngeren Kohorten sollte der Effekt stär-
                    ker sein[99].

Vereinbarkeit von Beruf und Familie:
Hypothese: Je traditioneller Ehepaare in Bezug auf die Vereinbar-
                    keit von Beruf und Familienleben eingestellt sind, des-
                    to höher ist die Ehestabilität.

Zufriedenheit mit dem Berufsleben:
Hypothese: Je höher die Zufriedenheit der Ehefrau mit dem Be-
                    rufsleben und die Akzeptanz durch den Partner ist,
                    desto größer ist die Zufriedenheit mit dem Eheleben[99].

---

97 Beziehungsweise Ehen, die den emotionalen Nutzen von Kindern höher bewerten.
98 Kann als Indikator für die Antizipation des Scheidungsrisikos verwendet werden.
99 Diese Hypothese kann mit den Daten des Familiensurvey 2000 nicht überprüft werden.

2.4 Modell der Einflussfaktoren der Ehestabilität und Kinder

Um die Einflussfaktoren der Ehestabilität, insbesondere den Einfluss von Kindern, zu bestimmen, wurden in den vorangegangenen Abschnitten sowohl Mikro- als auch Makrotheorien vorgestellt. Daneben wurden Fertilitätstheorien und zentrale Ad-hoc-Hypothesen der Scheidungsforschung angesprochen, die notwendig sind, um einen umfassenden Überblick über diejenigen Charakteristika von Kindern zu geben, die im Zusammenhang mit Ehescheidung stehen. Auf Basis der abgeleiteten Hypothesen und weiteren in der Scheidungsforschung etablierten Hypothesen wird ein Modell der Einflussfaktoren des Ehescheidungsrisikos konstruiert (vergleiche vergleiche Abbildung 10). Das Modell, das sowohl voreheliche als auch eheliche Determinanten des Scheidungsrisikos aufzeigt, soll die einzelnen Faktoren der Ehestabilität schematisch darstellen. Nicht direkt beobachtbare theoretische Konstrukte werden mittels Indikatorvariablen[100] gemessen.

Wie aus dem Modell ersichtlich ist, werden überwiegend theoretische Konstrukte der besprochenen Mikrotheorien einbezogen. Grund dafür ist, dass die Entwicklung der Theoriebildung sich in der Scheidungsforschung von Makrotheorien zu Mikrotheorien gewandelt hat und diese besser geeignet sind, individuelle Entscheidungen und eheliche Interaktionen zu beschreiben. Während Makrotheorien von Annahmen über zentrale Merkmale gesellschaftlicher Organisationen und ihres Wandels ausgehen, insbesondere von Prozessen sozialer Differenzierung oder Prozessen der Deinstitutionalisierung beziehungsweise Individualisierung, um anschließend Schlüsse auf deren Wirkung auf die Ehestabilität zu ziehen, setzen Mikrotheorien an diesem Punkt an.

Mikrotheorien beschreiben eheliche Interaktionen und individuelle Entscheidungen und zeigen auf, unter welchen Bedingungen die Ehestabilität hoch ist. Mikrotheorien geben aber keinen Hinweis auf die Struktur des gesellschaftlichen Umfelds der Ehe. Demzufolge müssen Aspekte beider Theorierichtungen berücksichtigt werden und, wie in der vorliegenden Arbeit geschehen, möglichst viele bekannte Determinanten der Ehestabilität berücksichtigt werden (Kopp 1994: 65ff; Wagner 1993: 103f).

---

100 Zur Operationalisierung der Variablen vergleiche Kapitel 4.4.1 und Kapitel 4.4.2.

Abbildung 10: Modell der Ehestabilität und Kinder

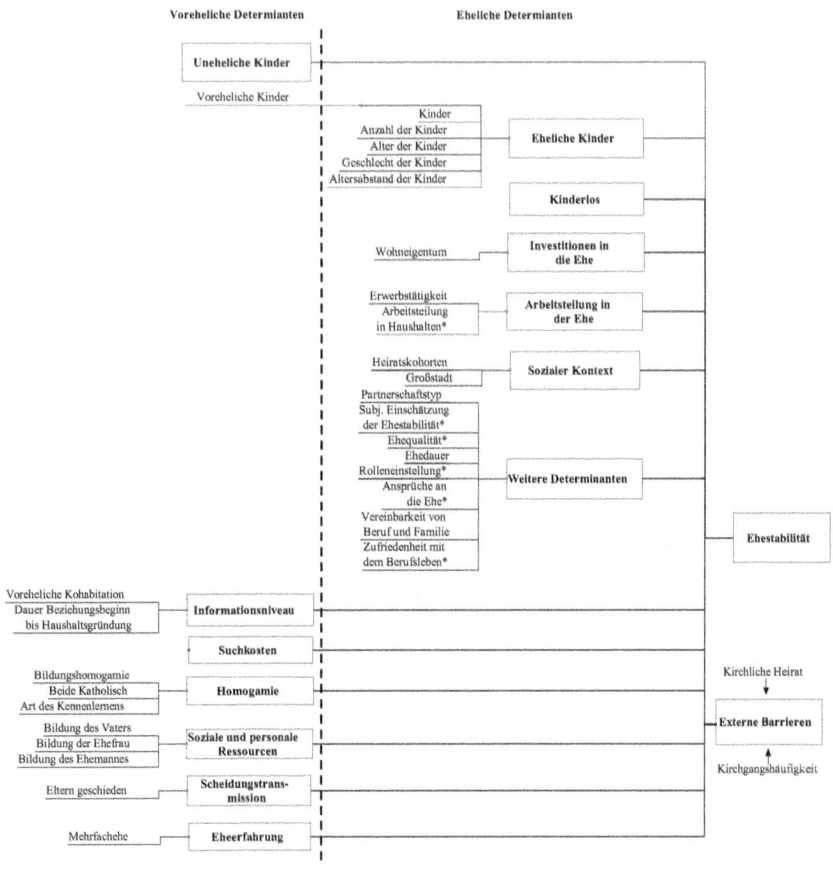

Quelle: eigene Darstellung.

* Können nicht überprüft werden.

3 Empirische Befunde zu Kindern und Scheidung

Der Einfluss von Kindern auf die Ehestabilität wird in der Scheidungsforschung seit langem untersucht. Ausgehend von der Familienökonomie wird der Besitz leiblicher Kinder als Investition in die Ehe und demzufolge als ehestabilisierend erachtet. Es gibt jedoch nur wenige Studien, die unterschiedliche Charakteristika von Kindern oder Kindschaftsverhältnisse untersuchen. Kinder werden vielmehr als eine von vielen wichtigen unabhängigen Variablen, die Einfluss auf die Ehestabilität haben, betrachtet.

Mit der Studie von Thornton (1977), die den Zusammenhang zwischen der Kinderzahl und der Ehestabilität aufdeckt, wurde die Grundlage für weitere Untersuchungen, die Kindschaftsverhältnisse als zentralen Einflussfaktor der Ehestabilität erforschen, geschaffen. In den folgenden Jahrzehnten wurde der Einfluss unterschiedlicher Charakteristika von Elternschaft auf die Ehestabilität dennoch nur selten untersucht. Im Folgenden werden die Ergebnisse der Scheidungsforschung, die den Einfluss von Kindern auf das Scheidungsrisiko erforscht, vorgestellt. [101] Die Darstellung der Ergebnisse geht zuerst von dem „einfachen" Effekt von Kindern aus und betrachtet immer differenziertere Analysen zu Kindschaftsverhältnissen und dem Scheidungsrisiko.

Die meisten empirischen Arbeiten kommen zu dem Ergebnis, dass die Ehen von Ehepaaren mit Kindern im Verhältnis zu kinderlosen Ehepaaren ein geringeres Scheidungsrisiko aufweisen (Beck und Hartmann 1999; Becker et al. 1977; Brüderl et al. 1997, 1999; Cherlin 1977, 1978; Diekmann und Engelhardt 1995, 2002; Diekmann und Klein 1993; Diekmann und Schmidheiny 2004; Esser 1999, 2002a, 2002b; Gostomski 1999b; Gostomski et al. 1999; Hall 1999a; Hartmann 1999b; Hartmann und Beck 1999; Katzev et al. 1994a; Klein et al. 1996; Klein und Stauder 1999; Lui 2002; Mc Lanhan und Bumpass 1988; Morgan und Rindfuss 1985b; Stauder 2000; Thornton 1977; Wagner 1997; Waite et al. 1985;

---

101 Im Anhang befindet sich eine Übersicht zu internationalen Studien, die Kinder als zentrale oder nicht-zentrale unabhängige Variable berücksichtigen.

Waite und Lillard 1991; Wu 1995). Nur wenige Studien finden keinen Effekt beziehungsweise negative Effekte des Vorhandenseins von Kindern auf die Ehestabilität. Engelhardt (2002) kann für ostdeutsche Ehen, Koo (1984) und Greenstein (1990) für ein Kind, Hunkler und Kneip (2008) für mehrere Kinder und Klein (1995b) für das erste Kind keine Effekte ermitteln. Die genannten Untersuchungen differenzieren hingegen nicht nach unterschiedlichen Charakteristika von Kindern. Studien, die diese Unterscheidung treffen, kommen zu anderen Ergebnissen, die nachfolgend dargestellt werden.

In der Familienökonomie zählen gemeinsame Kinder zu commodities und ehespezifischem Kapital, ebenso erhöhen sie nach der Austauschtheorie die normativen und emotionalen Bindungen. In empirischen Studien sollten gemeinsame Kinder demgemäß die Ehestabilität erhöhen. Die Ergebnisse deutscher Ehescheidungsstudien können diese Annahme überwiegend betätigen. Für Westdeutschland finden die meisten Studien einen signifikant negativen Effekt, der das Scheidungsrisiko von 25 % bis 70,6 % vermindert (Brüderl et al. 1997; Diekmann und Engelhardt 2002; Gostomski 1998; Gostomski und Hartmann 1999; Hall 1999b; Kalter et al. 1999; Von Gostomski 1999; Wagner 1993). Lediglich Hullen (1999) und Esser (1999) finden für westdeutsche Ehen negative, jedoch nicht signifikante Ergebnisse. Mangels ausreichender Datengrundlage gibt es für Ostdeutschland nur drei Untersuchungen, die mit den Daten der Mannheimer Scheidungsstudie vergleichbare Zusammenhänge verzeichnen, die jedoch nicht signifikant sind (Gostomski 1998; Hartmann 1999a; Hartmann und Beck 1999; Von Gostomski 1999).

Voreheliche Kinder erhöhen nach zahlreichen Untersuchungen – die allerdings nicht kontrollieren, ob die Kinder leiblich oder nicht leiblich [102] sind – das Scheidungsrisiko (Bracher et al. 1993; Diekmann und Engelhardt 1995; Engelhardt et al. 2002; Greenstein 1990; Klein 1995a; Lillard und Waite 1993; Rapp 2008; Wagner 1993; Wagner und Weiß 2003).[103] Daneben ermitteln fast gleich viele Autoren einen ehestabilisierenden Effekt[104] von vorehelichen Kindern, der jedoch häufig nicht signifikant ist (Brüderl et al. 1997, 1999; Diekmann und Engelhardt 2002; Gostomski 1998; Gostomski und Hartmann 1999; Hartmann und Beck 1999; Lillard und Waite 1993; Von Gostomski 1999; Wagner und

---

102 In den meisten Studien ist nicht nachzuvollziehen, ob die Kinder leiblich oder nicht leiblich sind, denn die Fragestellung der meisten Surveys erschwert die notwendige Rekonstruktion oder es werden keine dementsprechenden Fragen gestellt.
103 Lillard und Waite (1993) finden diesen Effekt, wenn sie nach der Anzahl vorehelicher Kinder unterscheiden. Wagner und Weiß (2003) können den Effekt für Modelle mit festen Effekten beobachten.
104 Ebenfalls wenn nicht kontrolliert wird, ob es sich um leibliche oder nicht-leibliche Kinder handelt.

Weiß 2003).[105, 106] Dies widerspricht den theoretischen Konzepten, die davon ausgehen, dass voreheliche Kinder das Scheidungsrisiko erhöhen. Becker unterscheidet zwischen vorehelichen Kindern und unehelichen Kindern, die mit einem anderen Partner gezeugt wurden. Die Geburt von unehelichen Kindern vermindert nach Becker zum einen die Ehestabilität, da sie kein ehespezifisches Kapital darstellen, zum anderen werden Mütter unehelicher und vorehelicher Kinder die Suchdauer auf dem Partnermarkt verkürzen, was sich ebenfalls negativ auswirkt (Becker 1974a: 823ff, 1981, 1991: 324ff; Becker et al. 1977: 1147ff).

Autoren, die voreheliche Geburten untersuchen und nach weiteren Kriterien differenzieren, ermitteln keine eindeutigen Ergebnisse. Voreheliche Kinder erhöhen nach Klein (1995a; 1995b), Wagner (1997) sowie Hartmann und Beck (1999) für ostdeutsche Befragte das Scheidungsrisiko. Bei Wagner (1997) ist für Männer und ältere Ehepaare der Effekt zudem höher als bei Frauen und jüngeren Ehepaaren. Hingegen ermitteln einige Autoren für Ostdeutschland einen negativen Effekt vorehelicher Kinder auf das Scheidungsrisiko (Engelhardt et al. 2002; Gostomski 1998; Von Gostomski 1999). In Westdeutschland sinkt mit vorehelichen Kindern das Scheidungsrisiko, wenn keine weiteren Variablen wie das Alter von Kindern oder das Geschlecht der Befragten kontrolliert werden (Brüderl et al. 1999; Engelhardt et al. 2002; Gostomski 1998; Gostomski und Hartmann 1999; Hartmann und Beck 1999; Klein 1995b; Von Gostomski 1999). Eine Ausnahme bildet die Untersuchung von Klein (1995a) mit dem Familiensurvey von 1988 und 1994, hier erhöhen voreheliche Kinder das Scheidungsrisiko hochsignifikant um mehr als 115 %. Wagner (1997) ermittelt für westdeutsche Ehen uneindeutige Ergebnisse und kann nur in den ersten Ehejahren einen destabilisierenden Einfluss feststellen, während Diekmann und Engelhardt (1999) für westdeutsche Ehen in jüngeren Kohorten einen positiven, dagegen in älteren Kohorten einen negativen Effekt von vorehelichen Kindern auf die Scheidungswahrscheinlichkeit nachweisen, welcher allerdings nicht signifikant ist. Dies lässt vermuten, dass unterschieden werden muss, ob voreheliche Kinder leibliche oder nicht gemeinsame Kinder der Ehepartner sind, denn davon ist abhängig, ob sie ehespezifisches Kapital darstellen.

In der Studie von Lui (2002)[107] zeigen sich interessante Effekte, wenn verschiedene Typen und Kombinationen aus unehelichen und ehelichen Kindern untersucht werden. Hier ist das Scheidungsrisiko für alle Ehepaare mit unehelichen Kindern stark erhöht, ungeachtet ob Eltern mit unehelichen Kindern auch eheliche Kinder besitzen. Allerdings ist der Effekt dann deutlich geringer als bei Ehepaaren, die nur uneheliche Kinder haben, am höchsten ist das Scheidungsri-

---

105 Wagner und Weiß (2003) ermitteln dies für Modelle mit zufälligen Effekten.
106 Hier wurde dasselbe Modell berücksichtigt.
107 Für Schweden.

siko, wenn die Ehefrau und der Ehemann uneheliche Kinder mit in die Ehe brin-gen. Auffallend ist, dass in keiner Untersuchung kontrolliert wird, ob voreheliche oder uneheliche Kinder bei den befragten Ehepaaren leben. Je nachdem, wo die Kinder leben, sollte das Scheidungsrisiko unterschiedlich ausfallen.[108]

Aufschlussreiche Ergebnisse sollten Untersuchungen liefern, die zwischen nicht leiblichen und leiblichen Kindern unterscheiden. Nur wenige deutsche Studien differenzieren nach diesem Kriterium. Bei vier Untersuchungen in Deutschland finden sich eindeutige Angaben zu vorehelichen Kindern. Mit der ersten Welle des Familiensurvey von 1988 finden Brüderl, Diekmann und En-gelhardt (1997; 1999) einen negativen Zusammenhang von vorehelichen Kin-dern und dem Scheidungsrisiko, der zwischen −2 % und −7 % liegt, aber nicht signifikant ist. Diekmann und Engelhardt (2002) berichten mit der dritten Welle des Familiensurvey 2000 hochsignifikante Effekte, die je nach Modell zur Ver-minderung des Scheidungsrisikos zwischen −46 % und −51 % beitragen. Die Kontrolle des Geschlechts der Befragten erhöht das Ehescheidungsrisiko bei der Untersuchung von Diekmann und Engelhardt (1995) mit den Daten des Famili-ensurvey von 1988 für Frauen über 120 % und für Männer um fast 95 %, beide Ergebnisse sind hochsignifikant.

Weitere Kindschaftsverhältnisse wie nicht gemeinsame Kinder haben unter-schiedlichen Einfluss auf die Ehestabilität. Nicht gemeinsame Kinder können Stief-, Adoptiv- oder Pflegekinder sein. Stiefkinder sind kein ehespezifisches Kapital und sollten laut der Familienökonomie die Ehestabilität vermindern. Klein (1995b) findet hochsignifikante positive Effekte von Stiefkindern auf das Scheidungsrisiko, die in Westdeutschland bei über 225 % und in Ostdeutschland bei 110 % liegen. Bei Gostomski (1998; 1999), Gostomski und Hartmann (1999)[109] und Hartmann und Beck (1999a) erhöhen nicht gemeinsame Kinder[110] die Scheidungswahrscheinlichkeit für westdeutsche Ehen zwischen 4 % und 51 %, für Ostdeutschland sogar zwischen 117 und 245 %, diese Effekte sind aber nicht signifikant.

Der Einfluss von Adoptivkindern auf die Ehestabilität wird nur in der Fami-lienökonomie und dem Value-of-Children-Ansatz kurz umrissen. Adoptivkinder müssen jedoch von anderen Kindschaftsverhältnissen, insbesondere von Stief-kindern, unterschieden werden. Becker (1973) geht davon aus, dass Kinder vor-wiegend dann adoptiert werden, falls Ehepaare keine eigenen Kinder gebären

---

108 Aufgrund des deutschen Scheidungsrechts werden Kinder in der überwiegenden Zahl den Müt-tern bei einer Scheidung zugesprochen, insbesondere wenn sie noch jung sind. Demgemäß sollten mehr Frauen uneheliche Kinder mit in die neue Partnerschaft bringen, was für diese Frauen zu einem Anstieg des Scheidungsrisikos führen sollte.

109 Gostomski und Hartmann (1999) beziehen sich in ihren Analysen nur auf Westdeutschland.

110 In dieser Untersuchung wird nicht weiter nach Stief-, Adoptiv- oder Pflegekindern differenziert.

können, die Geburt leiblicher Kinder bringt jedoch mehr Nutzen als die Adoption von Kindern. Nach Nauck (2001) sollten besonders adoptierte Kleinkinder nachgefragt werden, da diese länger emotionalen Nutzen spenden. Adoptierte Kinder sollten dementsprechend die Ehestabilität erhöhen, wenn auch weniger stark als leibliche Kinder. Der Einfluss von Adoptivkindern auf das Scheidungsrisiko wird nur von Gostomski (1998; 1999)[111] mit den Daten der Mannheimer Scheidungsstudie von 1996 untersucht. In Westdeutschland vermindern adoptierte Kinder das Scheidungsrisiko um 25 %, in Ostdeutschland sogar um 77 %, die Ergebnisse sind allerdings nicht signifikant.[112] Die von Gostomski untersuchten Ehepaare mit adoptierten oder Pflegekindern unterscheiden sich hinsichtlich einiger Merkmale von den übrigen Ehepaaren. Die Ehepartner sind mehr als doppelt so oft zuvor geschieden und haben über viermal so häufig weitere nicht gemeinsame Kinder. Auffallend ist der geringere Anteil an erwerbstätigen Frauen und der niedrigere Prozentsatz von Frauen mit einer Berufsausbildung. Ehestabilisierend sollte in diesen Ehen der überdurchschnittliche Besitz von Wohneigentum, das hohe Bildungsniveau der Ehepaare und die eher egalitäre Arbeitsteilung wirken. Die zuletzt genannten Faktoren begünstigen aber unter Umständen die Adoption von Kindern (Gostomski 1998: 169f). Die Ergebnisse dieser Untersuchung können den vermuteten Zusammenhang nicht eindeutig bestätigen, stellen aber die Notwendigkeit detaillierter Paarinformation[113] für weitere Studien heraus.

Zwischen der Anzahl von Kindern und der Ehestabilität vermutet Thorton bereits im Jahre 1977 einen u-förmigen Zusammenhang. Er kommt zu dem Ergebnis, dass keine und viele (je nach Ehedauer drei bis mehr als fünf) Kinder das Scheidungsrisiko erhöhen. Neuere Studien berichten von unterschiedlichen Ergebnissen.[114] Während Niepaus (1999) mit dem DJI-Familiensurvey von 1994/95 und Diekmann und Schmidheiny (2004) mit dem Fertility and Family Survey für Deutschland identische Ergebnisse wie Thornton erzielen, erhöhen

---

111 Die beiden Veröffentlichungen von Gostomski (1998, 1999) arbeiten mit den gleichen Modellen und Daten. Bei Böttcher (2006) erhöhen „Stief-/Adoptiv-/Pflegekinder" das Scheidungsrisiko um 92 %, hier ist aber davon auszugehen, dass die mangelnde Trennung nach Kindschaftsverhältnissen dieses Ergebnis bewirkt.
112 Gostomski (1998; 1999) berechnet sechs verschiedene Modelle. Mit dem Weibull- und dem Exponentialmodell sind die Ergebnisse schwach signifikant. Zudem sei darauf verwiesen, dass nur 1 % der Ehepaare Adoptiv- oder Pflegekinder hatte und deshalb ein höheres Signifikanzniveau höher gewählt oder die Stichprobengröße vergrößert werden müsste, um signifikante Ergebnisse zu ermitteln. Dies gilt desgleichen für alle anderen Ergebnisse, die auf seltene Eigenschaften der Befragten, wie beispielsweise mehr als vier Kinder, basieren.
113 Vergleiche dazu ausführlich Kopp (1997).
114 Hartmann (1989: 78) gibt zu bedenken, dass voreheliche Kinder in die Berechnung der Kinderzahl mit einfließen, obwohl sie das Scheidungsrisiko erhöhen. Der Effekt der Kinderzahl sollte deshalb unterschätzt und nicht überschätzt werden.

ein bis drei[115] Kinder in der überwiegenden Zahl von Untersuchungen die Ehestabilität (Esser 2002a, 2002b; Hartmann und Beck 1999; Koo und Janowitz 1983; Wagner 1997; Wagner und Weiß 2003). Hingegen sinkt bei einigen Autoren mit der Anzahl von Kindern der ehestabilisierende Effekt (Esser 2002a, 2002b; Wagner und Weiß 2003), während bei anderen Untersuchungen das erste Kind weniger Einfluss auf die Ehestabilität ausübt als weitere Kinder (Hartmann und Beck 1999; Koo et al. 1984; Wagner 1997). Bei Heaton (1990) für die USA und Lui (2002)[116] für Schweden wirken selbst mehr als vier Kinder ehestabilisierend. Beck und Hartmann (1999) ermitteln nur bei ein bis zwei Kindern eine Verringerung des Scheidungsrisikos, während drei Kinder sowohl in West- als auch in Ostdeutschland das Scheidungsrisiko wieder erhöhen, die Ergebnisse sind jedoch nicht signifikant. Diese Befunde bestätigen nur zum Teil die Annahme der Familienökonomie, die besagt, dass mit Kindern ein abnehmender Grenznutzen verbunden ist. Ähnlich argumentiert die Austauschtheorie, die den Einfluss von Kindern auf die Ehequalität und Ehestabilität untersucht. Kinder sind zwar einerseits eine Barriere für Ehescheidungen, andrerseits verringern sie die Ehequalität, dies sollte für mehrere Kinder in besonderem Maße gelten. Nach Lewis und Spanier (1979) erhöht die gewünschte Zahl von Kindern die Zufriedenheit mit dem Lebensstil und somit die Ehestabilität. Davon lässt sich ableiten: Falls mehr oder weniger Kinder als geplant geboren werden, erhöht sich das Scheidungsrisiko. Diese Vermutung kann nur mit Längsschnittdaten und entsprechenden Fragen untersucht werden.

Mit der Familienökonomie lässt sich weiterhin der Einfluss des Alters und des Geschlechts von Kindern auf die Ehestabilität analysieren. Kinder unterliegen einer „Abschreibungsrate", mit zunehmendem Alter und nach dem Auszug aus dem Haushalt der Eltern verringert sich ihr ehestabilisierender Effekt. Ferner ist die geschlechtsspezifische Arbeitsteilung bei kleinen Kindern höher als bei älteren Kindern, demnach sollte die Scheidungswahrscheinlichkeit beim Vorhandensein von Kleinkindern im Haushalt am geringsten sein. Die überwiegende Zahl von Studien für die USA ermittelt für kleine Kinder ein geringeres Scheidungsrisiko als für ältere Kinder, zum Teil erhöht sich mit älteren Kinder das Scheidungsrisiko (Becker et al. 1977; Koo et al. 1984; Morgan und Rindfuss 1985a; Waite und Lillard 1991). Analoge Ergebnisse berichten Wu (1995) für Kanada und Erlangsen und Andersson (2001) für Schweden. Während Hannan (1977) keine konsistenten Ergebnisse berichtet, verringert sich bei Heaton (1990) der negative Effekt von Kindern auf das Scheidungsrisiko mit zunehmendem Alter[117] von Kindern fast kontinuierlich, aber erhöht dieses nicht. Die genannten

---

115 Mehr Kinder werden aufgrund der geringen Fallzahlen selten analysiert.
116 Nicht signifikant.
117 Bei Kontrolle verschiedener Altersstufen des jüngsten Kindes und des ältesten Kindes.

Studien liefern wichtige Erkenntnisse für weitere Untersuchungen. Sie sind jedoch aufgrund ihres Alters, der Verwendung von anderen Analyseverfahren als der Ereignisanalyse[118] – zumal Deutschland im Mittelpunkt dieser Untersuchung steht – nur von geringer Aussagekraft. Für Deutschland finden sich nur drei Studien, die den Einfluss des Alters von Kindern auf das Ehescheidungsrisiko analysieren. Böttcher ermittelt mit dem Family and Fertility Survey von 1992 eine signifikante Verminderung des Scheidungsrisikos von −24 % für Kinder unter drei Jahren, Kinder zwischen vier und sieben Jahren erhöhen das Scheidungsrisiko signifikant um 38 %, über acht Jahre bleibt der Effekt gleich groß, ist aber nicht mehr signifikant. Alle Kinder bis zum Alter von 19 Jahren erhöhen bei Wagner (1997) mit der Lebensverlaufsstudie (1981-92) die Ehestabilität in westdeutschen Ehen, mit zunehmenden Alter von Kindern vermindert sich aber der ehestabilisierende Effekt. In Ostdeutschland finden sich identische Ergebnisse, aber Kinder über 19 Jahre erhöhen das Scheidungsrisiko bis zu 290 %.[119] Ähnliche Ergebnisse liefern die Analysen von Stauder (2000) mit den Daten der Mannheimer Scheidungsstudie von 1996, der mit drei von vier Modellen für jüngste Kinder bis zu sieben Jahren einen negativen Einfluss auf das Scheidungsrisiko berichtet. Bei jüngsten Kindern im Alter über sieben und unter 15 Jahre kehrt sich der Effekt um und wird positiv, während jüngste Kinder über 15 Jahre das Scheidungsrisiko wieder vermindern.

Das Geschlecht von Kindern steht vor allem in neueren Studien im Mittelpunkt des Interesses, diese orientieren sich an der Untersuchung von Morgan, Lye und Condran (1988), die einen negativen Effekt von Söhnen auf das Scheidungsrisiko ermitteln, der in jüngeren Kohorten abnimmt. Diese Annahme deckt sich aber nicht mit den Ergebnissen der Value-of-Children-Forschung. In Wohlfahrtsstaaten hat das Geschlecht von Kindern keinen Einfluss auf deren Wert für die Eltern, nur in Armutsgesellschaften werden Söhne bevorzugt (Nauck und Klaus 2007; Trommsdorff und Nauck 2005a). Studien zur Geschlechterpräferenz und Fertilität ermitteln überwiegend eine Präferenz für ein gemischtes Geschlechterverhältnis für die USA und Skandinavien (Andersson et al. 2004: 26; Andersson und Woldemicael 2000: 3; Jacobsen et al. 1999; Leigh 2006; Marleau und Saucier 1996; Schullström 1996). In Europa ist unterdessen keine Bevorzugung eines bestimmten Geschlechts von Kindern sichtbar, während für Deutschland keine eindeutigen Befunde ermittelt werden (Brockmann 2001; Hank und Kohler 2000, 2002). In Untersuchungen zum Einfluss des Geschlechts von Kindern und der Ehestabilität zeigen sich keine konsistenten Befunde. Katzev, War-

---

118 Was wiederum mit dem Alter der Studien zu erklären ist, da das Verfahren der Ereignisanalyse erst seit Mitte der 80er Jahre in der Scheidungsforschung verbreitet ist und die Rechnerleistung erst seit einigen Jahren die anfallende Datenmenge bewältigen kann.
119 Je nach Modell.

ner und Acock (1994b) und Morgan und Pollard (2002) können die Hypothese von Morgan und Pollard (1988) für die USA betätigen.[120]. Bedard und Deschênes (2004) finden für die USA keinen signifikanten Zusammenhang zwischen dem Geschlecht von Kindern und der Ehestabilität in jüngeren Kohorten. In älteren Kohorten (1960-1989) vermindern sowohl Töchter als auch Söhne das Scheidungsrisiko, bei Söhnen ist das Scheidungsrisiko – je nach Kohorte – zwischen 0,5 bis 0,7 Prozent geringer als bei Töchtern. Wu (1995) hingegen macht für Kanada bei Töchtern ein zwischen 3 und 5 Prozent niedrigeres Scheidungsrisiko als für Söhne aus. Allerdings reduzieren beide Geschlechter das Scheidungsrisiko hochsignifikant um fast 50 %. Die Geburt von Söhnen verringert nach Andersson und Woldemicael (2000) in Schweden das Scheidungsrisiko nicht signifikant, während ein gemischtes Geschlechterverhältnis das Ehescheidungsrisiko bei zwei Kindern signifikant um −4 % vermindert, für drei Kinder sind die Befunde ähnlich hoch, aber nicht signifikant. Die Geschlechterpräferenzhypothese kann von Diekmann und Schmidheiny (2001) für die Schweiz nicht bestätigt werden. Töchter verringern das Scheidungsrisiko etwas mehr als Söhne, aber die Ergebnisse sind nicht signifikant. Wagner (1997: 190f) findet nur für westdeutsche Ehejahrgänge (1936-48) mit der Lebensverlaufsstudie statistisch signifikante Zusammenhänge. Ein Sohn reduziert das Scheidungsrisiko signifikant um −39 % im Verhältnis zu einer Tochter. Diekmann und Schmidheiny (2004) untersuchen mit dem Fertility and Family Survey[121] in 18 Ländern die oben genannte Hypothese, die sie nicht bestätigen können. In Deutschland zeigen sich keine signifikante Ergebnisse für ein bestimmtes Geschlechterverhältnis. In Ein-Kind-Familien finden sich keine signifikanten Ergebnisse, indes haben in Westdeutschland Ehepaare von zwei Kindern mit unterschiedlichem Geschlecht ein signifikant um −52 % geringeres Scheidungsrisiko als kinderlose Ehepaare, in Ostdeutschland sind die Ergebnisse für ein Mixed-Gender-Geschlechterverhältnis nicht signifikant.[122] Auf Basis der genannten Untersuchungen kann kein Zusammenhang zwischen dem Geschlecht von Kindern und dem Ehescheidungsrisiko ermittelt werden.

---

120 Diekmann und Schmidheiny (2004: 656) räumen die Möglichkeit eines α-Fehlers ein, durch Stichprobenvariabilität, und Andersson und Woldemicael (2000: 5) ergänzen: „One has always to be aware that even when there is no real effect of a variable in a population, then every 20th sample or so based on that population will produce a statistically significant finding if investigators report their findings at a probability level of 5 percent. In addition, since scientific journals are more willing to publish material that report positive findings than material that report the absence of effects, it is the former type of results that will appear to the public."
121 Länderabhängig 1988/89 und 1995/96.
122 Im Verhältnis zu kinderlosen Ehepaaren bei einem Kind und gemischtem Geschlechterverhältnis bei zwei Kindern.

4 Daten und Methoden

Dieses Kapitel gibt einen Überblick über das Datenmaterial des Familiensurvey 2000, anschließend wird die für die Datenstruktur geeignete Methode der Ereignisanalyse (Kapitel 4.2) vorgestellt und das den Analysen zugrunde liegende t-ln(t²)-Modell (Kapitel 4.2.2) diskutiert. Danach werden methodische Probleme (Kapitel 4.3) angesprochen und abschließend die Operationalisierung der theoretischen Konstrukte aufgezeigt.

4.1 Stichprobe und Gewichtung

Die dritte Welle des Familiensurvey aus dem Jahre 2000 zum Thema „Familie- und Partnerbeziehungen in der Bundesrepublik Deutschland" bildet die Datengrundlage dieser Untersuchung. Der Familiensurvey wird seit 1988 im Auftrag des Deutschen Jugendinstituts (DJI) durchgeführt. Für die dritte Welle wurde erstmals ein CAPI-Fragebogen entwickelt, dessen Design zwar die methodischen Standards der Jahre 1988 und 1994 beinhaltet, aber eine Reihe von neuen und modifizierten Fragen enthält. Nur die dritte Welle des Famliensurvey enthält wichtige Fragekomplexe zu Partnerschaftsbeziehungen und Kindschaftsverhältnissen, die für die Untersuchung des Einflusses von Kindern auf das Scheidungsrisiko notwendig sind. Sie besteht aus zwei Teilstichproben, dem „replikativen Survey", einer Querschnittsbefragung von 8091 Privathaushalten in der Bundesrepublik Deutschland, und einer Panelstichprobe von 2002 Befragten, die schon bei den vorangegangen Wellen teilnahmen. Der „replikative Survey" ist eine repräsentative Erhebung der deutschsprachigen Wohnbevölkerung im Alter von 18 bis 55 Jahren. Mittels des modifizierten Random-Route-Verfahrens [123] wurden Personen für die Stichprobe annähernd proportional zur Wohnbevölkerung ausgewählt. Für die Stichprobe wurden 6613 Personen in den

---

[123] Random-Route-Plus-Modell.

alten und 1478 Personen in den neuen Bundesländern interviewt. Ferner wurden 225 Jugendliche im Alter zwischen 16 und 17 Jahren einbezogen, die zum Zeitpunkt der Erhebung in den Zielhaushalten lebten. Die Panelbefragung ist eine Wiederholungsbefragung der, bis auf wenige Ausnahmen, in Westdeutschland lebenden Befragten im Alter zwischen 30 und 67 Jahren, die in den zwei ersten Wellen 1988 und 1994 interviewt wurden.

Im Familiensurvey 2000 wurden neben den Standard-soziodemografischen und sozioökonomischen Variablen Fragen zu Kindern und Partnerschaften der Befragten gestellt. Dadurch konnten sowohl Informationen über die Kinder der Befragten und deren Partner als auch Auskünfte über die momentanen und vergangenen Partnerschaften beziehungsweise Ehen[124] der Befragten erhoben werden. Erstmalig wurden in dieser Welle alle Paarbeziehungen der Befragten, die länger als ein Jahr andauerten, mit Ausnahme von Ehen – hier gab es keine „Mindestbeziehungsdauer"[125] – erfasst. Neben einem personenbezogenen Basis-Datensatz werden die aus den Fragen zu Kindern und Partnern generierten Variablen in einem kindbezogenen und partnerschaftsbezogenen Datensatz zur Verfügung gestellt. Zusätzlich gibt es Informationen zur Erwerbstätigkeit und Ausbildung der Befragten (2003; Infratest 2000). Für die Analysen werden aus den verschiedenen Datensätzen neue Variablen gebildet, um paarbezogene Informationen zu Ehe, den Kindern, der Ausbildung und der Erwerbstätigkeit zu erhalten und zeitabhängige Variablen zu konstruieren (vgl. Kapitel 4.4).

Um die Repräsentativität der Analysen zu gewährleisten und einen Ost-Westvergleich[126] zu ermöglichen, wird zunächst die Panelbefragung für die Berechnungen ausgeschlossen.

Die Panelbefragung ist einerseits keine reine Zufalls-Stichprobe, andererseits unterliegt sie der Problematik der Teilnahmeselektivität und Panelmortalität. Die Teilnahmeselektivität führt zur Überrepräsentierung bestimmter Gruppen, wie zum Beispiel Frauen mit Kindern (siehe unten), und wird durch die Panelmortalität begünstigt. Diekmann (2007: 309) entdeckte zwischen der Panelmortalität und dem Einkommen eine Korrelation, die wiederum zu Verzerrungen führen kann. Für die Stichprobenauswahl (siehe Tabelle 1)) werden neben der Reduktion des Datensatzes auf den „replikativen Survey" weitere Personen aus der Stichprobe ausgeschlossen. Im Ausland geborene Befragte und Aussiedler werden nicht berücksichtigt, um Effekte der unterschiedlichen Ethnien und Einstellungen auszuschließen. Ebenso werden Übersiedler über 16 Jahre, die

---

124 Insgesamt 12879 Beziehungen.
125 Wobei wohl davon ausgegangen werden kann, dass die Dauer zwischen dem Kennenlernen und einer möglichen Heirat in den überwiegenden Fällen mehr als ein Jahr beträgt.
126 Der Ost- Westvergleich erscheint sinnvoll da aufgrund der unterschiedlichen Sozialisation mit Unterschieden im Scheidungsrisiko zu rechnen ist.

von West- nach Ostdeutschland und umgekehrt umgezogen sind, nicht berücksichtigt, um eine eindeutige Zuordnung zur west- oder ostdeutschen Biografie zu gewährleisten. Berücksichtigt werden in der Analyse die noch intakten Erstehen, getrennt lebende Befragte, die noch nicht geschieden wurden, die durch den Tod

Tabelle 1: : Stichprobenauswahl Familiensurvey 2000

	West	Ost	Gesamt
Gesamtstichprobe	8790	1528	10318
Replikativer Survey	6613	1478	8091
Deutsche Befragte	6225	1461	7686
Ohne Aussiedler und im Ausland Geborene[127]	5701	1427	7128
Ohne Übersiedler (älter 15)[128]	5627	1420	7047
Erstehen [129]	3435	775	4210
Getrennte Erstehen	713	202	915
Geschiedene Erstehen	594	179	773
Quelle: Familiensurvey 2000, eigene Berechnungen.			

127 Es ist nicht bekannt, wann im Ausland geborene Befragte nach Deutschland gezogen sind, und deshalb können unterschiedliche Einstellungen bedingt durch die unterschiedliche Sozialisation nicht ausgeschlossen werden.
128 Von West- nach Ost- und Ost- nach Westdeutschland.
129 Fälle ohne gültiges Heiratsjahr, Trennungsjahr, Scheidungsjahr oder Todesdatum wurden ausgeschlossen. Da die Angaben zum Familienstand des Partners möglicherweise fehlerhaft sind, ist nicht bekannt, ob es sich ebenfalls um die Erstehe des Partners handelt. (Jugendinstitut 2009)

eines Partners beendeten sowie die bereits geschiedenen Erstehen.[130] Ausgeschlossen wurden alle Ehen, die keine gültigen Angaben zum Heiratsjahr, Scheidungsjahr, Trennungsjahr oder Todesdatum aufweisen. Die verbleibenden 4210 Ehen[131] bilden die Grundlage für die anschließenden Analysen. Bis zum Befragungszeitpunkt wurden 773 Personen, das entspricht 18,36 % aller Ehen, geschieden, davon 17,30 % in den alten Bundesländern und 23,10 % in den neuen Bundesländern.

Anhand des Vergleichs der Daten des Familiensurvey 2000 und des Mikrozensus 2000 wird deutlich, dass vor allem erwerbstätige sowie nicht erwerbstätige Frauen mit Kindern unter 10 Jahren im Haushalt stark überrepräsentiert sind. Die stärkere Beteiligung von Frauen an Umfragen ist mit der besseren Erreichbarkeit von Frauen zu erklären, insbesondere wenn Kinder im Haushalt leben

Tabelle 2: Gewichtungsfaktor für Frauen und Männer nach Erwerbsstatus

	Mikrozensus 2000 (%) (1)	Familiensurvey 2000 (%) (2)	Gewichtungsfaktor (3) = (1)/(2)
Erwerbstätige Männer	72,82	71,95	1,012
Nicht erwerbstätige Männer	27,18	28,05	0,969
Erwerbstätige Frauen mit Kindern unter 10 Jahren im Haushalt	10,81	11,70	0,924
Erwerbstätige Frauen ohne Kinder unter 10 Jahren im Haushalt	46,99	42,46	1,107
Nicht erwerbstätige Frauen mit Kindern unter 10 Jahren im Haushalt	8,41	17,02	0,494
Nicht erwerbstätige Frauen ohne Kinder unter 10 Jahren im Haushalt	33,81	28,83	1,173
Quelle: Klein und Eckhard (2004: 81).			

---

130 Durch die alleinige Analyse von Erstehen werden Einflüsse von Selektionseffekten ausgeklammert.
131 In den multivariaten Modellen vermindert sich die Fallzahl aufgrund fehlender Werte.

und sie nicht vollzeiterwerbstätig sind. Dieses Datendefizit muss durch eine Gewichtungsvariable korrigiert werden, ansonsten würde die Überschätzung der Geburtenrate die Ergebnisse der Analysen verzerren. Analog zu Klein und Eckhard (2004: 80 f) wird der Gewichtungsfaktor anhand der Daten des Familiensurvey 2000 und des Mikrozensus 2000 getrennt für Männer und Frauen berechnet.

Bei Männern wird überprüft, ob eine Erwerbstätigkeit vorliegt oder nicht. Bei den Frauen wird unterschieden, ob sie erwerbstätig sind und ob sie mindestens ein Kind unter 10 Jahren besitzen, das in ihrem Haushalt lebt (Infratest 2000: 13ff; Klein und Eckhard 2004). Neben dieser eigens konstruierten Gewichtungsvariablen wird der Gewichtungsfaktor des Familiensurvey 2000 verwendet, der eine bessere Anpassung hinsichtlich der wichtigsten Merkmale wie Alter, Geschlecht und Familienstand an den Mikrozensus bietet. Im Familiensurvey 2000 sind beispielsweise in Ostdeutschland mehr ledige und geschiedene Frauen als Männer befragt worden (Infratest 2000: 13f).

Aus zahlreichen Studien ist außerdem bekannt, dass die Angaben zur Ehedauer vom Geschlecht der Befragten[132] abhängig sind. Aus diesem Grund ist davon auszugehen, dass zwischen Männern und Frauen unterschiedliche Scheidungsraten ermittelt werden. Wagner (1997: 138) führt diesen Befund unter anderem auf das höhere Heiratsalter von Männern zurück, denn je höher das Heiratsalter der Ehepartner ist, desto geringer ist deren Scheidungsrisiko. Auch ist davon auszugehen, dass Männer häufiger frühere Ehen und Kinder verschweigen und dies zu unterschiedlichen Ergebnissen in den Scheidungsraten führt. Brüderl und Engelhardt (1997: 286ff) empfehlen das Geschlecht der Befragten in Untersuchungen des Scheidungsrisikos zu kontrollieren, um Verzerrung aufgrund des Geschlechts der Befragten auszuschließen, denn Männer tendieren häufiger als Frauen dazu, ungenaue Angaben in Bezug auf Trennungs- und Scheidungsdatum zu geben. Ferner können die in die Untersuchung einbezogenen wichtigen unabhängigen Variablen mit dem Geschlecht korrelieren und zudem wurden einige Fragen, beispielsweise zur Einstellung zu Kindern[133], nur an die Befragten und nicht deren Partner gestellt (Brüderl und Engelhardt 1997: 286ff; Wagner 1997: 138). Aus den genannten Gründen werden in den multivariaten Modellen die meisten Analysen getrennt für Frauen und Männer berechnet.

---

132 Vergleiche dazu Kapitel 4.1.
133 Einige dieser Fragen wurden in den multivariaten Modellen verwendet.

4.2 Methode der Ereignisanalyse

Heirat, Scheidung oder die Geburt von Kindern sind lebenszyklische Ereignisse, die mittels Längsschnittdaten oder, wie bei dem Familiensurvey 2000, durch Retrospektivfragen erhoben werden. Diese besonders informativen Daten, die sogenannten Ereignisdaten, können über die Dauer des Zeitintervalls, bezeichnet als Episode, zwischen jeweils zwei Ereignissen berichten. Sie sind erheblich aussagekräftiger als beispielsweise Paneldaten, da sie auch über Ereignisse zwischen den Erhebungszeitpunkten berichten. Ausgangszustand, Zielzustand und Länge des Zeitintervalls bis zum Zustandswechsel bilden als „Informationstripel" das „Ereignisdatum" (Diekmann und Mitter 1990: 405). Die Zeit bis zum Eintreffen eines Ereignisses[134] kann als kontinuierliche, nicht-negative Zufallsvariable betrachtet werden. Ihre Wahrscheinlichkeitsverteilung besagt, mit welcher Wahrscheinlichkeit bis zu einem bestimmten Zeitpunkt t ein Ereignis eintritt, etwa eine Scheidung. Die Überlebensfunktion G(t) gibt umgekehrt an, mit welcher Wahrscheinlichkeit eine Person das Ereignis nicht aufweist, das heißt, bis zum Zeitpunkt t „überlebt" (Diekmann und Mitter 1984a: 12). Werden Ehen im Familienzyklus untersucht, kann beispielsweise die Dauer einer Ehe als Episode zwischen dem Wechsel der Kategorie der diskreten Zustandsvariablen „Familienstand"[135] von „verheiratet" zu „geschieden" betrachtet werden. Das Zeitintervall, das heißt die „Verweildauer" zwischen dem Ausgangszustand, dem Beginn der Ehe, operationalisiert durch das Heiratsdatum, und dem Zielzustand, dem Ende der Ehe, operationalisiert durch das Scheidungsdatum[136], kann als Differenz zwischen den beiden Ereignissen berechnet werden. Nicht bei allen Personen tritt bis zum Befragungszeitpunkt das interessierende Ereignis ein, hier der Übergang in den Zielzustand Scheidung. Bleibt, wie in diesem Fall, das Ende der letzten Episode im Beobachtungszeitraum offen, spricht man von rechtszensierten Daten (Cox und Oakes 1984: 13f; Diekmann und Mitter 1993: 23). Der Beobachtungszeitraum von Ehen kann durch Abbildung 11 grafisch dargestellt werden.[137]

   Herkömmliche Methoden der Datenanalyse können Datensätze mit zensierten Beobachtungen nicht zufriedenstellend analysieren. Kommen statt der Ereignisanalyse andere Analyseverfahren zum Einsatz, führt dies zu verzerrten Schätzungen, denn nicht einmal einfache zentrale Kennzahlen der Ankunftsverteilung

---

134 Auch bezeichnet als „Verweildauer", „Wartezeit" oder „Ankunftszeit".
135 Mit den Ausprägungen „verheiratet" zu „geschieden" oder „verwitwet".
136 Oder Todesdatum.
137 Auf der stetigen Zeitskala.

wie Mittelwerte sind auf herkömmliche Weise beim Vorliegen rechtszensierter[138] Daten schätzbar. Werden Regressionsanalysen berechnet, die immer auf der Berechnung von Mittelwerten basieren, führt dies zur Unterschätzung des Scheidungsrisikos. Um die gehaltvollen Informationen der beobachteten Zeitverläufe vollständig auszuschöpfen, insbesondere kausales Wissen zu erzielen, das heißt zu erklären, unter welchen Voraussetzungen oder bei welchen Merkmalen der Untersuchungseinheiten soziale Prozesse beeinflusst werden und unverzerrte Schätzungen auch bei zensierten Daten garantiert sind, werden die Modelle und statistischen Verfahren der Ereignisanalyse für die nachfolgenden Analysen gewählt (vgl. Allison 2005).

---

138 Dies gilt auch für linkszensierte Daten, die hier nicht besprochen werden.

Abbildung 11: Zustandsvariablen-Zeitdiagramm für die Dauer von Ehen

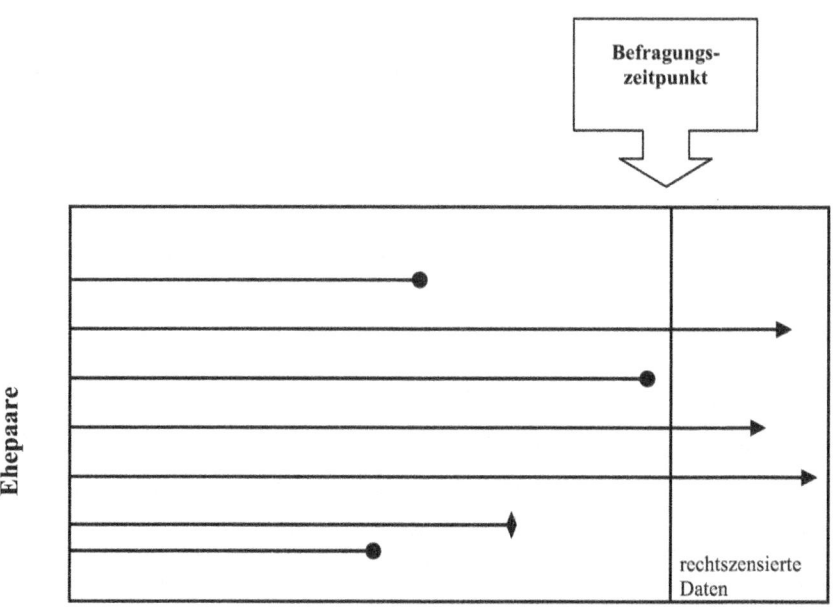

Ehedauer

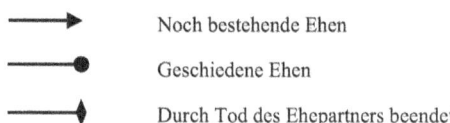

Quelle: Allison (2005: 12), eigene Darstellung.

4.2.1   Grundlagen und Parameterschätzung

Die Analyse der Ereignisdaten erfordert ein statistisches Modell, das die beobachtete Verteilung der Zeitintervalle erklärt und die Parameter der Verteilungen und Überlebensfunktion anhand der empirischen Daten schätzen kann. Die Theorie stochastischer Prozesse stellt ein geeignetes mathematisches Modell zur Verfügung, das „auf mathematisch-deduktivem Wege die Wahrscheinlichkeitsverteilung der Ankunftszeiten, die Überlebensverteilung und weitere Merkmale des Prozesses" ableiten kann (Diekmann und Mitter 1984a: 9). Die Analyse von Zeitintervallen mittels dieser stochastischen Modelle besteht aus mehreren Schritten. Grundlage stellt eine Hypothese über den Typ des stochastischen Prozesses dar. Zum Beispiel könnte die Hypothese lauten: „Mit steigender Dauer der Ehe nimmt das Scheidungsrisiko ab, aber bei identischer Ehedauer ist es für katholische Ehepaare geringer als für konfessionslose Ehepaare." Diese Hypothese drückt aus, dass das augenblickliche Scheidungsrisiko zum Zeitpunkt t von der Ehedauer t und von der wichtigen unabhängigen Variable[139], hier der Konfession, abhängt. Wird die funktionale Abhängigkeit des Risikos von der Zeit und den wichtigen unabhängigen Variablen durch eine mathematische Funktion spezifiziert, kann das stochastische Modell in Anlehnung an eine Regressionsgleichung die Wahrscheinlichkeitsverteilung der „Verweildauer"[140], der Wahrscheinlichkeitsdichtefunktion und der Überlebensfunktion ableiten. Um aus den empirischen Daten die erforderliche Information zu erhalten, benötigt man Schätzmethoden für die oben genannten theoretischen Funktionen. Mittels der Maximum-Likelihood-Methode (für vollparametrische Modelle) oder Partial-Likelihood-Methode (für semi-parametrische Modelle[141]) werden üblicherweise die benötigten Parameter geschätzt. Die Parameter sind bedeutsame Kennwerte, die besagen, wie stark eine unabhängige Variable – in unserem Beispiel die Konfession – den Verlauf des Prozesses (die Ehedauer) beeinflusst. Abschließend liefern inferenzstatistische Tests zur Überprüfung der Parameter auf Signifikanz und Tests zur Modellüberprüfung die notwendigen Informationen darüber, wie gut die aufgestellten Hypothesen mit den Daten übereinstimmen (Diekmann und Mitter 1984a: 13ff).

Die stochastischen Prozesse, die bei der Analyse des Scheidungsrisikos Anwendung finden, sind Modelle mit diskreten Zustandsvariablen Y (t) und stetiger Zeit. Die Ereignisanalyse erforscht die Rate von Ereignissen[142], die wäh-

---

139 Unabhängige Variable.
140 Das heißt die Dauer zwischen der Heirat und der Scheidung (Risikozeit).
141 Die hier allerdings nicht betrachtet werden.
142 Die Hazardraten oder Übergangsraten.

rend der „Verweildauer" eintreten. Sie ist in unserem Beispiel als das augenblickliche Risiko einer Scheidung zum Zeitpunkt t der Ehedauer t definiert, unter
der Bedingung, dass es zuvor noch keine Ehescheidung gab. Die Übergangsrate
oder Hazardrate wird als der Grenzwert der bedingten Übergangswahrschein-
lichkeit dividiert und durch das Zeitintervall Δt definiert:

$$(1) \quad r(t) = \lim_{\Delta t \to 0} \frac{1}{\Delta t} q(t, t + \Delta t) = \lim_{\Delta t \to 0} \frac{1}{\Delta t} P(t + \Delta t > T \geq t | T \geq t).$$

Der Anteil von Untersuchungseinheiten – diese müssen nicht Personen sein, in
dieser Untersuchung sind es Ehen –, der bis zum Zeitpunkt t ein Ereignis (Scheidung) aufweist, wird als kumulierte Verteilungsfunktion der Ankunftszeit mit
der Funktion:

$$(2) \quad F(t) = P(|T \leq t)$$

beschrieben. Unter Einbeziehung der (unbedingten) Wahrscheinlichkeitsdichtefunktion

$$(3) \quad f(t) = \frac{dF(t)}{dt} = \lim_{\Delta t \to 0} \frac{1}{\Delta t} P(t + \Delta t > T \geq t)$$

und der Überlebensfunktion G(t), dem Kehrwert der kumulativen Verteilungsfunktion F(t)

$$(4) \quad G(t) = P(T \geq t) = 1 - F(t)$$

folgt die Beziehung

$$(5) \quad r(t) = \frac{f(t)}{G(t)}$$

Durch Umformung wird

$$(6) \quad r(t) = \frac{\frac{dF(t)}{dt}}{1 - F(t)}$$

erzeugt und die Differenzialgleichung

$$(7) \quad F(t) = 1 - \exp(-\int_0^t r(\tau)d\tau$$

als Beziehung zwischen der Übergangsrate und der Ankunftsverteilung beschrieben.

In Worten ausgedrückt, informiert die Überlebensfunktion (4) als Komplement zur kumulierten Verteilungsfunktion (2) darüber, mit welcher Wahrscheinlichkeit die Untersuchungseinheit das Ereignis nicht aufweist, das heißt bis zum Zeitpunkt t „überlebt". Gleichung (5) beschreibt näherungsweise die Wahrscheinlichkeit, dass ein Ereignis, vorausgesetzt, es ist bis zum Zeitpunkt t noch kein Zustandswechsel erfolgt, in der auf t folgenden kurzen Zeiteinheit stattfindet. Die Übergangsrate (5) beziehungsweise (6) kann von der „Verweildauer" im Ausgangszustand, der Zeit t und den unabhängigen Variablen beeinflusst werden. Wie im Beispiel oben beschrieben, hängt das Scheidungsrisiko[143] (laut unserer Hypothese) von der Ehedauer und den unabhängigen Variablen der Ehepaare, beispielsweise Kinder oder Konfession, ab. Die Form der Ankunftsverteilung, ersichtlich in Gleichung (7), wird direkt von der jeweiligen Zeitabhängigkeit der Übergangsrate beeinflusst. Je nachdem wie sie verläuft, werden unterschiedliche Verteilungen der Ankunftsverteilung generiert, dementsprechend sollten die Übergangsmodelle gewählt werden (Diekmann und Mitter 1984a: 12ff; 1993: 25ff).

Das durch die Theorie stochastischer Prozesse formulierte mathematische Modell unterstellt eine parametrische Form des Modells, dessen unabhängige Variablen mittels der Maximum-Likelihood-Methode [144] geschätzt werden können. Die meisten Studien zum Scheidungsrisiko verwenden parametrische oder semi-parametrische Modelle. Cox (1984: 24f) und Andreß (1985: 228f, 235ff) geben eine detaillierte Übersicht zum Vergleich der unterschiedlichen Verteilungen und deren Annahmen.

In der vorliegenden Untersuchung wird das t-ln(t²)-Modell von Klein (1995a) – ein modifiziertes Sichel-Modell – verwendet. Dieses Modell bietet

---

143 Das auch als verweildauerabhängig bezeichnet wird.
144 Eine Methode der Parameterschätzung, die versucht „die Wahrscheinlichkeit (genauer Likelihood) des Auftretens der in einer Stichprobe beobachteten Messungen zu maximieren" (Bortz 1999: 98).

eine sehr gute Anpassung an die Daten. Parametrische Modelle wie das t-ln(t²)-Modell sind sehr informativ und liefern im Allgemeinen exaktere Schätzungen als nicht-parametrische Modelle. Allerdings muss eine Vielzahl von Modellannahmen erfüllt sein, die anhand der Daten überprüft werden. Bei semiparametrischen Modellen wird mittels einer Funktion der Zusammenhang zwischen Übergangsrate (Hazardrate) und den unabhängigen Variablen bestimmt, allerdings ohne die Art der Verweildauerabhängigkeit t, das heißt die Verteilungsannahme, anzugeben. Basis der Schätzung parametrischer Modelle bildet die lineare Spezifikation der Übergangsrate in Abhängigkeit zu den unabhängigen Variablen, ähnlich regressionsanalytischen Modellen,

$$(8) \quad r(t) = \exp(\beta_0 + \beta_1 x_1 + \beta_2 x_2 + ... \beta_n x_n)$$

mit den durch die Daten zu schätzenden β-Parametern und den unabhängigen Variablen x_1, x_2, ...,x_n. Der β-Parameter gibt den Effekt der Veränderung um eine Einheit der unabhängigen Variablen auf den Logarithmus der Übergangsrate (Hazardrate) wieder. Für kategoriale Variablen gibt dieser Parameter die Abweichung der Residualgruppe von der Referenzgruppe an. Der Antilogarithmus exp(β) = α, auch als α -Effekt bezeichnet, kann als Prozent-Effekt der unabhängigen Variable interpretiert werden. Beim Scheidungsrisiko gibt er die Prozentwertabweichung vom Risiko einer bestimmten Gruppe im Verhältnis zur Vergleichsgruppe an. Erhöht sich der Wert der unabhängigen Variablen um eine Einheit, dann ändert sich die Rate um ((α - 1) * 100) Prozent. Für kontinuierliche unabhängige Variable besagt der β-Parameter, wie groß der Effekt der Veränderung um eine Einheit in der unabhängigen Variable auf den Logarithmus der Hazardrate ist. Die Effekte der unabhängigen Variablen werden entsprechend des ausgewählten Modells, hier dem parametrischen, geschätzt. Die Verteilung der Ankunftszeiten ist durch die Beziehung (7) ableitbar, deshalb können die Parameter in den folgenden Analysen mittels der Maximum-Likelihood-Methode unter Einbeziehung der zensierten Beobachtungen geschätzt werden. Die für diese Untersuchung verwendeten quantitativen unabhängigen Variablen erfordern die Maximierung des Produkts über die Likelihoodbeiträge der Untersuchungseinheiten[145] durch ein iteratives Verfahren in Bezug auf die α - und β - Parameter sowie den Konstanten. Der Likelihoodbeitrag der Person i wird durch folgende Funktion ermittelt

---

145 i = 1,...,N mit dem Likelihoodbeitrag der Person i.

(9) $\quad L_i = f(t_i, \underline{x_i}, \underline{\beta})^{d_i} G(t_i, \underline{x_i}, \underline{\beta})^{(1-d_i)}$ [146]

Für die grafische Darstellung der in dieser Untersuchung einbezogenen Variablen wird die nicht-parametrische Sterbetafelschätzung verwendet, um die Überlebensfunktionen beziehungsweise die Überlebenskurven zu generieren. Bei diesem Verfahren wird die Zeitachse in Intervalle eingeteilt, die im Beispiel der Ehedauer Jahresintervalle sind (Diekmann und Mitter 1993: 32ff; Wagner 1997: 150).

4.2.2 Das Sichelmodell und das t-ln(t²)-Modell

Zahlreiche Studien der Ehescheidungsforschung gehen von dem sichelförmigen Verlauf des Scheidungsrisikos aus. Gleich zu Beginn der Ehe und nach sehr vielen Ehejahren ist es gering, dazwischen liegt nach etwa zwei bis drei Jahren ein Maximum. Dieser Verlauf, bei dem angenommen wird, dass nicht alle Untersuchungseinheiten (Ehen) ein Ereignis aufweisen, kann von verschiedenen Hypothesen abgeleitet werden. Diekmann und Mitter (1984b) nennen in Anlehnung an die RC-Theorie zwei Stimuli, denen Ehepaare ausgesetzt sind: „Consider a couple as a unit, which adopts participative behavior during a learning process. The spouses are repeatedly confronted with stimuli that can be responded to in one of two ways: one response is ‚correct' and is rewarded, the other one is ‚wrong' and is punished. One can expect that reinforcement mechanisms eventually lead to an extinction of ‚wrong' responses" (Diekmann und Mitter 1984b: 129). Durch Lernprozesse sinkt die Fehlerquote exponentiell, die Fehlerquote und eine konstante Vergebens- und Vergessensrate führen dazu, dass das „Konto" der Ehe einen bestimmten Stand aufweist, von dem die Ehestabilität zum Zeitpunkt t abhängt. Die Annahmen können mittels einer Hazardfunktion dargestellt werden, die dem sichelförmigen Verlauf des Scheidungsrisikos entspricht und eine ausgezeichnete Anpassung an die Daten bietet. Die nach Diekmann und Mitter bezeichnete Sichelfunktion wird beschrieben mit:

---

146 $\underline{x_i}$ = Vektor der unabhängigen Variablen, $\underline{\beta}$= Vektor der Parameter, d_i= Indikatorvariable mit d_i = 1 für nicht-zensierte und d_i = 0 bei zensierten Beobachtungen. Die Art der Verteilung $f(\cdot)$ und der Überlebensfunktion $G(\cdot)$ werden durch die Wahl der Verweildauerabhängigkeit der Übergangsrate, in diesem Fall die unbedingte Wahrscheinlichkeitsdichte (3) und die Überlebensfunktion (4), bestimmt.

$$(10)\ r(t) = c \cdot t \cdot e^{-t/\lambda}) \qquad mit \qquad c, \lambda > 0, t \geq 0$$

Eine Besonderheit dieses Modells ist, das dessen Überlebensfunktion nicht gegen 0 tendiert. Dieses Modell beschreibt den Verlauf von Ehen besser als andere Modelle, die gegen 0 streben, denn im Verlauf des Familienzyklus werden nicht alle Ehen getrennt.

Zwei weitere Annahmen, die Heterogenität stabiler und instabiler Ehen und die Kumulation ehespezifischer Investitionen im Verlauf der Ehe, bieten eine theoretische Begründung für den sichelförmigen Verlauf der Ehedauer. Das Scheidungsrisiko steigt in den ersten Jahren an, da besonders instabile Ehen ein ansteigendes Risikopotenzial aufweisen. Merkmale der Ehepartner, die zu Beginn der Ehe kaum sichtbar waren und das Trennungsrisiko erhöhen, werden zunehmend wahrgenommen und erhöhen die Scheidungswahrscheinlichkeit. Diese besonders instabilen Ehen werden zuerst geschieden und damit bleiben stabilere Beziehungen bestehen. Eine Verstärkung erfährt dieser Vorgang durch die Kumulierung ehespezifischen Kapitals im Verlauf der Ehe, der von einem Rückkopplungseffekt bestimmt wird, da mit zunehmenden Investitionen in die Ehe die Ehestabilität zunimmt und im Gegenzug die Investitionen ansteigen (Diekmann und Klein 1993: 350f; Diekmann und Mitter 1984b: 129f, 1984a: 152ff).

Ein noch flexibleres Modell wurde von Klein (1995a: 254f) in Anlehnung an den nichtmonotonen Verlauf des Sichelmodells von Diekmann und Mitter (1984b) konstruiert. Dieses Modell bildet im Vergleich zur Sichelfunktion das Maximum besser ab. Das Modell geht von einer im Verlauf der Ehedauer konstanten Scheidungsrate aus, während durch die Variablen t_1 und t_2 ein nichtmonotoner Verlauf konstruiert wird:

$$(11)\ r(t) = \exp(c_i + \beta_1 t_1 + \beta_2 t_2))^{147}$$

Analog zur oben genannten Annahme der Heterogenität stabiler und instabiler Ehen und der Kumulation ehespezifischer Investitionen wird der ansteigende Verlauf des Scheidungsrisikos t_1 durch risikosteigernde Merkmale der Ehepartner und der abfallende Verlauf t_2 durch die stabilisierende Wirkung der ehespezifischen Investitionen modelliert (Klein 1995a: 254f, 1999b: 150).

---

147 Mit t1 = Ehedauer, t2 = ln (Ehedauer2), ci = (exp(ßi) - 1) * 100.

4.2.3 Der Einfluss von unabhängigen Variablen

Unabhängigen Variablen mit festen Werten, das heißt, dass sich die Merkmale der Untersuchungseinheiten im Zeitverlauf nicht, können in parametrischen Modellen durch die Episodenlänge geschätzt und ihre Effekte können analog zur Regressionsanalyse, wie oben beschrieben, interpretiert werden. Durch die Verwendung von unabhängigen Variablen kann die Ereignisanalyse als stochastische Kausalanalyse Einflüsse von Untersuchungseinheiten auf die jeweiligen Episoden aufdecken. Ersetzen wir in der oben genannten Hypothese „Mit steigender Dauer der Ehe nimmt das Scheidungsrisiko ab, aber bei identischer Ehedauer ist es für katholische Ehepaare geringer als für konfessionslose Ehepaare" die unabhängige Variable „Konfession" durch die Variable „Ehepaare mit ehelichen Kindern", lautet die neue Hypothese: „Mit steigender Dauer der Ehe nimmt das Scheidungsrisiko ab, aber bei identischer Ehedauer ist es für Ehepaare mit ehelichen Kindern geringer als für kinderlose Ehepaare". Statt der unabhängigen Variable „Konfession", die sich im Zeitverlauf nicht verändert[148], ist „eheliche Kinder" eine zeitabhängige unabhängige Variable, da die Kinder erst im Verlauf der Ehe geboren werden. Es erfordert spezielle Vorgehensweisen, zeitabhängige Variablen ins Verweildauermodell einzubeziehen. Durch die Zeitabhängigkeit der unabhängigen Variablen wird auch die Übergangsrate zeitabhängig. Das Schätzen der Modellparameter wird deshalb wesentlich schwieriger, insbesondere bei unabhängigen Variablen, wie der Geburt von Kindern, deren Werte sich zu bestimmten Zeitpunkten plötzlich verändern können. Das Verfahren des Episodensplittings[149] erlaubt eine Unterteilung der Zeitachse in Teilepisoden, in denen die zeitabhängigen unabhängigen Variablen konstant sind und sich nur am Ende der jeweiligen Teilepisode ändern. Folglich wird das Integral der Hazardrate so in einzelne Summanden aufgeteilt, dass in jedem dieser Summanden die Hazardrate konstant ist und nur über die Teilepisoden summiert werden muss. Blossfeld und Rohwer (2002: 140ff, 152ff) geben eine ausführliche Darstellung der einzelnen Schritte des Episodensplittings für qualitative und quantitative zeitabhängige unabhängigen Variablen (Blossfeld und Rohwer 2002: 23f, 140ff, 152ff; Diekmann und Mitter 1993: 31f, 48ff).

---

148 Es sei denn, die Befragten wechseln ihre Konfession, was relativ unwahrscheinlich ist.
149 Die Ehedauer wird in gleich große Episoden von einem Jahr aufgeteilt. Eine monatsgenaue Aufteilung ist nicht notwendig, da für die meisten Daten nur Jahresangaben vorliegen und die Schätzung nur unwesentlich unpräziser wird als bei monatsgenauer Berechnung (vergleiche Allison (2005: 224)). Zudem vergrößert ein monatsgenaues Episodensplitting den Datensatz so stark, dass er nicht ausgewertet werden kann.

4.3 Methodische Probleme

Im Folgenden werden methodische Probleme, die im Zuge dieser Arbeit beziehungsweise bei der Operationalisierung der verwendeten theoretischen Konstrukte auftreten, kurz umrissen. In manchen Fällen musste eine Entscheidung zugunsten bestimmter Ansätze getroffen werden, da sich diese in der Scheidungsforschung bewährt haben oder auf Basis der verwendeten Daten keine andere Operationalisierung möglich ist.

4.3.1 Trennung oder Scheidung

In einigen Studien, vor allem amerikanischen, wird statt des Scheidungsrisikos das Trennungsrisiko untersucht, da zwischen dem Zeitpunkt der Trennung und der Scheidung durch ein Gericht – je nach Ehedauer – einige Jahre liegen. Insbesondere mit ansteigender Ehedauer werden die Intervalle zwischen dem Trennungsdatum und der formalen Scheidung größer. In Abhängigkeit der Berechnungen mittels des Trennungs- oder Scheidungszeitpunkts kann es zu Über- oder Unterschätzung der realen Eheauflösungen kommen. Rechtlich betrachtet beträgt in Deutschland die Zeit zwischen „offizieller" Trennung, das heißt dem Augenblick, in dem Ehepaare nicht mehr zusammen wirtschaften sowie nicht mehr als Eheleute miteinander verkehren, und dem möglichen Scheidungstermin mindestens ein Jahr. Falls die Partner glaubhaft machen, dass sie die oben genannten Anforderungen erfüllen, kann der Trennungszeitraum verkürzt werden. Zu einer Überschätzung der Scheidungszahlen kann es bei der Berücksichtigung des Trennungsdatums kommen, da eine große Anzahl von Paaren nach einer Trennung wieder zusammenfinden (Wagner 1997: 138). Manche Ehepaare, insbesondere Katholiken, verzeichnen hohe Trennungsraten, aber kaum Scheidungen. Sie praktizieren die „italienische Scheidung", die Trennung von Familie, gesellschaftlichen Verpflichtungen und Sexualleben (König 1974: 111). Dies würde bei Verwendung des Datums der Trennung in empirischen Untersuchungen konfessionelle Effekte verdecken. Nach Brüderl und Engelhart (1997) sind keine bedeutenden Unterschiede zwischen dem Scheidungs- oder Trennungsdatum für große Stichproben zu verzeichnen, zu einem identischen Ergebnis kommt auch Wagner (1997: 140) für die Lebensverlaufsstudie (1981-1992). Der Verwendung des Scheidungsdatums beziehungsweise des Übergangs zur Scheidung scheint aus diesem Grund nichts entgegenzustehen, zumal Brüderl und Engelhart (1997) ihre Analysen bezüglich der Unterschiede von Trennungs- und Scheidungsdatum auch mit dem Familiensurvey[150] durchgeführt haben.

Ein nicht zu vernachlässigender Aspekt ist die Abhängigkeit der Angaben zum Zeitraum zwischen Trennung und Scheidung vom Geschlecht der Befragten. Folge dieses Geschlechtereffekts ist, dass Frauen über längere Trennungszeiten als Männer berichten. Amerikanischen Studien zufolge sind die Angaben der männlichen Befragten ungenauer als die der befragten Frauen. Gostomski (1997c: 91ff) kann mit den Daten der Mannheimer Scheidungsstudie anhand von Proxy-Interviews Abweichungen zwischen beiden Geschlechtern aufzeigen (Brüderl und Engelhardt 1997; Gostomski 1997c).

4.3.2 Subjektive Einschätzung der ehelichen Instabilität

Für die Operationalisierung der abhängigen Variablen ist von Bedeutung, ob die Messung ehelicher Instabilität mittels eines ereignisanalytischen Ansatzes oder der subjektiven Einschätzung der ehelichen Instabilität erfolgt (Stauder 2000: 115f). In Anlehnung an Hartmann (1997; 2003), der sich auf Arbeiten von Booth, Johnson und Edwards (1983) bezieht, kann ein neues Instrument die subjektive Ehestabilität messen. Zweck des Konstrukts war es, in Form einer Fragebatterie differenzierte Angaben zur Stabilität von Ehen zu erhalten, indem die Ehestabilität „als Kontinuum, abgebildet durch verschiedene Zwischenschritte des Übergangs zur Scheidung, aufgefasst wird" (Hartmann 1997: 177). Im Unterschied zu einem Instrument, das die Ehequalität misst, soll die subjektive Ehestabilität Wechselwirkungen zwischen Ehestabilität, Ehequalität, alternativen Attraktionen sowie Barrieren untersuchen. Durch dieses Instrument kann der austauschtheoretische Ansatz in Bezug auf die Annahmen zur Ehequalität und Ehestabilität untersucht werden. Hier wird angenommen, dass instabile Ehen nicht notwendigerweise geschieden werden, sondern von den Alternativen zur bestehenden Ehe abhängen. Zugleich kann untersucht werden, ob hohe Ehequalität nicht zwangsläufig mit hoher Ehestabilität einhergeht. Basierend auf den theoretischen Annahmen wurde von Booth, Johnson und Edwards eine fast 40 Items umfassende Skala konstruiert (Booth et al. 1983). Sie wurde für verschiedene Umfragen, beispielsweise die Mannheimer Scheidungsstudie oder den Familiensurvey modifiziert und auf sieben beziehungsweise fünf Fragen reduziert. Im Familiensurvey 2000 werden folgende Fragen gestellt:

---

150 Mit der zweiten Welle von 1988.

„Ich habe noch einige Fragen zu Ihrer jetzigen Partnerschaft. ...

1) Haben Sie jemals gedacht, dass Ihre derzeitige Ehe oder Partnerschaft in Schwierigkeiten ist?

2) Haben Sie innerhalb der letzten drei Jahre einmal an Trennung oder Scheidung gedacht?

3) Haben Sie mit einem guten Freund oder einer guten Freundin über eine eventuelle Trennung oder Scheidung gesprochen?

4) Haben Sie oder ... innerhalb der letzten drei Jahre jemals ernsthaft eine Trennung oder Scheidung vorgeschlagen?

5) Sprachen Sie darüber, wegen einer Scheidung einen Anwalt aufzusuchen?"

In der Mannheimer Scheidungsstudie wurde, im Unterschied zum Familiensurvey, bei positiver Beantwortung der Fragen noch der Zeitpunkt ermittelt, zu dem das Ereignis zum ersten Mal auftrat (Hartmann 1997: 177).

Fragen wie die oben genannten, die Retrospektiv- und Proxyangaben beinhalten, können zu Verzerrungen führen. Retrospektivfragen unterliegen einer Reihe von Problematiken, die von der Salienz und der Dauer des Zurückliegens der erfragten Ereignisse abhängen und die sich negativ auf die Qualität der zu untersuchenden Daten auswirken können. Retrospektivfragen unterliegen der Schwierigkeit der Erinnerungsselektion durch saliente Ereignisse, da positive und vor allem positive emotionale Erlebnisse besser erinnert werden, während negative Erfahrungen zeitlich nach hinten verschoben werden und lange zurückliegende Ereignisse zeitlich schwer zu verorten sind (vergleiche die Problematik zwischen zwei Ereignissen im vorhergehenden Abschnitt). Weitere Verzerrungen bei retrospektiven Daten entstehen unter Umständen, falls die Befragten ein biased subsample (Unterstichprobe) derer darstellen, die durch das Ereignis, zum Beispiel Scheidung, schon betroffen sind (Allison 2005: 3). Eine ausführliche Darstellung der Problematik von Retrospektivbefragungen geben Gostomski und Hartmann (1997) und die Methodenstudie im Vorfeld der Mannheimer Scheidungsstudie (Gostomski 1997b; Gostomski und Hartmann 1997; Infratest-Burke 1996). Proxyfragen können ebenfalls ein Bias aufweisen, je nachdem welche Information erfragt werden oder ob es sich um eher subjektive oder objektive Angaben handelt. Konsistente Werte liefern zum Beispiel soziodemografische Angaben, während Zeitangaben oder Fragen zur Erwerbsbiografie nur dann unproblematisch sind, wenn sie auf exakte Angaben (Tage oder Monate) verzichten. Subjektive Angaben der Befragten über ihre Partner sind nach der Untersuchung von Gostomski (1997a) nicht als gültige Schätzungen anzusehen, wohingegen deutlich bessere Resultate durch objektive Fragen erzielt werden, sowohl was die Konsistenz- als auch was die Übereinstimmungswerte angeht. Die subjektive Bewertung der Ehe kann zwischen dem Befragten und dem Partner stark variieren, deshalb kann sie aus den oben genannten Gründen nicht durch Retrospektivfragen[151] gemessen werden. Weiterhin wäre zu prüfen, wie reliabel und valide diese Fragebatterie ist (Hartmann 1997, 2003; Lewis und Spanier 1979; Rusbult 1980; Univeristät-Mannheim 1993).

Zusammenfassend betrachtet erscheint es deshalb sinnvoll, den ereignisanalytischen Ansatz, der sich bis dato in der Scheidungsforschung bewährt hat, zu übernehmen, zumal der Familiensurvey 2000 nur eine modifizierte Skala[152] der oben genannten Fragen verwendet. Diese Fragebatterie wird aber nur für die letzte Partnerschaft erhoben und kann nicht zur Messung der Ehestabilität von Erstehen dienen. Für die Kontrolle der Ehestabilität mittels der subjektiven Bewertung der Ehe müsste deshalb eine innovatives Instrument konstruiert werden, welches allen angeführten Anforderungen genügt. Es erscheint für weitere Studien sinnvoll, Fragen zur Ehequalität für alle Partnerschaften zu stellen oder beide Partner zu befragen.

4.4 Operationalisierung der Variablen

Das Modell der Einflussfaktoren der Ehestabilität (Kapitel 2.3) gibt einen ersten Überblick über die Variablen, die in die nachfolgenden Analysen einfließen. In diesem Abschnitt wird dargestellt, wie diese operationalisiert und für die statistischen Analysen aufbereitet werden. Zunächst wird erläutert, wie die Ehestabilität und die Kindvariablen berechnet werden. Danach werden weitere unabhängigen Variablen beschrieben, die sowohl für die deskriptiven Ergebnisse als auch für die multivariaten Modelle notwendig sind. Aus technischen Gründen wurden einige Variablen als Dummyvariablen codiert. Eine Reihe von Kovariablen werden, insbesondere Variablen zu unterschiedlichen Kindschaftsverhältnissen, als zeitveränderliche unabhängigen Variablen konzeptualisiert.

---

151 Die Güte der Angaben steigt aber mit zunehmender Objektivität der Fragen, in unserem Beispiel mit Fragen zu dem Vorschlag der Scheidung (1) oder der Konsultation eines Anwalts (5).
152 Bei den ersten zwei Fragen handelt es sich um eine modifizierte Guttman-Skalierung, bei den letzten drei um eine Guttman-Skalierung.

4.4.1 Operationalisierung von Ehestabilität und zentralen Variablen

Zur Messung der Ehestabilität wird, wie bereits im Kapitel „Methodische Probleme" diskutiert, das Scheidungsrisiko untersucht. Abhängige Variable ist in dieser Untersuchung die Ehedauer, das heißt das anhand der Ehedauer mittels der Ereignisanalyse geschätzte Risiko einer Ehescheidung. Von besonderem Interesse ist der Einfluss von Kindern auf die Ehestabilität. Als zentrale unabhängige Variablen werden zu diesem Zweck die verschiedenen Charakteristika von Kindern und Kindschaftsverhältnisse berücksichtigt. Zur Berechnung der Variablen mussten, durch die Struktur der Daten bedingt, eine Reihe von Entscheidungen fallen, die kurz umrissen werden.

Im Familiensurvey 2000 wurde die Kinderbiografie aller Kinder des Befragten oder seines Partners durch einen separaten Fragebogen, der dem Befragten vorgelegt wurde, erfasst. Die Partnerschaftsbiografien aller Partner des Befragten bilden einen separaten Datensatz[153], der zusammen mit dem Kinderdatensatz, dem Erwerbsbiografiedatensatz sowie dem Basisdatensatz verknüpft wird. Durch die komplexe Struktur der Datensätze, insbesondere des Kinderdatensatzes, erwies sich die Zuordnung der Geburten zu den jeweiligen Partnerschaften als problematisch. Aus der Kinderbiografie geht nicht eindeutig hervor, aus welcher Partnerschaft die Kinder stammen, beziehungsweise ob sie überhaupt in einer Partnerschaft geboren wurden. Ebenso schwierig gestaltet sich die zeitliche Zuordnung der Geburten, da die Angaben zu Beginn und Ende der Partnerschaft nur jahresgenau vorliegen. Für die Konstruktion von Kindervariablen ist es erforderlich, neben dem Vergleich von Datumsangaben Angaben zu den Kindschaftsverhältnissen einzubeziehen. Um leibliche Kinder den jeweiligen Partnerschaften zuordnen zu können, muss geprüft werden, ob die Geburt während der Partnerschaft erfolgte und ob es sich um gemeinsame Kinder der Befragten und deren Partner handelt. Kinder, die im gleichen Jahr geboren wurden, in dem die Partnerschaft der Befragten endete und die nächste begann, werden als Kinder dieser Partnerschaft angesehen, falls die Summe aller der Partnerschaft zugeordneten Kinder nicht größer ist als die berichtete Anzahl der gemeinsamen Kinder mit dem jeweiligen Partner. Zur Konstruktion der Variablen „eheliche Kinder" muss der Geburtszeitpunkt der leiblichen Kinder mit dem Heiratsdatum derjenigen Partnerschaft, die zur Ehe führte, verglichen werden. Analoge Berechnungen wurden für weitere Kindschaftsverhältnisse durchgeführt. Die Zuordnung von Kindern zu den jeweiligen Partnerschaften beziehungsweise Ehen gestattet es auch, Variablen für nicht gemeinsame Kinder, beispielsweise uneheliche Kinder mit einem anderen Partner, zu berechnen. Da

---

153 Analog wurde die Erwerbsbiografie des Befragten erfasst.

die Kinderbiografien nur nach der Reihenfolge der Geburten aufsteigend geordnet sind und nicht danach, ob es sich um leibliche Kinder der Befragten handelt, müssen zur Berechnung aller zeitabhängigen Kindvariablen die Geburtenreihenfolge und weitere kindbezogene Variablen für alle leiblichen und ehelichen Kinder neu berechnet werden.

Für die multivariaten Analysen wird zuerst ermittelt, ob die Befragten jemals Kinder besessen haben, falls das nicht der Fall ist, werden sie als „kinderlos"[154] klassifiziert. Im nächsten Schritt wird untersucht, in welchem Kindschaftsverhältnis die Kinder zu den Befragten stehen. Anschließend werden Variablen zu den unterschiedlichen Charakteristika von ehelichen Kindern gebildet.

Bei zeitabhängigen Kindvariablen wird für jedes Kind in jedem Ehejahr untersucht, ob es im Haushalt der Eltern lebt, ausgezogen oder verstorben ist. In diesem Fall erhält die jeweilige Variable den Wert 0. Für die Konstruktion der Variablen zu Charakteristika ehelicher Kinder werden Befragte ausgeschlossen, die uneheliche oder voreheliche Kinder besitzen. Dadurch wird gewährleistet, dass der ehedestabilisierende Effekt, der von unehelichen oder vorehelichen Kindern ausgeht, keine Auswirkungen auf die Analysen hat.[155] Für die Berechnungen wurden alle Heiratskohorten bis 2000 einbezogen und für verschiedene Analysen in vier Kohorten unterteilt. Bei jüngeren Kohorten ist davon auszugehen, dass sie noch Kinder gebären. Deshalb wurde untersucht, wann die Befragten ihr erstes und zweites Kind gebären. Bis zum 30. Geburtstag gebären fast 90 % der Frauen ihr erstes und etwa 72 % ihr zweites Kind. Der Mittelwert für die erste Geburt liegt bei 24,88 Jahren[156] und für die zweite Geburt bei 27,87 Jahren.[157, 158] Um die Berechnungen nicht zu verzerren und keine Kohorten auszuschließen, wurden in die Analysen nur Frauen einbezogen, die zum Zeitpunkt der Befragung mindestens 30 Jahre alt waren. Die Ehedauer und die Kindvariablen werden wie folgt gebildet:

Die Ehedauer wird in Jahren berücksichtigt: Bei geschiedenen Ehen wird vom Heiratsdatum[159] bis zum Scheidungsdatum und bei verwitweten Befragten bis zum Todesdatum des Partners gerechnet. Bei Ehen, die bis zum Zeitpunkt der Befragung noch bestehen, wird der 31. 12. 2000 als Enddatum festgelegt, da das

---

154 Das heißt Ehepaare, die weder leibliche noch nicht leibliche Kinder besitzen, werden durch die Variable „kinderlos" repräsentiert.
155 In den meisten Studien wird diese Unterscheidung nicht getroffen
156 Der Median bei 24 Jahren, der Modalwert bei 22 Jahren.
157 Der Median bei 28 Jahren, der Modalwert bei 26 Jahren.
158 Nach Kreyenfeld und Huinink (2003: 48ff) wird das Geburtsalter im Verhältnis zum Mikrozensus unterschätzt.
159 Frauen, die angaben, unter 14 geheiratet zu haben, und Männer, die angaben unter 16 Jahren geheiratet zu haben, wurden ausgeschlossen (vgl. Diekmann und Engelhardt 2002: 5).

Interviewdatum nicht im Datensatz enthalten ist.[160] Das Heiratsdatum setzt sich aus den Angaben zum Heiratsjahr und Heiratsmonat (der Heiratstag wurde nicht erfragt) zusammen, deshalb wird zur exakteren Berechnung die Klassenmitte der jeweiligen Heiratsmonate berechnet.[161] Beim Scheidungs- oder Todesdatum wird der 30. Juni als Datum für Tag und Monat bestimmt, denn diese Angaben liegen nur jahresgenau vor.[161, 162] Falls die Ehe bis zum Befragungszeitpunkt noch besteht oder ein Ehepartner verstorben ist, wird die entsprechende Episode als rechtszensiert behandelt.

Kinderlos: Ehepaare, die keine Kinder besitzen, erhalten den Wert 1, Referenzkategorie sind Ehepaare mit mindestens einem Kind.

Kinder nach Status: Vier Dummyvariablen zeigen an, ob das erste Kind der Ehepaare ein eheliches Kind[163], ein voreheliches Kind[163], ein Adoptiv- oder Pflegekind oder uneheliches Kind[164] ist, Referenzkategorie sind Ehen ohne Kinder.

Kinder nach Status II: Vier Dummyvariablen zeigen an, ob das erste Kind der Ehepaare ein eheliches Kind[163], ein Viermonatskind[163, 165], ein Adoptiv- oder Pflegekind oder uneheliches Kind[166] ist, Referenzkategorie sind Ehen ohne Kinder.

Eheliche Kinder: Die zeitabhängige Variable ist 0 bis zum Zeitpunkt der Geburt des ersten ehelichen Kindes und erhält den Wert 1 ab dem Geburtsdatum.

Geburt von Kindern nach Anzahl: Die Geburt von ehelichen Kindern wird durch die vier zeitabhängigen Dummyvariablen „erstes Kind" bis „vier und mehr Kinder" dargestellt. Die Variablen sind vor der jeweiligen Geburt 0 und nehmen ab der Geburt den Wert 1 an, nach der Geburt weiterer Kinder gehen sie auf 0 zurück.

---

160 Die Feldphase des Familiensurvey 2000 war von Mai bis Anfang November 2000. Das Interviewdatum wurde aber nicht abgefragt.

161 Durch diese Vorgehensweise wird der maximale Fehler bei der Berechnung halbiert: Im Beispiel des Heiratsmonats beträgt die maximale Spannweite des Intervalls, in den der Heiratstag fällt, in Monaten mit 31 Tagen, 30 Tage..Nun wird sie auf 15 reduziert und der maximale Fehler reduziert sich um die Hälfte.

162 Außer Scheidungs- oder Todesjahr sind identisch mit dem Heiratsjahr, dann wird vom 31. 12. 2000 als Enddatum ausgegangen.

163 Berücksichtigt werden nur Kinder, die gemeinsam mit dem Ehepartner gezeugt werden.

164 Entspricht nicht gemeinsamen Kindern. Kinder des Partners die nie im Haushalt gelebt haben werden im Datensatz nicht einbezogen.

165 Nur leibliche erste Kinder, die bis zu 4 Monate nach der Heirat geboren werden.

166 Entspricht nicht gemeinsamen Kindern.

Alter des jüngsten Kindes nach Altersklassen:[167] Für das Alter des jüngsten ehelichen Kindes werden sechs Dummyvariablen gebildet: „Alter des jüngsten Kindes: 0 bis einschließlich drei Jahre", „Alter des jüngsten Kindes: über drei bis sieben Jahre", „Alter des jüngsten Kindes: über sieben bis elf Jahre", „Alter des jüngsten Kindes: über elf bis bis fünfzehn Jahre", „Alter des jüngsten Kindes: über fünfzehn bis neunzehn Jahre"[168], „Alter des jüngsten Kindes: über neunzehn Jahre oder alle Kinder ausgezogen".[169] Die zeitabhängigen Variablen erhalten den Wert 1, wenn ein Kind im entsprechenden Alter vorhanden ist, ansonsten 0. Die Referenzkategorie sind kinderlose Ehepaare.

Geschlechterkombinationen:[170] Für die Geburten von bis zu vier ehelichen Kindern werden fünfzehn zeitabhängige Dummyvariablen[171] gebildet, deren Referenzkategorie Ehepaare ohne Kinder sind.

Altersabstand von Kindern:[172] Der Altersabstand zwischen den ersten beiden Kinder wird in Jahren gemessen.[173]

Kinder: Die Variable gibt an ob die Ehepaare Kinder besitzen, Referenzkategorie sind Ehen ohne Kinder.

Nur eheliche Kinder: Ehepaare die nur eheliche Kinder besitzen erhalten den Wert 1, die Referenzkategoerie sind Ehen ohne Kinder.

---

167 Die Altersklassen für Kinder werden in Anlehnung an die Familienökonomie und empirische Studien abgeleitet und modifiziert, insbesondere nach Stauder (Stauder 2000: 135), der nach dem „Betreuungsaufwand" für Kinder unterscheidet. Stauder geht davon aus, dass der Betreuungsaufwand für Kinder in Abhängigkeit von den unterschiedlichen „Erziehungssituationen" abnehmen sollte.

168 Diese Altersklasse steht für Kinder, die entweder noch in der Schule sind oder eine Ausbildung begonnen haben. Sie wird vom deutschen Schulsystem (9 oder 10 Schuljahre + Ausbildung oder 13 Jahre bei Abitur) abgeleitet.

169 Die letzte Kategorie steht für Kinder, die entweder ausgezogen oder älter sind und deshalb weniger oder kein ehespezifisches Kapital mehr darstellen (vgl. Becker und Tomes 1976).

170 Hier werden Geschlechterkombinationen für bis zu drei Kinder berücksichtigt (nicht mehr als drei Kombinationen, da es wenige Eltern mit mehr als drei Kindern gibt und für die unterschiedlichen Kombinationen zu wenige Fälle vorliegen). Die Kombinationen für bis drei Kinder ergeben sich aus der Variationsregel (vgl. Bortz 1999: 60) „mit zurücklegen": n^r.Ist hier Sohn, Tochter, Sohn-Sohn, Sohn-Tochter, Tochter-Tochter, Tochter-Sohn, Sohn-Sohn-Sohn, Sohn-Sohn-Tochter, Sohn-Tochter-Sohn, Tochter-Sohn-Sohn, Sohn-Tochter-Tochter, Tochter-Sohn-Tochter, Tochter-Tochter-Sohn, Tochter-Tochter-Tochter. Als letzte Kategorie wird eine Variable für mehr als drei Kinder konstruiert.

171 Diese Variable wurde analog zu Diekmann und Schmidheiny und Morgan und Pollard (Diekmann und Schmidheiny 2004: 655ff; Morgan und Pollard 2002) codiert. Sie ist zeitveränderlich und hat am Anfang (zur Startzeit, das heißt „ohne Ereignis") den Wert 0. Bei Geburt des interessierenden Geschlechts nimmt sie den Wert 1 an und geht auf 0 im Falle weiterer Geburten zurück.

172 In Anlehnung an die Untersuchung von Harris und Morgan (1991) zur „Fathers'-Involvement-Hypothese".

173 Da die meisten Ehepaare nicht mehr als zwei Kinder haben, werden nur die ersten beiden Kinder in die Berechnung einbezogen.

Kinder nach Status III: Drei Dummyvariablen zeigen an ob das erste Kind entweder ein uneheliches oder voreheliches Kind, oder ein eheliches[174] oder ein Adoptiv- oder Pflegekind ist.

Kinder nach Status VI: Zwei Dummyvariablen zeigen an ob das erste Kind entweder ein: uneheliches, voreheliches Kind oder Adoptiv-/Pflegekind oder ein eheliches[175] Kind ist.

Kinder nach Status V: Fünf Dummyvariablen zeigen an, ob das erste Kind der Ehepaare ein uneheliches Kind der Ehemänner, ein uneheliches Kind der Ehefrau, ein voreheliches Kind[176]ein eheliches Kind[176], oder ein Adoptiv- oder Pflegekind ist, Referenzkategorie sind Ehen ohne Kinder

Eine Übersicht der verschiedenen Charakteristika von Kindern und der Operationalisierung der Variablen gibt die folgende Abbildung wieder:

---

174 Berücksichtigt werden nur Kinder, die gemeinsam mit dem Ehepartner gezeugt werden.
175 Berücksichtigt werden nur Kinder, die gemeinsam mit dem Ehepartner gezeugt werden.
176 Berücksichtigt werden nur Kinder, die gemeinsam mit dem Ehepartner gezeugt werden.

Abbildung 12: Operationalisierung der Kindvariablen

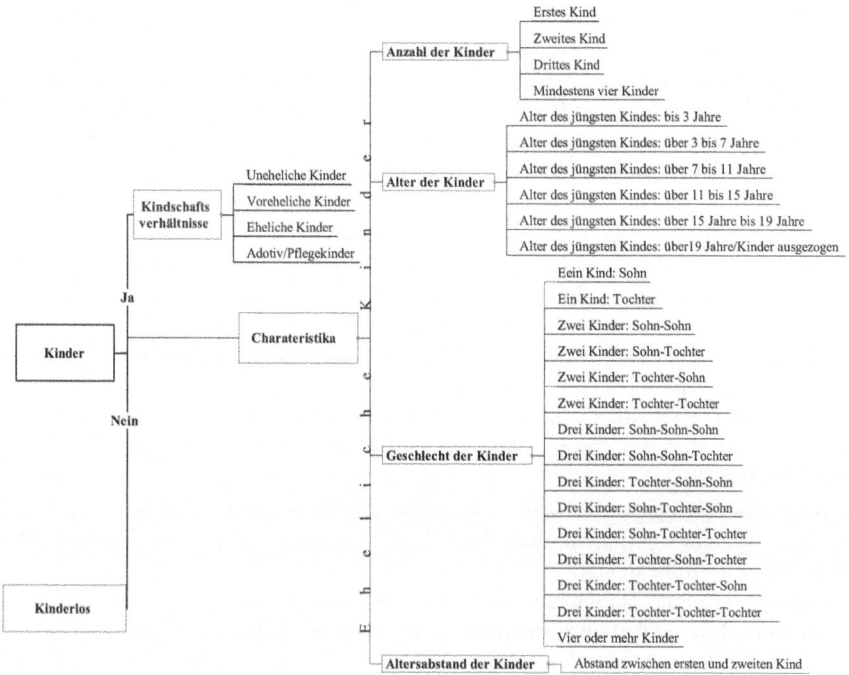

Quelle: eigene Darstellung.

4.4.2 Operationalisierung weiterer unabhängigen Variablen

Nachdem die Operationalisierung der abhängigen Variablen Ehedauer und die der zentralen unabhängigen Variablen erfolgt ist, wird im Folgenden die Berechnung weiterer unabhängiger Variablen berichtet. Diese Variablen wurden durch die genannten Theorien und als Einflussfaktoren der Ehestabilität herausgestellt und durch empirische Studien bestätigt. Des Weiteren werden unabhängige Variablen genannt, die Einstellungen von Ehepaaren Kindern gegenüber messen, wie etwa die Stärke der Kindorientierung von Eltern:

Kohabitationsdauer: Die Dauer des Zusammenlebens vor der Heirat wird vom Datum des Zusammenziehens bis zum Heiratsdatum in Jahren berechnet.

Dauer von Beziehungsbeginn bis Haushaltsgründung: Die Dauer zwischen dem Beziehungsbeginn und der Haushaltsgründung wird vom Datum des Partnerschaftsbeginns bis zum Zusammenzugsdatum in Jahren berechnet.

Heiratsalter: Das Heiratsalter von Ehemann und Ehefrau wird in Jahren seit ihrer Geburt gemessen.

Wohneigentum: Besitzen die Ehepaare gemeinsames Wohneigentum, wird der Wert 1 zugewiesen, Referenzkategorie sind Ehepaare ohne gemeinsames Wohneigentum.

Kirchgangshäufigkeit: Befragte, die mindestens ein- bis dreimal pro Monat die Kirche besuchen, erhalten den Wert 1, Referenzkategorie sind Personen, die seltener zur Kirche gehen.

Kirchliche Heirat: Haben die Ehepaare kirchlich geheiratet, wird der Wert 1 vergeben, Referenzkategorie sind Paare, die nicht kirchlich geheiratet haben.

Erwerbstätigkeit während der Ehe[176]: Die Erwerbstätigkeit der Ehepartner wird durch zwei zeitabhängige Dummyvariablen dargestellt. Sind die Befragten während der Ehe vollzeiterwerbstätig oder teilzeiterwerbstätig, erhält die jeweilige Dummyvariable den Wert 1 und ansonsten 0. Referenzkategorie sind Ehepaare, die nicht erwerbstätig sind.

Heiratskohorten: Für die Heiratskohorten 1971-80, 1981-90, 1991-2000 werden drei Dummy-Variablen erstellt. Personen, deren Eheschließungen in den entsprechenden Zeitraum fallen, erhalten den Wert 1. Referenzkategorie ist die Heiratskohorte 1961-1970.

---

176 Da nur die Erwerbsbiografie der Befragten erfasst wird, beziehen sich die Angaben nur auf befragte Frauen beziehungsweise Männer, aus diesem Grund werden bei den multivariaten Berechnungen Modelle für befragte Ehefrauen und Ehemänner separat ausgewiesen.

Bildungshomogamie: Ehepaare mit demselben Bildungsabschluss oder einem Bildungsabschluss, der sich um ein Jahr von dem des Partners unterscheidet, erhalten den Wert 1, alle anderen Ehepaare den Wert 0.[177]
Beide katholisch: Sind beide Ehepartner katholisch, wird der Wert 1 zugeordnet, Referenzkategorie sind alle anderen Ehepaare.
Bildung des Vaters: Der Bildungsabschluss des Vaters wird in Jahren gemessen.[178]
Bildung der Ehefrau zu Beginn der Beziehung:[179] Die Schulbildung der Ehefrau zum Zeitpunkt des Beziehungsbeginns wird in Jahren gemessen.
Bildung des Ehemannes zu Beginn der Beziehung[179]: Die Schulbildung des Ehemanns zum Zeitpunkt des Beziehungsbeginns wird in Jahren gemessen.
Typ der Herkunftsfamilie: Es werden vier Dummyvariablen gebildet, die Auskunft über den Typ der Herkunftsfamilie bis zum 16. Lebensjahr geben.[180] Die erste Dummyvariable entspricht Befragten, die aufgrund der Scheidung ihrer Eltern mit nur einem Elternteil aufwachsen. Die zweite Variable wird für Befragte konstruiert, die wegen des Todes eines Elternteils mit nur einem Elternteil heranwachsen. Befragte, die das Aufwachsen mit einem Elternteil mit „sonstige" beantworten, bilden die dritte Dummyvariable. Befragte, die ohne Eltern aufwachsen, werden durch die vierte Dummyvariable repräsentiert. Referenzkategorie bilden Befragte, die mit beiden Eltern aufwachsen.
Ort des Kennenlernens: Der Ort des Kennenlernens der Partner wird durch zwei Dummyvariablen erfasst. Die erste Dummyvariable bilden Paare, die sich im Bekanntenkreis, Freundeskreis oder bei Verwandten kennenlernen, die zweite Dummyvariable entspricht dem Kennenlernen in Schule, Ausbildung, Beruf,

---

177 Die Bildungsbiografie wird nur für die Befragten ermittelt, deshalb ist eine zeitabhängige Erfassung nicht möglich, aus diesem Grund wird das Bildungsniveau zu Beginn der Beziehung erfasst. Dieses sollte sich im Verlauf der Beziehung aber nur selten verändern, zumal die meisten Befragten ihren Ehepartner nach dem achtzehnten Lebensjahr kennenlernen. Die Wahl der Kategorien erfolgte in Anlehnung an Brüderl et al. (1997).
178 Keine Ausbildung entspricht 8, Hauptschule 9, Realschule 10 und Fachhochschulreife 12, Abitur 13 Jahren.
179 Die Bildungsbiografie wird im Familiensurvey 2000 nur für die Befragten erfasst, aus diesem Grund wird das Bildungsniveau für beide Ehepartner zum Zeitpunkt des Beziehungsbeginns bestimmt und nicht zeitabhängig berücksichtigt. Da sich der Bildungsstatus nur in wenigen Fällen im Verlauf der Beziehung gravierend verändert, sollte dies eine akzeptable Annäherung an den gegenwärtigen Bildungsstand darstellen. Die Schulbildung wird in Jahren gemessen. Keine Ausbildung oder noch in der Ausbildung entspricht 8, Hauptschule 9, Realschule 10 und Fachhochschulreife 12, Abitur 13 Jahren.
180 Da im Familiensurvey 2000 keine Unterscheidung zwischen geschiedenen Eltern und nicht geschiedenen Eltern getroffen wird, sondern mehrere Fragen die Art der Herkunftsfamilie widerspiegeln, werden in dieser Untersuchung die Kategorien in Anlehnung an Diekmann und Engelhardt (2002: 5) gewählt.

Hobby, Verein oder beim Sport. Referenzkategorie ist jeweils Urlaub, Anzeige, Kneipe oder Diskothek.[181]

Mehrfachehe: Ist der Befragte[182] weitere Ehen eingegangen, wird der Wert 1 vergeben, Referenzkategorie sind Befragte, die nur einmal verheiratet waren, diese erhalten den Wert 0.

Einstellungsvariablen für das erweitere Modell:[183]

Familienorientierter Partnerschaftstyp: Mittels einer Clusteranalyse werden zwei unterschiedliche Partnerschaftstypen gebildet: ein stark familienorientierter Typ und ein gering familienorientierter Typ, letzterer ist die Referenzkategorie.[184]

Einstellung zur Vereinbarkeit von Beruf und Kindern: Aus drei Fragen zur Einstellung der Vereinbarkeit von Berufs- und Familienleben[185] wird ein Index konstruiert. Die Variablen hatten ursprünglich einen Wertebereich von 1 bis 8, je nach Einstellung zur Frauenerwerbstätigkeit und Familie (sehr egalitär bis sehr traditionell) werden die Variablen mit 1 bis 5 codiert. Für den Index wird der Wertebereich von 0,2 bis 1 (0,2 = sehr egalitär bis 1 = sehr traditionell) gewählt.

Einstellung zur Mutterrolle beziehungsweise zu Kindern: Die Einstellung von Ehepaaren gegenüber Kindern wird mittels eines Indexes, der vier Fragen[186] umfasst, berechnet. Der Wertebereich des Indexes ist 0,25 bis 1 (0,25 = sehr egalitär bis 1 = sehr traditionell).

Kindorientierte Ehepaare:[187] Ehepaare, die auf die Frage „... Kinder im Haushalt zu haben und aufwachsen zu sehen macht Spaß" mit „stimme voll und ganz

---

181 Siehe: (Klein und Lengerer 2001).
182 Ob die Ehepartner der Befragten zuvor schon einmal verheiratet waren, kann nicht eindeutig bestimmt werden, da diese Frage im replikativen Survey möglicherweise fehlerhaft ist (DJI 2009).
183 Diese Fragen wurden nur dem Befragten gestellt.
184 Viele Forscher gehen davon aus, dass es drei bis vier unterschiedliche Partnerschaftstypen gibt (vgl. Kapitel 2.1.2 und 2.1.3). In eine Ehe mündet überwiegend der eheorientierte Typ, deshalb können mittels der Clusteranalyse nur zwei familienorientierte Typen, die sich in der Stärke der Familienorientierung leicht unterscheiden, ermittelt werden.
185 „Wie ist Ihre Meinung zur Berufstätigkeit in einer Partnerschaft beziehungsweise Ehe? Auf dieser Liste stehen verschiedene Möglichkeiten. Welche halten Sie persönlich für die richtige Lösung? ...
Und Ihre Meinung, solange ein Kind unter 3 Jahren da ist?
Und Ihre Meinung, solange das jüngste Kind noch im Kindergartenalter ist?
Und Ihre Meinung, solange das jüngste Kind noch in die Schule geht?"
186 „Nur wenn die Eltern verheiratet sind, haben die Kinder wirklich ein Zuhause", „Wer Kinder haben will, sollte auch heiraten", „Kinder sind gut, um jemanden zu haben, der einem im Alter hilft", "Kinder bedeuten, dass auch Väter Familienaufgaben verbindlich übernehmen müssen", „Wenn Frauen berufl. Karriere machen wollen, sollten sie auf Kinder verzichten".
187 Kann auch zur Überprüfung des emotionalen Nutzens verwendet werden.

zu" antworten, werden als stark kindorientiert angesehen. Der ursprüngliche Wertebereich (1 bis 4) wird auf 0,25 bis 1 reduziert, 0,25 steht für wenig kindorientiert und 1 für stark kindorientiert.

Ökonomischer Nutzen von Kindern: Für Ehepaare, die auf die Frage: „… Kinder sind gut, um jemanden zu haben, der einem im Alter hilft" mit „stimme voll und ganz zu" antworten, ist der ökonomische Nutzen von Kindern wichtig. Der ursprüngliche Wertebereich der Variablen (1 bis 4) wurde auf 0,25 bis 1 reduziert, 0,25 steht für wenig und 1 für stark am ökonomischen Nutzen von Kindern interessiert.

5 Ergebnisse

In diesem Kapitel werden die wichtigsten Befunde der empirischen Analysen dargestellt. Die Gliederung dieses Kapitels folgt inhaltlichen Kriterien und nicht der Unterscheidung zwischen deskriptiven und multivariaten Ergebnissen sowie Hypothesen. Für die Übersichtlichkeit der Ergebnisse ist diese Gliederungsstruktur besser geeignet, zumal es eine Reihe von Hypothesen gibt, die gegensätzliche Annahmen widerspiegeln. Im ersten Abschnitt werden erste allgemeine Ergebnisse in Form deskriptiver Darstellung der Mittelwerte, der nicht zentralen unabhängigen Variablen und grafischer Darstellungen der Scheidungsraten wiedergegeben. Im zweiten Abschnitt werden die Ergebnisse der Analysen zu den formulierten Hypothesen berichtet. Bei der Darstellung der Befunde wird darauf Wert gelegt, eine strukturierte Übersicht über den Einfluss unterschiedlicher Kindschaftsverhältnisse und Charakteristika zu geben. Die Unterscheidung erfolgt zuerst anhand der möglichen Kindschaftsverhältnisse und dann folgen feinere Abstufungen anhand der unterschiedlichen Charakteristika von Kindern. Zentrale Aussagen über den Zusammenhang zwischen Kindern und Ehestabilität werden mittels grafischer Präsentation der Scheidungs- und Überlebenswahrscheinlichkeiten sowie multivariater Ereignismodelle getroffen. Die Modelle werden jeweils für West- und Ostdeutschland gesondert berechnet, da die Ergebnisse – bedingt durch die ungleiche Sozialisation der Befragten[188] – unterschiedlich ausfallen sollten. Sie werden zunächst für alle Befragten und dann für befragte Frauen und Männer[189, 190] separat dargestellt. Inhaltlich sind die multivariaten Modelle in ihrer Struktur identisch. Es existiert ein Basismodell, das neben der interessierenden Kindvariablen weitere unabhängige Variablen enthält, deren Einfluss auf die Ehestabilität empirisch bestätigt wurde.

---

188 Durch unterschiedliche Regierungssysteme bis zur Wiedervereinigung 1990.
189 Nur für zwei Analysen wird auf diese Unterscheidung aufgrund zu geringer Fallzahlen und Signifikanzen verzichtet.
190 Im Folgenden steht die Bezeichnung Frauen für befragte Frauen (von Frauen berichtete Ehen) und Männer für befragte Männer (von Männern berichtete Ehen).

Tabelle 3:   Übersicht über die Struktur der Modelle der multivariaten Analysen

	Alle		Frauen		Männer	
	Modell 1	Modell 2	Modell 3	Modell 4	Modell 5	Modell 6
Ehedauer [b]	Wert***	Wert***	Wert***	Wert**	Wert***	Wert*
ln (Ehedauer^2) [b]	Wert**	Wert*	Wert**	Wert**	Wert**	Wert**
Kindvariable [a,(b)]	Wert*	Wert*	Wert*	Wert*	Wert*	Wert*
Kohabitationsdauer	Wert	Wert	Wert	Wert	Wert	Wert
Dauer bis Haushaltsgründung	Wert	Wert	Wert	Wert	Wert	Wert
Heiratsalter der Ehefrau	Wert*	Wert**	Wert*	Wert*	Wert*	Wert*
Heiratsalter des Ehemanns	Wert**	Wert**	Wer**	Wert**	Wert**	Wert**
Wohneigentum [a]	Wert***	Wert***	Wert***	Wer***	Wert***	Wert**
Kirchgangshäufigkeit [a]	Wert**	Wert**	Wert**	Wert**	Wert**	Wert**
Kirchliche Heirat [a]	Wert***	Wert***	Wert***	Wert***	Wert**	Wert***
Frau vollzeiterwerbstätig [a,b]	Wert	Wert	Wert	Wert	Wert	Wert
Frau teilzeiterwerbstätig [a,b]	Wert*	Wert*	Wert*	Wert*	Wert*	Wert*
Mann vollzeiterwerbstätig [a,b]	Wert*	Wert*	Wert*	Wert*	Wert	Wert*
Mann teilzeiterwerbstätig [a,b]	Wert	Wert	Wert	Wert	Wert	Wert
Heiratskohorte 1971-80 [a]	Wert**	Wert**	Wert**	Wert**	Wert**	Wert
Heiratskohorte 1981-90 [a]	Wert***	Wert***	Wert**	Wert***	Wert***	Wert**
Heiratskohorte 1991-2000 [a]	Wert***	Wert***	Wert***	Wert	Wert**	Wert**
Bildungshomogamie [a]	Wert*	Wert*	Wert*	Wert*	Wert*	Wert***
Beide katholisch [a]	Wert*	Wert*	Wert*	Wert*	Wert*	Wert*
Bildung Vater in Jahren	Wert**	Wert**	Wert**	Wert**	Wert**	Wert**
Bildung Ehefrau	Wert*	Wert*	Wert*	Wert*	Wert*	Wert*
Bildung Ehemann in Jahren	Wert**	Wert**	Wert**	Wert**	Wert**	Wert**
Ein-Eltern-Familie: Scheidung [a]	Wert**	Wert**	Wert**	Wert**	Wert**	Wert*
Ein-Eltern-Familie: Tod [a]	Wert*	Wert*	Wert*	Wert*	Wert*	Wert*
Ein-Eltern-Familie: sonstige [a]	Wert	Wert	Wert	Wert	Wert	Wert
Null-Eltern-Familie [a]	Wert*	Wert*	Wert*	Wert*	Wert*	Wert*
Familienorientierter Partnerschaftstyp [a]	Wert**	Wert**	Wert*	Wert**	Wert*	Wert*
Vereinbarkeit Beruf + Familienleben	Wert**	Wert**	Wert	Wert**	Wert**	Wert*
Einstellung zur Mutterrolle	Wert**	Wert**	Wert**	Wert**	Wert**	Wert*
Kindorientierte Ehepaare	Wert	Wert	Wert*	Wert	Wert	Wert***
Ökonomischer Nutzen von Kindern	Wert**	Wert**	Wert**	Wert**	Wert**	Wert**
Kennenlernen: B-F-V [a]	Wert**	Wert**	Wert*	Wert**	Wert*	Wert**
Kennenlernen: S-A-B [a]	Wert**	Wert**	Wert	Wert**	Wert**	Wert*
Mehrfachehe [a]	Wert**	Wert**	Wert*	Wert**	Wert	Wert**
Episoden						
Rechtszensierte Werte						
Loglikelihood						

Variablen im Basismodell	Weitere Uvs im erweiterten Modell	Weitere UVs im erweiterten Modell für Frauen/ Männer	Weitere UVs im erweiterten Modell 02

[a] Dummyvariable (0/1), [b] zeitabhängig, + p <0,1 * p < 0,05; p** <0,01, *** p <0,001

Anmerkungen:
Kindorientierte Ehepaare: Kann auch als emotionaler Nutzen von Kindern interpretiert werden
Kennenlernen: B-F-V: Kennenlernen durch Bekannte, Freunde oder Verwandte
Kennenlernen: S-A-B: Kennenlernen in Schule, Ausbildung, Beruf, Hobby, Verein oder beim Sport.

Quelle: Familiensurvey 2000, eigene Berechnungen.

Zusätzlich zum Basismodell werden in einem erweiterten Modell unabhängige Variablen einbezogen, die den Einfluss von Einstellungen gegenüber Kindern messen. Zum Beispiel misst eine Einstellungsvariable den ökonomischen Nutzen von Kindern, eine andere, ob Ehepaare mehr dem familienorientierten Partnerschaftstyp zuzuordnen sind oder nicht. Diese beiden Modelle werden, mit Ausnahme der letzten Tabelle, immer berechnet. Zusätzlich zum Basismodell werden die Modelle um jeweils zwei unabhängige Variablen, die den Erwerbstatus der befragten Frauen und Männer[187] während der Ehe zeitabhängig messen, erweitert. Ein weiteres Modell wird um vier Dummyvariablen, die Auskunft über den Typ der Herkunftsfamilie bestimmen, erweitert.[188] Die Struktur der multivariaten Modelle wird durch Tabelle 3 wiedergegeben.

Für verschiedene grafische Darstellungen werden vier Heiratskohorten 1961-1979, 1971-80, 1981-90, 1991-2000 unterschieden. In den multivariaten Modellen werden die Effekte der vier genannten Kohorten durch drei Dummyvariablen geschätzt und in zwei Unterkapiteln werden multivariate Modelle getrennt nach Kohorten[189] berechnet. Für die Schätzung der Hazardraten und des t-$\ln(t^2)$-Modells wird das Statistikprogramm SAS verwendet, ferner wird ein von Allison (2005: 260ff) für SAS programmiertes Makro zur Darstellung der Hazardraten eingefügt. Zur Verbesserung der grafischen Darstellung von Scheidungsraten nach der Ehedauer bewirkt eines dieser Makros die Glättung der Hazardraten. Um die Interpretation der multivariaten Ergebnisse zu erleichtern, wird in den Tabellen statt des β-Parameters der Antilogarithmus $\exp(\beta) = \alpha$[190] angegeben. Am Ende des Kapitels werden die aufgestellten Hypothesen anhand einer Übersicht zusammengefasst und bewertet.

---

187 Da nur die Erwerbsbiografie der Befragten erfasst wird, können die Analysen nur den Erwerbsstatus des Befragten untersuchen.
188 Aufgrund zu geringer Fallzahlen wird dieses Modell nur für eine Analyse verwendet.
189 Die Kohorten 1981-1990 und 1991-2000 wurden zusammengefasst.
190 Oder als α-Effekt.

5.1 Erste Befunde

Nachdem im Kapitel 4.1 bereits ein Überblick über die Stichprobe gegeben wur-de, werden an dieser Stelle nur die bedeutsamsten deskriptiven Befunde vorge-stellt.

In Tabelle 4 werden die Mittelwerte der in den multivariaten Modellen ein-bezogenen unabhängigen Variablen – mit Ausnahme der zentralen Kindvariablen – dargestellt. Nachfolgend werden aufschlussreiche Ergebnisse und Unterschiede zwischen West- und Ostdeutschland erörtert. Die durchschnittliche Ehedauer bis zur Scheidung beträgt bei Erstehen 9,87 Jahre, zwischen West- und Ostdeutsch-land liegen etwa eineinhalb Jahre Unterschied. Während westdeutsche Ehen erst nach etwa zehn Jahren und drei Monaten geschieden werden, sind es in Ost-deutschland etwas mehr als neuneinhalb Jahre. Bedeutsame Unterschiede zwi-schen West- und Ostdeutschland finden sich ferner bei dem Heiratsalter von Männern und Frauen, beim Wohneigentum, bei der Kirchgangshäufigkeit, der kirchlichen Heirat, der Religionszugehörigkeit beider Partner sowie den Fragen zur Einstellung gegenüber Kindern. Ostdeutsche Männer heiraten mit 24,42 Jahren durchschnittlich über zwei Jahre früher als westdeutsche Männer, etwas geringer ist der Unterschied bei Frauen, die Differenz beträgt hier etwas mehr als eineinhalb Jahre. Fast 1,4-mal so häufig besitzen westdeutsche Ehepaare ge-meinsames Wohneigentum (über 36 %), ostdeutsche Ehepaare jedoch nur etwa zu 26 %. Systembedingt finden sich enorme Unterschiede in Bezug auf die re-gelmäßige Kirchgangshäufigkeit[191] und die Religionszugehörigkeit. Während in Westdeutschland etwa 18 % regelmäßig am Gottesdienst teilnehmen, sind es in Ostdeutschland hingegen nur etwa 3 %. Ehen, in denen beide Partner die katholi-sche Konfession besitzen, sind in Westdeutschland mit fast 40 %, in Ostdeutsch-land aber nicht einmal mit 1 % vertreten. In Ostdeutschland sind über 37 % der Ehepaare familienorientiert, in Westdeutschland lediglich 25 %. Dagegen weisen westdeutsche Ehen eine stärker traditionelle Familienorientierung auf als ost-deutsche Ehen, im Gegensatz dazu sind ostdeutsche stärker an dem ökonomi-schen Nutzen von Kindern interessiert als westdeutsche. Von den untersuchten Ehen wurden die meisten (ca. 34 %) zwischen 1981 und 1990 geschlossen, zwi-schen 1971 und 1980 und zwischen 1991 und 2000 haben jeweils etwa 26 % der Befragten geheiratet, die restlichen 13 % der Eheschließungen fanden zwischen 1961 und 1970 statt. Im Vergleich zwischen West- und Ostdeutschland verhalten sich die Zahlen in Bezug auf die kleinste und größte Kohorte ähnlich, unterdes-sen wurden zwischen 1971 und 1980 in Ostdeutschland mehr als 34 %, aber in Westdeutschland nur ca. 26 % der Ehen geschlossen. Auffallend ist ferner, dass

---

191 Das sind Befragte, die mindestens ein- bis dreimal pro Monat die Kirche besuchen.

Tabelle 4: Mittelwerte[192] weiterer Variablen (gewichtet, im episodengesplitteten Datensatz)

	West	Ost	Gesamt
Ehedauer bei Scheidung [a]	10,27	8,55	9,87
Kohabitationsdauer [a]	1,41	1,15	1,38
Dauer von Beziehungsbeginn bis Haushaltsgründung [a]	2,14	2,19	2,11
Heiratsalter des Ehemanns [a]	26,69	24,42	26,32
Heiratsalter der Ehefrau [a]	24,04	22,38	23,79
Wohneigentum (0/1)	36,26	25,78	34,33
Kirchgangshäufigkeit (0/1)	17,41	3,35	14,83
Kirchliche Heirat (0/1)	69,61	22,65	60,98
Heiratskohorte 1961-1970 (0/1)	12,52	14,05	12,79
Heiratskohorte 1971-80 (0/1)	25,64	34,06	27,19
Heiratskohorte 1981-90 (0/1)	33,51	35,59	33,90
Heiratskohorte 1991-2000 (0/1)	28,33	16,31	26,12
Großstadt (0/1)	63,12	51,07	60,91
Bildungshomogamie(0/1)	76,93	77,14	76,79
Beide katholisch (0/1)	38,48	0,90	30,79
Bildung des Vaters [a]	9,42	9,46	9,43
Bildung der Ehefrau [a]	9,85	9,98	9,88
Bildung des Ehemannes [a]	10,00	10,01	10,00
Zwei-Eltern-Familie (0/1)	91,49	89,80	91,18
Ein-Eltern-Familie: Scheidung (0/1)	4,06	4,64	4,17

---

192 Arithmetisches Mittel.

	West	Ost	Gesamt
Beide katholisch (0/1)	38,48	0,90	30,79
Bildung des Vaters [a]	9,42	9,46	9,43
Bildung der Ehefrau [a]	9,85	9,98	9,88
Bildung des Ehemannes [a]	10,00	10,01	10,00
Zwei-Eltern-Familie (0/1)	91,49	89,80	91,18
Ein-Eltern-Familie: Scheidung (0/1)	4,06	4,64	4,17
Ein-Eltern-Familie: Tod (0/1)	1,93	1,84	1,91
Ein-Eltern-Familie: sonstige (0/1)	1,37	1,27	1,39
Null-Eltern-Familie (0/1)	1,15	2,45	1,38
Familienorientierter Partnerschaftstyp (0/1)	24,69	37,13	26,98
Einstellung zur Vereinbarkeit von Beruf + Familie (Index)[193]	0,80	0,66	0,78
Einstellung zur Mutterrolle (Index)[194]	0,54	0,53	0,55
Kindorientierte Ehepaare[195, 196]	0,93	0,95	0,94
Ökonomischer Nutzen von Kindern[197]	0,52	0,63	0,54
Kennenlernen: Bekannte, Freunde, Verwandte (0/1)	29,32	29,46	29,35
Kennenlernen: Schule, Ausbildung, Beruf, Hobby, Verein, Sport (0/1)	39,82	33,18	38,60
Kennenlernen: Urlaub, Anzeige, Kneipe oder Diskothek (0/1)	30,86	37,36	32,05
Mehrfachehe (0/1)	6,91	7,54	7,03
[a] in Jahren			

193 0,2= sehr egalitär bis 1 = sehr traditional.
194 0,25= sehr egalitär bis 1 = sehr traditional.
195 Kann auch als emotionaler Nutzen von Kindern interpretiert werden.
196 0,25 = wenig kindorientiert bis 1 = sehr kindorientiert.
197 0,25 = wenig am ökonomischen Nutzen der Kinder interessiert bis 1= stark am ökonomischen Nutzen der Kinder interessiert.

zwischen 1991 und 2000[198] in Westdeutschland mehr als 28 % der Befragten geheiratet haben, in Ostdeutschland aber nur annähernd 16 %. Weitere wichtige Mittelwerte werden in den nachfolgenden Unterkapiteln angesprochen. Wenden wir uns der Entwicklung der Ehescheidungen zu, gibt die grafische Darstellung zweier Raten der Ereignisanalyse, der Hazard- und Überlebensfunktion, einen direkten Eindruck der Verteilungsformen. Abbildung 13 beschreibt getrennt nach Heiratskohorten im gleitenden Fünfjahresdurchschnitt den Verlauf der Ehescheidungsraten für Gesamtdeutschland. Deutlich zu erkennen ist der erst ansteigende und nach einigen Jahren wieder abfallende Verlauf der Scheidungsrate, der vor allem für jüngere Heiratskohorten in etwa sichelförmig verläuft. Bis auf diesen ähnlichen Verlauf zeigen sich zwei deutliche Unterschiede im Ver gleich der Kohorten. Je jünger die Kohorte ist, desto höher ist das Scheidungsrisiko und desto schneller wird das Maximum der Scheidungsrate erreicht. Eine bessere Differenzierung zeigt Abbildung 14, hier werden die Überlebenswahrscheinlichkeiten für die vier Heiratskohorten getrennt für West- und Ostdeutschland gezeigt. Diese Verteilungen zeigen analog zu den oben genannten Hazardraten den Anstieg der Scheidungsraten im Kohortenverlauf. Mit Ausnahme der Heiratskohorte 1961-1970 ist deutlich zu erkennen, dass die Scheidungswahrscheinlichkeit in Ostdeutschland im Vergleich zu Westdeutschland jedoch deutlich höher ist und sich im Kohortenverlauf verstärkt. Sowohl in West- als auch in Ostdeutschland liegt die Überlebenswahrscheinlichkeit nach 15 Ehejahren bei annähernd 90 %, in Westdeutschland verläuft die Kurve hingegen gleichmäßiger, unterdessen sinkt sie in Ostdeutschland innerhalb der ersten Jahre stärker als in Westdeutschland.

---

198 Da die Befragung von Mai bis Anfang November 2000 durchgeführt wurde, ist davon auszugehen, dass die Zahlen der jüngsten Heiratskohorte den wahren Anteil nur gering unterschätzen.

128 5 Ergebnisse

Abbildung 13: Ehescheidungsraten nach der Ehedauer und der Heiratskohorte
(gleitende Fünfjahresdurchschnitte, Life-Table-Schätzung)

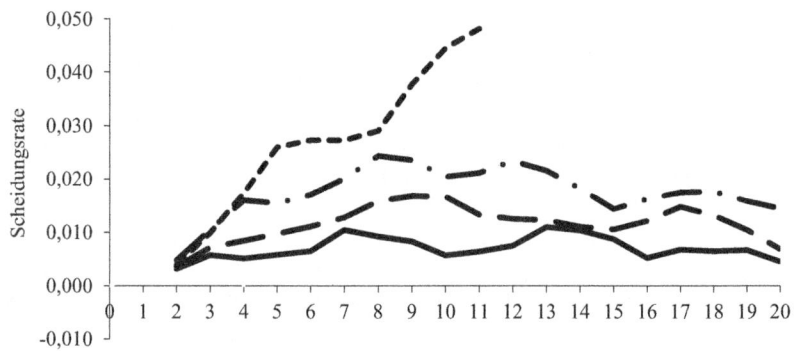

Ehedauer in Jahren

━━━━ Heiratskohorte 1961-1970
━ ━ Heiratskohorte 1971-1980
━ • Heiratskohorte 1981-1990
━━━• Heiratskohorte 1991-2000

Quelle: eigene Darstellung.

Abbildung 14: Anteil nicht geschiedener Ehen nach Heiratskohorten
(Survivalwerte, Life-Table-Schätzung)

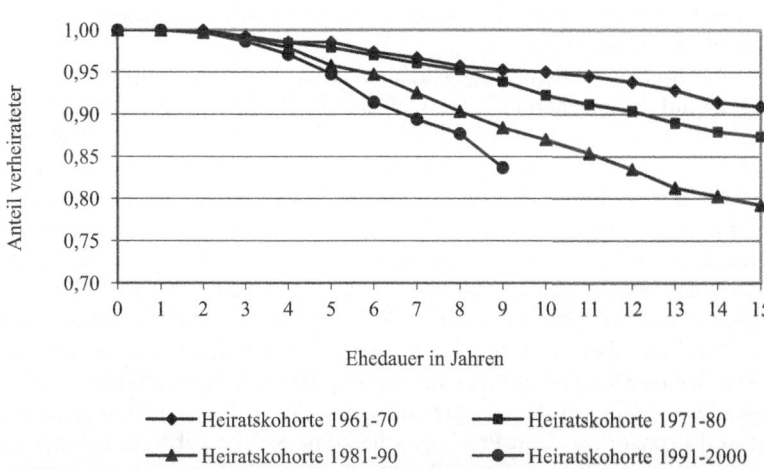

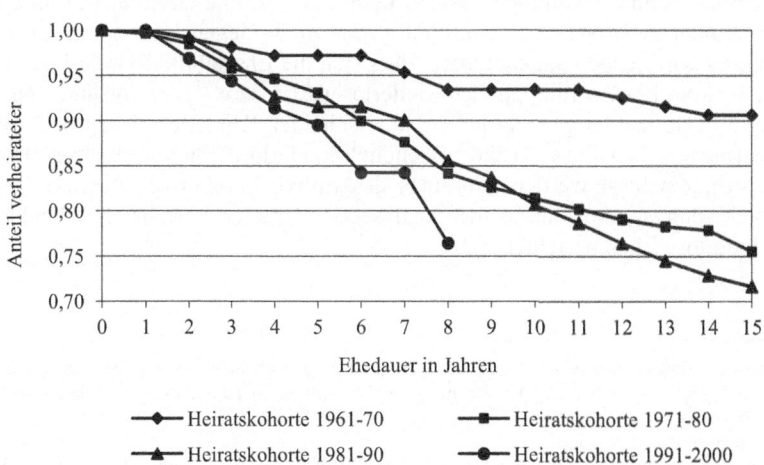

Quelle: Familiensurvey 2000, eigene Berechnungen.

5.2 Kinderlose Ehepaare

Die Bezeichnung kinderlose Ehepaare wird in der vorliegenden Untersuchung für Befragte gewählt, die überhaupt keine Kinder, das heißt weder uneheliche noch leibliche[199] Kinder, besitzen. Aus den genannten Theorien lässt sich für diese Ehepaare keine Hypothese ableiten, dennoch wird in diesem Abschnitt kurz darauf eingegangen.

In empirischen Studien zum Scheidungsrisiko wird der Einfluss von Kinderlosigkeit auf die Ehestabilität überwiegend durch die Variable „eheliche Kinderlosigkeit" gemessen. Je nachdem wie diese Variable operationalisiert wird, sind unterschiedliche Ergebnisse zu erwarten. Es kann unterschieden werden, ob Ehepaare keine Kinder vor der Ehe besitzen und keine Kinder in der Ehe gebären oder ob Ehepaare Kinder vor der Ehe besitzen und in der Ehe keine Kinder gebären. Diese Unterscheidung wird in den meisten empirischen Studien nicht getroffen. Diese mangelhafte Differenzierung hat zur Folge, dass Unterschiede in den Scheidungsraten, die aufgrund unterschiedlicher Kindschaftsverhältnisse auftreten, unentdeckt bleiben. In Kapitel 5.3.1 wird ausführlich auf den Einfluss verschiedener Kindschaftsverhältnisse und die Ehestabilität eingegangen.

An dieser Stelle wird nun untersucht, wie hoch das Scheidungsrisiko für kinderlose Ehepaare ist, denn Personen, die keine Kinder gebären, nehmen eine Sonderstellung gegenüber anderen Ehepaaren, die zum Beispiel keine Kinder in der Ehe gebären, ein. Kinderlose Ehepaare haben sich unter Umständen bewusst dazu entschlossen, keine Kinder zu gebären, oder haben keine kindorientierte Einstellung[200] und bekommen deshalb keine Kinder. Die Gründe, warum Paare keine Kinder gebären, sind mannigfaltig und nicht Gegenstand dieser Untersuchung. Es wird jedoch angenommen, dass sich die Ehestabilität kinderloser Ehepaare von der Ehestabilität ehelich-kinderloser Ehepaare[201], die vor und während der Ehe keine Kinder gezeugt haben, unterscheidet. Kinderlose Ehepaare sollten ein geringeres Scheidungsrisiko als ehelich-kinderlose Ehen aufweisen (Hypothese 1a). Zunächst werden allerdings deskriptive Ergebnisse und der Verlauf des Scheidungsrisikos durch die Analyse der Überlebenswahrscheinlichkeiten für kinderlose Ehen berichtet.

---

199 Kinder können insgesamt untergliedert werden in: 1) unehelich, das sind Kinder mit einem anderen Partner, 2) voreheliche Kinder mit dem Ehepartner, 3) adoptierte oder Pflegekinder, 4) eheliche Kinder.

200 Siehe Kapitel 2.1.2 und 2.1.3.

201 Um den Lesefluss nicht zu behindern, wird nachfolgend nur noch von ehelich-kinderlosen Ehen gesprochen (und auf den Zusatz „die vor und während der Ehe keine Kinder gezeugt haben") verzichtet).

Wie aus Tabelle 5 hervorgeht, sind nahezu 12 % der Ehen kinderlos, in Westdeutschland – abhängig von der Heiratskohorte – doppelt so häufig wie in Ostdeutschland. Im Kohortenverlauf werden zunehmend weniger Kinder geboren. In Ostdeutschland nimmt die Kinderlosigkeit im Kohortenverlauf deutlich stärker zu als in Westdeutschland und ist in der Heiratskohorte 1981-2000 (mit über 20 %) annähernd so hoch wie in Westdeutschland. Von den kinderlosen Befragten geben 72,10 Prozent an, dass sie keine Kinder möchten.[202] Dies unterstützt die Vermutung, dass die hier angesprochene Gruppe eine Sonderstellung einnimmt und aus diesem Grund untersucht werden sollte.

Tabelle 5:   Anteil kinderloser Ehepaare

		Kinderlose Ehen[203.]			
	Alle	Heiratskohorte 1961-1970	Heiratskohorte 1971-1980	Heiratskohorte 1981-1990	Heiratskohorte 1991-2000
West	12,73	7,22	12,42	11,10	20,90
Ost	7,97	3,87	5,83	7,63	19,01
Gesamt	11,45	6,54	10,89	10,74	20,75

Anmerkung:
Die Mittelwerte der 0/1-codierten Variablen entsprechen den Anteilwerten *100 der mit 1 codierten Kategorie.

Quelle: Familiensurvey 2000, eigene Berechnungen.

Einen ersten Eindruck, wie sich das Scheidungsrisiko für kinderlose Ehen im Vergleich zu Ehen mit mindestens einem Kind entwickelt, zeigt die grafische Analyse mittels der Überlebenswahrscheinlichkeiten für West- und Ostdeutschland (siehe Abbildung 15 und 16). Kinderlose Ehepaare werden in beiden Teilen Deutschlands häufiger geschieden als Ehepaare mit mindestens einem Kind. Für diese Ehen ist das Scheidungsrisiko nach 20 Ehejahren in Westdeutschland et-

---

202 Dieser Befund wird in keiner Tabelle dargestellt. Durch die Daten des Familiensurvey 2000 kann nicht geklärt werden, wie viele Befragte aus medizinischen Gründen kinderlos sind.
203 Bei den Berechnungen werden nur die Geburtsjahrgänge der befragten Frauen bis 1970, das heißt mindestens 30-jährige, berücksichtigt, da bei jüngeren Personen davon ausgegangen werden kann, dass sie noch weitere Kinder gebären.

was höher als in Ostdeutschland. Das Scheidungsrisiko ist für Ehepaare mit mindestens einem Kind in Westdeutschland etwas geringer und erhöht sich im Zeitverlauf gleichmäßiger als in Ostdeutschland. Deutliche Unterschiede zeigen sich
für kinderlose Ehepaare zwischen West- und Ostdeutschland bis zu einer Ehedauer von etwa 16 Jahren. In Westdeutschland erhöht sich das Scheidungsrisiko
in den ersten acht Ehejahren regelmäßiger und sinkt zwischen acht und sechzehn
Ehejahren stärker ab, um danach wieder gleichmäßiger zu verlaufen. In Ostdeutschland ist das Scheidungsrisiko sowohl für Ehepaare mit Kindern als auch
für kinderlose Ehepaare bis zum sechsten Ehejahr annähernd gleich hoch, danach
erhöht sich für kinderlose Ehepaare das Scheidungsrisiko um durchschnittlich
5 % stärker als bei Ehepaaren mit Kindern. Zwischen dem sechsten und elften
beziehungsweise dreizehnten Ehejahr ist ein besonders hoher Anstieg des Scheidungsrisikos für kinderlose Ehepaare zu berichten, der danach regelmäßiger
verläuft.

Abbildung 15: Anteil nicht geschiedener Ehen nach Kinderlosigkeit für
Westdeutschland (Survivalwerte, Life-Table-Schätzung)

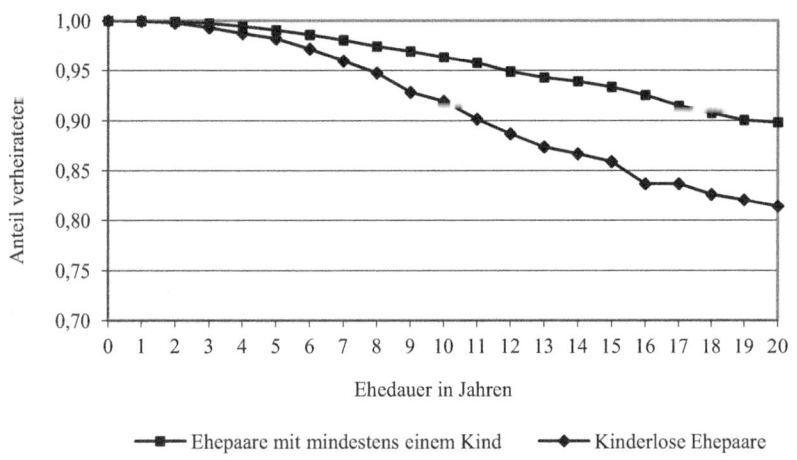

Quelle: Familiensurvey, eigene Berechnungen.

Zur Untersuchung der Höhe des Scheidungsrisikos für kinderlose Ehepaare werden anschließend die multivariaten Ergebnisse (Tabelle 6 und Tabelle 7) erörtert.
Zur Überprüfung der Hypothese (1a), dass kinderlose Ehepaare ein geringeres

Scheidungsrisiko als ehelich-kinderlose Ehen aufweisen, wird in einem ersten Schritt (vergleiche Abbildung 17, ①) das Scheidungsrisiko für kinderlose Ehen (Modell 2, Tabelle 6 und Tabelle 7) im Vergleich zu Ehen mit Kindern untersucht. Im zweiten Schritt wird berechnet, wie hoch das Scheidungsrisiko für ehelich-kinderlose Ehepaare (vergleiche Abbildung 17, ②) ausfällt, um die Werte anschließend denen der kinderlosen Ehen (Modell 2, Modell 2, Tabelle 6 und Tabelle 7) gegenüberzustellen. Dazu wurde der Kehrwert der Variablen „eheliche Kinder" aus Tabelle 9 und Tabelle 10 (Modell 2) gebildet.

Abbildung 16: Anteil nicht geschiedener Ehen nach Kinderlosigkeit für Ostdeutschland (Survivalwerte, Life-Table-Schätzung)

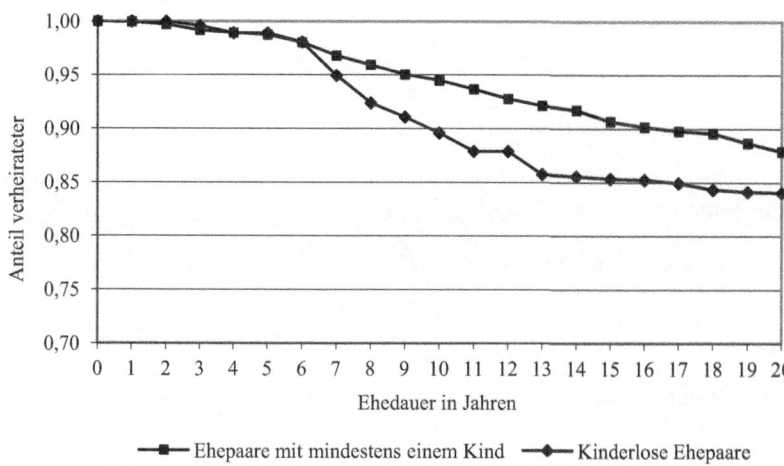

Quelle: Familiensurvey, eigene Berechnungen.

Abbildung 17: Operationalisierung der Variable „Kinderlose Ehen" in verschiedenen multivariaten Modellen

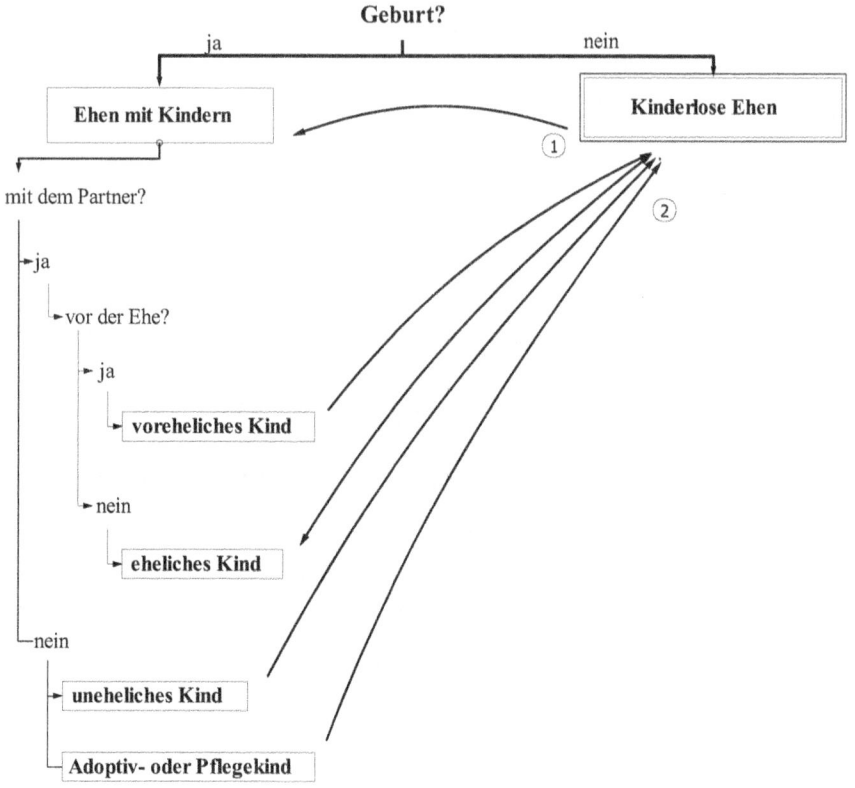

Quelle: eigene Darstellung.

In diesen Modellen, die den Einfluss der verschiedenen Kindschaftsverhältnisse auf das Scheidungsrisiko widerspiegeln, werden durch vier Dummyvariablen die vier möglichen Kindschaftsverhältnisse der erstgeborenen Kinder der Referenzkategorie „kinderlose Ehen" gegenübergestellt. Wird der Kehrwert von ehelichen Kindern zu kinderlosen Ehen gebildet, kann somit das Scheidungsrisiko für ehelich-kinderlose Ehepaare ermittelt werden. In West- und Ostdeutschland weisen kinderlose Ehepaare[204] (vgl. Modell 1 und 2 in Tabelle 6 und Tabelle 7) ein signifikant höheres Scheidungsrisiko auf als Ehepaare mit Kindern. In Westdeutschland erhöht sich für alle kinderlosen Befragten das Scheidungsrisiko, je nach Modell, um bis zu 124 % und in Ostdeutschland um bis zu 169 %. Werden die Modelle (Modelle 3 bis 6 in Tabelle 6 und Tabelle 5) getrennt nach dem Geschlecht der Befragten betrachtet, zeigen sich starke Unterschiede zwischen den befragten Frauen und Männern. In West- und Ostdeutschland weisen kinderlose Ehepaare[205] (vgl. Modelle 1 und 2 in Tabelle 6 und Tabelle 7) ein signifikant höheres Scheidungsrisiko auf als Ehepaare mit Kindern. In Westdeutschland erhöht sich für alle kinderlosen Befragten das Scheidungsrisiko, je nach Modell, um bis zu 124 % und in Ostdeutschland um bis zu 169 %. Werden die Modelle (Modelle 3 bis 6 in Tabelle 6 und Tabelle 5) getrennt nach dem Geschlecht der Befragten betrachtet, zeigen sich starke Unterschiede zwischen den befragten Frauen und Männern.

Diese Ergebnisse finden sich ebenso in anderen Studien der Scheidungsforschung wieder. Nach Wagner (1997: 138f) und Gostomski (1997a: 85ff) (vergleiche Kapitel 4.3.2) sollte das Scheidungsrisiko zwischen befragten Frauen und Männern variieren. Folgen wir der Argumentation von Wagner (1997: 138f), sollte das Scheidungsrisiko bei den befragten Männern unterschätzt werden, da Männer öfter ungenauere Angaben in Erhebungen abgeben und durchschnittlich später heiraten als Frauen. Ebenso sind geschlechtsspezifische Scheidungsraten mit unterschiedlicher Teilnahmehäufigkeit von Männern und Frauen[206] an Umfragen zu erklären. In dieser Untersuchung ist die Teilnahme an der Befragung in Bezug auf das Geschlecht der Geschiedenen (vergleiche Tabelle 26[207]) allerdings nahezu ausgewogen. Nur in Ostdeutschland nehmen etwa 1,3-mal mehr geschiedene Frauen als Männer an der Befragung teil. Aus diesem Grund sollte das Scheidungsrisiko für ostdeutsche Befragte über schätzt werden. Um zu untersuchen, ob es geschlechtsspezifische Scheidungsraten im Zusammenhang zwischen Ehepaaren mit und ohne Kinder, insbesondere bei kinderlosen Ehen, gibt, müssen die Daten der Stichprobe mit anderen Datenquellen wie dem Mikrozensus verglichen werden. Aufgrund mangelnder Datengrundlage der amtlichen Statistik – die Geburtenstatistik liefert „keine Informationen über die Zahl der Frauen, die keine Kinder bekommen sowie über den sozioökonomischen Hintergrund der Frauen mit und ohne Kind(ern)" (Pötsch 2007: 260) – und des Mikrozensus [208] zur Kinderlosigkeit nach dem Familienstand – können nur Vermutungen ange-

---

204 Wenn sie nicht nach dem Geschlecht unterschieden werden.
205 Wenn sie nicht nach dem Geschlecht unterschieden werden.
206 Frauen (besonders mit Kindern im Haushalt) nehmen häufiger an Umfragen teil als Männer.
207 Gewichtete Anteile.
208 Fragen zur Kinderlosigkeit wurden erstmals im Mikrozensus 2008 erfragt.

führt werden. Der Vergleich der Mittelwerte (siehe Tabelle 28) zeigt starke Unterschiede bezüglich des Anteils kinderloser Frauen und Männer getrennt nach verheirateten und geschiedenen Ehen. In West- und Ostdeutschland sind einerseits kinderlose befragte Frauen gegenüber befragten Männern stark unterrepräsentiert, andererseits sind in Westdeutschland weitaus weniger geschiedene Frauen kinderlos als geschiedene Männer. In Ostdeutschland sind hingegen fast doppelt so viele verheiratete Frauen kinderlos wie geschiedene. Vermutlich wird das Scheidungsrisiko für kinderlose geschiedene Frauen unterschätzt und für geschiedene Männer überschätzt, weiterhin können die nicht signifikanten Ergebnisse für ostdeutsche Frauen (vergleiche Tabelle 7) auf der ungleichen Verteilung zwischen Frauen und Männern in Ostdeutschland beruhen.

In Westdeutschland weisen kinderlose Frauen[209] zwar ein stark erhöhtes Scheidungsrisiko auf, das zwischen ca. 50 % und 70 % höher ist als bei der Referenzgruppe, dagegen liegt das Scheidungsrisiko der kinderlosen Männer über 200 %. In Ostdeutschland sind die Ergebnisse für kinderlose befragte Frauen nicht signifikant, während Kinderlosigkeit bei befragten Männern hochsignifikant das Scheidungsrisiko um über 300 % erhöht. Das Scheidungsrisiko kinderloser Ehen (Modell 2 in Tabelle 6 und Tabelle 7) wird nun dem ehelich-kinderloser[210] gegenübergestellt (vergleiche Modelle 2 und 4 in Tabelle 9), um Hypothese (1a) zu untersuchen. Ehelich-kinderlose Ehepaare weisen in Westdeutschland ein um den Faktor 2,512[211] (= 1,512 %) höheres Scheidungsrisiko auf, in Ostdeutschland beträgt der Faktor 2,277[212] beziehungsweise das Scheidungsrisiko ist um 1,277 % im Vergleich zur Referenzkategorie erhöht. Stellt man diesen Werten die oben genannten Werte kinderloser Ehen (2,203 in Westdeutschland und 1,785 in Ostdeutschland) gegenüber, wird die Hypothese (1a)[213] für West- und Ostdeutschland bestätigt.

An dieser Stelle wird außerdem ein Blick auf die unabhängigen Variablen geworfen, die den Einfluss zwischen dem Scheidungsrisiko und den Einstellungen gegenüber Kindern widerspiegeln. Die Einstellungsvariablen gegenüber Kindern (Tabelle 6 Modelle 2, 4 und 6) zeigen in Westdeutschland überwiegend signifikante ehestabilisierende Effekte. In Ostdeutschland üben sie, mit Ausnahme der Einstellung zur Mutterrolle, positive und negative Effekte auf die Ehestabilität aus.

---

209 Im Folgenden steht die Bezeichnung Frauen für befragte Frauen (von Frauen berichtete Ehen) und Männer für befragte Männer (von Männern berichtete Ehen).

210 Indem der Kehrwert berechnet wird.

211 Denn der Kehrwert von ehelichen Kindern im Vergleich zu kinderlosen Ehen beträgt 1/0,398.

212 Denn der Kehrwert von ehelichen Kindern im Vergleich zu kinderlosen Ehen beträgt 1/0,440.

213 Kinderlose Ehepaare weisen ein geringeres Scheidungsrisiko als ehelich-kinderlose Ehen auf.

Tabelle 6: Scheidungsrisiko für kinderlose Ehepaare in Westdeutschland (gewichtet)

	Alle		Frauen		Männer	
	Modell 1	Modell 2	Modell 3	Modell 4	Modell 5	Modell 6
Ehedauer [b]	0,961***	0,961***	0,942***	0,942***	0,980*	0,980*
ln (Ehedauer^2) [b]	1,656***	1,656***	1,657***	1,659***	1,655***	1,655***
Kinderlos [a]	2,244***	2,203***	1,699***	1,507**	2,718***	3,065***
Kohabitationsdauer	0,970+	0,951*	0,887***	0,861***	1,062*	1,041
Dauer bis Haushaltsgründung	0,960+	0,960	0,980	1,000	0,940+	0,960
Heiratsalter der Ehefrau	1,010	1,020+	0,990	0,990	1,020	1,041
Heiratsalter des Ehemanns	1,000	1,000	1,000	1,000	1,010	1,000
Wohneigentum [a]	0,372***	0,357***	0,353***	0,357***	0,372***	0,320***
Kirchgangshäufigkeit [a]	0,644***	0,763***	0,638***	0,712***	0,677***	0,763*
Kirchliche Heirat [a]	0,719***	0,779***	0,600***	0,684***	0,878	1,051
Frau vollzeiterwerbstätig [a, b]				1,733***		
Frau teilzeiterwerbstätig [a, b]				1,051		
Mann vollzeiterwerbstätig [a, b]						0,320***
Mann teilzeiterwerbstätig [a, b]						0,794***
Heiratskohorte 1971-80 [a]	1,583***	1,568**	2,096***	2,203	2,209	2,140
Heiratskohorte 1981-90 [a]	2,702***	2,718***	2,746***	2,906***	2,998***	3,706***
Heiratskohorte 1991-2000 [a]	3,006***	3,404***	3,190***	3,896**	3,010***	3,975**
Bildungshomogamie [a]	0,872***	0,874***	0,861***	0,864***	0,888	0,895
Beide katholisch [a]	0,997	0,998	1,002	1,010	0,997	0,993
Bildung Vater in Jahren	0,878***	0,844***	0,923*	0,905**	0,795***	0,741***
Bildung Ehefrau	1,010	1,010	1,127***	1,139**	0,896**	0,923*
Bildung Ehemann in Jahren	0,970+	0,951*	0,942+	0,951	1,030	1,020
Familienorientierter Partnerschaftstyp [a]		0,968***		0,974***		0,956***
Vereinbarkeit Beruf + Familienleben		0,779+		1,185		0,527*
Einstellung zur Mutterrolle		0,827***		0,834**		0,803***
Kindorientierte Ehepaare		0,554**		1,271		0,247***
Ökonomischer Nutzen von Kindern		0,748*		1,699**		0,411***
Kennenlernen: B-F-V [a]	0,756***	0,726***	0,684***	0,631***	0,779*	0,705***
Kennenlernen: S-A-B [a]	0,827**	0,835**	0,852+	0,861+	0,741**	0,677***
Mehrfachehe [a]	2,368***	2,375***	2,284***	2,438***	2,524***	2,545***
Episoden	30485	29713	18277	16401	12208	11368
Rechtszensierte Werte	328	320	200	184	128	125
Loglikelihood	-2384,361	-2322,564	-1356,538	-1203,090	-1027,812	-957,447

[a] Dummyvariable (0/1), [b] zeitabhängig, + p <0,1 * p < 0,05; p** <0,01, *** p <0,001

Anmerkungen:
Kindorientierte Ehepaare: Kann auch als emotionaler Nutzen von Kindern interpretiert werden
Kennenlernen: B-F-V: Kennenlernen durch Bekannte, Freunde oder Verwandte
Kennenlernen: S-A-B: Kennenlernen in Schule, Ausbildung, Beruf, Hobby, Verein oder beim Sport.

Quelle: Familiensurvey 2000, eigene Berechnungen.

Tabelle 7: Scheidungsrisiko für kinderlose Ehepaare in Ostdeutschland (gewichtet)

	Alle		Frauen		Männer	
	Modell 1	Modell 2	Modell 3	Modell 4	Modell 5	Modell 6
Ehedauer [b]	0,901***	0,923***	0,905***	0,905***	0,923***	0,942**
ln (Ehedauer²) [b]	1,657***	1,657***	1,658***	1,659***	1,657***	1,656***
Kinderlos [a]	1,851**	1,785*	0,970	0,684	2,777**	2,748*
Kohabitationsdauer	1,094**	1,083*	1,246***	1,234***	1,030	1,010
Dauer bis Haushaltsgründung	1,000	1,010	1,000	1,041	0,980	0,980
Heiratsalter der Ehefrau	0,942**	0,951**	0,923**	0,905***	0,951*	0,961
Heiratsalter des Ehemanns	0,970*	0,970*	1,000	1,020	0,932**	0,932*
Wohneigentum [a]	0,364***	0,395***	0,357***	0,368***	0,304***	0,411***
Kirchgangshäufigkeit [a]	1,015***	1,018***	1,000	1,001	1,033***	1,047***
Kirchliche Heirat [a]	0,844	0,923	0,970	0,914	0,543**	0,607*
Frau vollzeiterwerbstätig [a, b]				1,010		
Frau teilzeiterwerbstätig [a, b]				0,463**		
Mann vollzeiterwerbstätig [a, b]						0,423***
Mann teilzeiterwerbstätig [a, b]						1,042***
Heiratskohorte 1971-80 [a]	1,313*	1,246*	1,246	1,336	1,348***	1,259+
Heiratskohorte 1981-90 [a]	2,018***	2,014***	2,018**	2,024*	2,381***	2,286***
Heiratskohorte 1991-2000 [a]	1,835*	1,822*	1,756*	1,763	2,507***	2,482**
Bildungshomogamie [a]	1,026*	1,029*	1,005	1,013	1,043*	1,049**
Beide katholisch [a]	0,725**	0,715***	0,862	0,890	0,709***	0,656***
Bildung Vater in Jahren	0,923*	0,887***	0,878**	0,811***	0,951	0,932**
Bildung Ehefrau	0,914**	0,914*	0,844***	0,905*	1,083	1,030**
Bildung Ehemann in Jahren	1,094*	1,116**	1,062	1,020	1,116*	1,185**
Familienorientierter Partnerschaftstyp [a]		1,020*		1,055***		0,957**
Vereinbarkeit Beruf + Familienleben		1,005		1,023		1,064+
Einstellung zur Mutterrolle		0,824***		0,780***		0,894+
Kindorientierte Ehepaare		0,883**		0,847**		1,092
Ökonomischer Nutzen von Kindern		1,537*		1,185		2,270*
Kennenlernen: B-F-V [a]	0,932	0,923	1,020	0,980	0,712*	0,741*
Kennenlernen: S-A-B [a]	1,030**	1,033**	0,997	0,977	1,065***	1,076***
Mehrfachehe [a]	2,768***	2,724***	2,924***	2,757****	2,487***	2,933***
Episoden	8834	8659	5080	4818	3754	3509
Rechtszensierte Werte	144	138	83	79	61	55
Loglikelihood	-740,884	-726,468	-425,406	-403,852	-315,465	-294,933

[a] Dummyvariable (0/1), [b] zeitabhängig, + p <0,1 * p < 0,05; p** <0,01, *** p <0,001

Anmerkungen:
Kindorientierte Ehepaare: Kann auch als emotionaler Nutzen von Kindern interpretiert werden
Kennenlernen: B-F-V: Kennenlernen durch Bekannte, Freunde oder Verwandte
Kennenlernen: S-A-B: Kennenlernen in Schule, Ausbildung, Beruf, Hobby, Verein oder beim Sport.

Quelle: Familiensurvey 2000, eigene Berechnungen.

Der vermutete Zusammenhang zwischen familienorientierten Ehepaaren und Ehestabilität kann in Westdeutschland für alle Modelle und ostdeutsche Männer bestätigt werden. Familienorientierte Befragte haben in Westdeutschland ein etwas geringeres Scheidungsrisiko als weniger familienorientierte Ehepaare, es liegt je nach Modell zwischen –4,4 % und 2,6 %. Alle familienorientierten Ehepaare in Ostdeutschland zeigen (Tabelle 7, Modell 2) ein um 2 % erhöhtes Scheidungsrisiko. Für familienorientierte Frauen ist das Scheidungsrisiko um 5,5 % höher als für nicht familienorientierte Frauen, während es für familienorientierte Männer um –4,3 % geringer ist als für nicht familienorientierte Männer. Je traditioneller die Einstellung zu Beruf und Familienleben ausfällt, desto geringer ist das Scheidungsrisiko, diese Hypothese lässt sich nur für Westdeutschland, mit Ausnahme von befragten Frauen, aber nicht für ostdeutsche Ehepaare bestätigen. In Westdeutschland liegt das Scheidungsrisiko für traditionell eingestellte Ehepaare im Modell für alle Befragten bei ca. -22 % und für Männer bei etwa -47 %. In Ostdeutschland besteht kein signifikanter Zusammenhang im Modell für alle Befragten und für Frauen, ebenso für westdeutsche Frauen. Nur für befragte Männer in Ostdeutschland zeigt sich eine Tendenz[214] zur Verminderung der Ehestabilität um 6,4 %.

Der zahlreich beschriebene ehestabilisierende Effekt zwischen traditioneller Einstellung zur Mutterrolle und dem Scheidungsrisiko wird für West- und Ostdeutschland bestätigt. In Westdeutschland ist die Scheidungswahrscheinlichkeit für traditionelle Ehepaare in allen Modellen auf einem ähnlich niedrigen Niveau, abhängig vom Modell geht sie um bis zu –19,7 % zurück. Je traditioneller die ostdeutschen Befragten zur Mutterrolle eingestellt sind, desto geringer ist das Scheidungsrisiko, für alle Befragten beträgt es –17,6 %, für Frauen –22 % und für Männer –10,6 %.

Kindorientierte Befragte sollten in Übereinstimmung mit der genannten Hypothese in stabileren Ehen leben. Diese Annahme wird für Frauen in Westdeutschland und Männer in Ostdeutschland abgelehnt. Je kindorientierter Ehepaare in Westdeutschland sind, desto geringer ist das Scheidungsrisiko für alle Befragten (ca. –22 %) und Männer (ca. –47 %), die Ergebnisse für Frauen sind nicht signifikant. In Ostdeutschland reduziert die Kindorientierung im Modell für alle Befragten das Scheidungsrisiko um –11,7 %, für Frauen um –15,3 %, nur für befragte Männer ist kein signifikanter Zusammenhang zu ermitteln.

Die Hypothese, dass sich in modernen Wohlfahrtsgesellschaften die Bedeutung des ökonomischen Nutzens von Kindern vermindert und aus diesem Grund in Deutschland keine Rolle für die Stabilität von Ehen mehr spielt, kann nur für ostdeutsche Frauen bestätigt werden. Wird der ökonomische Nutzen von Kin-

---

214 Da das Signifikanzniveau bei 10 % liegt.

dern in Westdeutschland hoch bewertet, sinkt für alle Befragten das Scheidungsrisiko um –25,2 %, für Männer um –58,9 %, allerdings steigt es für Frauen um
69,9 % an. Je höher ostdeutsche Ehepaare die Bedeutung des ökonomischen
Nutzens von Kindern einschätzen, desto höher ist das Scheidungsrisiko für alle
Befragten (53,7 %), für Männer steigt es um 127 %, mit Ausnahme von Frauen,
hier sind die Ergebnisse nicht signifikant.

5.3 Kindschaftsverhältnisse

Je nachdem in welchem Kindschaftsverhältnis Kinder zu den Ehepaaren stehen
oder welche Charakteristika, zum Beispiel welches Alter oder Geschlecht, sie
besitzen, wird ihr Einfluss auf die Ehestabilität unterschiedlich ausfallen. In den
folgenden Kapiteln ist dies Gegenstand der Untersuchungen, im Anschluss werden die aufgestellten Hypothesen erforscht.

In diesem Abschnitt werden unterschiedliche Kindschaftsverhältnisse und
ihr Einfluss auf die Ehestabilität beleuchtet. Im ersten Unterabschnitt wird die
Wirkung verschiedener Kindschaftsverhältnisse auf die Ehestabilität erörtert,
während im zweiten Unterabschnitt eheliche Kinder und Interaktionseffekte
untersucht werden.

5.3.1 Verschiedene Kindschaftsverhältnisse

Mittels der detaillierten Untersuchung verschiedener Kindschaftsverhältnisse
und deren Einfluss auf die Ehestabilität lassen sich die zentralen Hypothesen der
Scheidungsforschung in Bezug auf Kinder überprüfen. Nur die exakte Differenzierung der unterschiedlichen Kindschaftsverhältnisse ermöglicht eindeutige
Aussagen über den Einfluss von Kindern auf die Ehestabilität.

Für die Berechnung der multivariaten Ergebnisse werden zwei Sets von
Dummyvariablen gebildet, die danach unterscheiden, in welchem Kindschaftsverhältnis das erste Kind zu dem Befragten steht (siehe siehe Abbildung
17, ②, für Set 1). Im ersten Set sind diese Dummyvariablen uneheliche Kinder,
voreheliche Kinder, Adoptiv- oder Pflegekinder oder eheliche Kinder. Das zweite Set unterscheidet sich dahin gehend vom ersten, dass voreheliche Kinder
durch eine Dummyvariable ersetzt werden, welche Kinder erfasst, die bis zu vier
Monate nach der Heirat zur Welt kommen. Für jedes Set werden vier Modelle
(Tabelle 9 und Tabelle 10) analysiert. Werden Kinder vor der Ehe gezeugt, ist
davon auszugehen, dass die Paare aufgrund der Schwangerschaft eher heiraten
als andere Paare. Ehepaare mit „Viermonatskindern" sollten deshalb eine gerin-

gere Ehestabilität aufweisen als Ehepaare mit Kindern, die erst nach der Heirat gezeugt werden.

Tabelle 8: Ehen differenziert nach Kindschaftsverhältnissen und Anteile geschiedener Ehen in West- und Ostdeutschland (gewichtet)

Westdeutschland

Ehen mit:[215]	%	geschiedene Ehen mit:	%
unehelichen Kindern	9,31	unehelichen Kindern	16,87
nur unehelichen Kindern	3,19	nur unehelichen Kindern	5,16
Adoptiv- oder Pflegekindern	1,06	Adoptiv- oder Pflegekindern	1,73
nur Adoptiv- oder Pflegekindern	0,33	nur Adoptiv- oder Pflegekindern	0,16
vorehelichen Kindern	7,56	vorehelichen Kindern	14,12
Viermonatskindern	17,43	Viermonatskindern	32,90
ehelichen Kindern	73,86	ehelichen Kindern	57,67

Ostdeutschland

Ehen mit:[215]	%	geschiedene Ehen mit	%
unehelichen Kindern	16,09	unehelichen Kindern	26,70
nur unehelichen Kindern	3,76	nur unehelichen Kindern	3,80
Adoptiv- oder Pflegekindern	0,53	Adoptiv- oder Pflegekindern	2,60
nur Adoptiv- oder Pflegekindern	0,26	nur Adoptiv- oder Pflegekindern	0,43
vorehelichen Kindern	22,28	vorehelichen Kindern	26,22
Viermonatskindern	33,59	Viermonatskindern	47,54
ehelichen Kindern	64,91	ehelichen Kindern	61,74

Anmerkung:
Die Mittelwerte der 0/1-codierten Variablen entsprechen den Anteilwerten *100 der mit 1 codierten Kategorien.

Quelle: Familiensurvey 2000, eigene Berechnungen.

Einen ersten deskriptiven Überblick über die untersuchten Kindschaftsverhältnisse[216] gibt Tabelle 8. In West- und Ostdeutschland ist der Anteil geschiedener

215 Die aufgeführten Gruppen schließen sich nicht gegenseitig aus, sodass sich die Prozentzahlen der Verteilungen nicht auf 100 addieren.
216 Hier werden auch die Anteile für Personen, die nur Adoptiv- oder Pflegekinder oder nur uneheliche Kinder besitzen, aufgeführt. Für die multivariaten Analysen wurde diese Unterscheidung nicht berücksichtigt.

Ehen mit ehelichen Kindern geringer als der aller Ehen mit ehelichen Kindern. Andererseits weisen geschiedene Ehen sowohl in West- als auch in Ostdeutschland, mit Ausnahme von westdeutschen Befragten mit nur Adoptiv- oder Pflegekindern, bei allen Kindschaftsverhältnissen höhere Anteile auf. Uneheliche Kinder sind in Westdeutschland mit 16,87 % und 26,70 % in Ostdeutschland mehr als 1,6-mal so häufig in geschiedenen Ehen zu finden wie bei allen Ehepaaren. In Westdeutschland haben geschiedene fast doppelt so häufig voreheliche Kinder als alle Ehepaare. Ostdeutsche Ehepaare besitzen mit über 22 % zwar weitaus mehr Kinder, die vor der Ehe gezeugt wurden, allerdings ist der Anteil geschiedener Ehen mit ca. 26 % aber in Relation zu Westdeutschland geringer. In Westdeutschland finden sich bei Adoptiv- und Pflegekindern im Hinblick auf geschiedene Ehen kaum Unterschiede zu allen Ehen, während in Ostdeutschland mit 0,43 % zu 0,26 % fast doppelt so viele geschiedene Personen Adoptiv- oder Pflegekinder besitzen.

Die grafische Analyse mittels der Überlebenswahrscheinlichkeiten für West- und Ostdeutschland[217] (Abbildung 18 und 19) gibt einen Eindruck über die Entwicklung der Scheidungswahrscheinlichkeit im Zeitverlauf. Sowohl in West- als auch in Ostdeutschland ist das Scheidungsrisiko für Ehepaare mit ehelichen Kindern deutlich geringer als für kinderlose Ehepaare. Einen ähnlichen Einfluss haben voreheliche Kinder in beiden Teilen Deutschlands, auch diese Ehen weisen nach etwa acht Ehejahren eine höhere Ehestabilität im Kohortenverlauf auf als kinderlose Ehepaare. In Westdeutschland sind bei Ehepaaren mit Adoptiv- oder Pflegekindern die Ergebnisse aufgrund der geringen Fallzahl nicht eindeutig interpretierbar. Ehepaare mit unehelichen Kindern haben im Kohortenverlauf ein etwas höheres Scheidungsrisiko als kinderlose Ehepaare, das nach etwa acht Ehejahren ansteigt. In Ostdeutschland zeigt sich ein anderes Bild. In diesem Teil Deutschlands haben Ehepaare mit Adoptiv- oder Pflegekindern in den ersten Ehejahren ein vergleichbar hohes Scheidungsrisiko wie kinderlose, das nach sechs Ehejahren im Vergleich zur Referenzkategorie deutlich zunimmt. Ehepaare mit unehelichen Kindern weisen im Zeitverlauf das höchste Scheidungsrisiko auf.

Die Ergebnisse der multivariaten Analysen (Tabelle 9 und Tabelle 10)[218] beschreiben, wie die verschiedenen Kindschaftsverhältnisse die Scheidungswahr-

---

217 Aufgrund der geringen Fallzahlen für Adoptiv- und Pflegekinder und uneheliche Kinder fehlen in der grafischen Darstellung nach einigen Jahren Ehedauer die Survivalwerte. Die Befunde können aus diesem Grund nur näherungsweise Auskunft über die Entwicklung im Kohortenverlauf geben.
218 Die Modelle werden nicht getrennt für Männer und Frauen berechnet, denn auf Grund der geringen Fallzahl der Dummyvariablen Adoptiv- und Pflegekinder und uneheliche Kinder ist mit nicht signifikanten Ergebnissen zu rechnen. Interessant wäre die Unterscheidung, ob die unehelichen Kinder von den befragten Frauen oder Männern stammen, da die Ergebnisse aber nicht signifikant

scheinlichkeit beeinflussen. In der Scheidungsforschung wird der Existenz von ehelichen[219] Kindern in Ehen ein ehestabilisierender Effekt zugeschrieben, diese allgemeinste Hypothese zum Einfluss von Kindern kann durch die Ergebnisse der multivariaten Analysen[220] bestätigt werden. In allen Modellen, sowohl für West- als auch für Ostdeutschland, erhöht sich durch das Vorhandensein eines ehelichen Kindes die Ehestabilität hochsignifikant. In Westdeutschland haben Ehepaare, deren erstes Kind in der Ehe geboren wurde, ein um etwa –60 % geringeres Scheidungsrisiko als Ehepaare ohne Kinder (Modelle 1 und 2 in Tabelle 9)[221], in Ostdeutschland liegt der Effekt im Modell 3 (Tabelle 9) bei –62,8 % und

Abbildung 18: Anteil nicht geschiedener Ehen nach Kindschaftsverhältnissen für Westdeutschland (Survivalwerte, gewichtet)

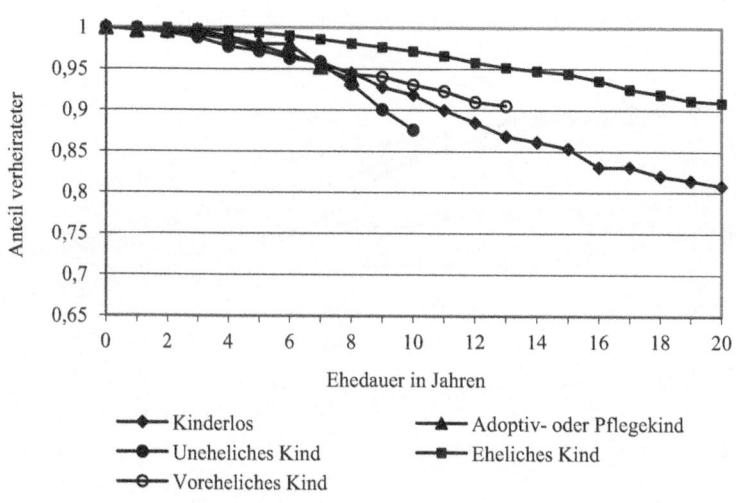

Quelle: Familiensurvey 2000, eigene Berechnungen.

---

im Modell 4 (Tabelle 9) bei -56 %.[222] Die von der strukturell-funktionalen Theorie (vergleiche Hypothese 1), der Austauschtheorie (vergleiche Hypothese 6) und der Familienökonomie (vergleiche Hypothese 10) abgeleiteten Hypothesen[223] können durch die Befunde bestätigt werden.

Ob voreheliche Kinder das Scheidungsrisiko beeinflussen, wird von der Austauschtheorie und der Familienökonomie diskutiert. Welches Kindschaftsverhältnis mit dem Begriff „voreheliches Kind" bezeichnet wird, ist zum Teil missverständlich. Sinnvoll ist eine Unterscheidung zwischen Kindern, die vor der Ehe gezeugt wurden, aber Kinder beider Ehepartner sind, und Kindern, die von einem Ehepartner mit einem anderen Partner gezeugt wurden. Diese unterschiedlichen Kindschaftsverhältnisse sollten ungleiche Auswirkungen auf

Abbildung 19: Anteil nicht geschiedener Ehen nach Kindschaftsverhältnissen für Ostdeutschland (Survivalwerte, gewichtet)

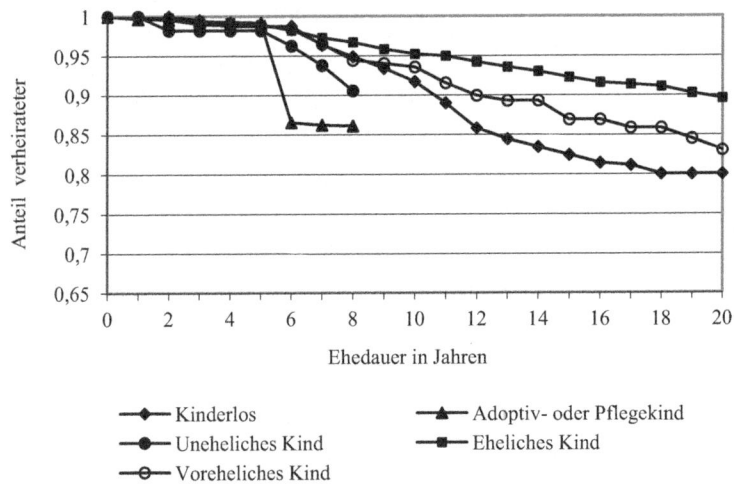

Quelle: Familiensurvey 2000, eigene Berechnungen.

---

222 Durch die Kontrolle der Einstellungsvariablen vermindert sich der Effekt in geringem Umfang.
223 Vergleiche dazu ausführlich Kapitel 2.1.4 und 2.1.5

die Ehestabilität haben. Aus diesem Grund wurden die Variablen für die multivariaten Analysen der Tabelle 9 und Tabelle 10 entsprechend konstruiert und als
voreheliche (beziehungsweise Viermonatskinder) und uneheliche Kinder bezeichnet. Nach der Austauschtheorie vermindern voreheliche Kinder die Ehequalität und die Ehestabilität. In der austauschtheoretischen Literatur wird jedoch
nicht zwischen vorehelichen, leiblichen und unehelichen Kindern unterschieden.
Nur Lewis und Spanier (1979: 276) treffen eine Differenzierung, indem sie den
Einfluss vorehelicher Schwangerschaft untersuchen.[224] Die Familienökonomie
unterscheidet hingegen zwischen unehelichen Kindern [225] und vorehelicher
Schwangerschaft und bietet eine bessere theoretische Basis, um Kindschaftsverhältnisse zu untersuchen. In der nachfolgenden Untersuchung wird (vergleiche
Tabelle 9 und Tabelle 10) nun der Zusammenhang zwischen vorehelichen bezie-
hungsweise „Viermonatskindern" und dem Scheidungsrisiko analysiert.[226]

Die Ergebnisse der multivariaten Analysen zeigen in Westdeutschland
(Modell 1 und 2, Tabelle 9) für voreheliche Kinder einen signifikant ehestabilisierenden Effekt von bis zu −29,5 % im Vergleich zu Ehen ohne Kinder. In Ostdeutschland sinkt die Scheidungswahrscheinlichkeit mit dem Vorhandensein
vorehelicher Kinder signifikant um −43,4 % (Modell 3, Tabelle 9), wird im Modell 4 (Tabelle 9) die Einstellungsvariable von Kindern kontrolliert, sinkt der
Effekt auf -34,9 % und ist nur auf dem -10-%-Signifikanzniveau signifikant.
Werden anstelle von vorehelichen Kindern „Viermonatskinder" betrachtet, zeigt
sich ein ähnliches Bild, sowohl in West- als auch in Ostdeutschland verringern
sie die Scheidungswahrscheinlichkeit signifikant. Die Scheidungswahrscheinlichkeit sinkt durch „Viermonatskinder" um bis zu −44,6 % in Westdeutschland
und um bis zu −53,6 % in Ostdeutschland (Modelle 1 bis 4, Tabelle 10). Im Vergleich zu vorehelichen Kindern vermindern sie die Scheidungswahrscheinlichkeit in höherem Umfang. Demzufolge ist bei vorehelicher Schwangerschaft der
Zeitpunkt der Zeugung entscheidend für die Ehestabilität. Kinder, die kurz vor
der Heirat gezeugt wurden, erhöhen die Ehestabilität etwas mehr, als Kinder, die
früher gezeugt wurden. Uneheliche Kinder haben in Westdeutschland keinen

---

224 Die davon abgeleitete Hypothese lautet: „Voreheliche Kinder vermindern die Ehequalität und die
Ehestabilität. Voreheliche Kinder (voreheliche Schwangerschaft) sind weniger ehestabilisierend als
eheliche Kinder."
225 Diese werden an dieser Stelle als uneheliche Kinder bezeichnet.
226 Eine eigene Variable zu vorehelicher Schwangerschaft zu konstruieren, erscheint nicht sinnvoll,
denn die Variable „Viermonatskinder" bildet voreheliche Schwangerschaft m. E. besser ab als eine
Grenzziehung bei der Geburt des Kindes. Wenn Frauen kurz vor der Heirat schwanger werden, ist die
Heirat zu diesem Zeitpunkt mit großer Wahrscheinlichkeit geplant, deshalb haben solche Kinder
keinen Einfluss auf die Ehestabilität. Zum anderen zeigen die Ergebnisse (siehe unten), dass weitere
Analysen zu vorehelicher Schwangerschaft nicht notwendig sind, denn bei Viermonatskindern ist das
Scheidungsrisiko geringer als bei vorehelichen Kindern.

Tabelle 9: Scheidungsrisiko für Ehepaare nach Kindschaftsverhältnissen in Westdeutschland und Ostdeutschland (gewichtet)

	West		Ost	
	Modell 1	Modell 2	Modell 3	Modell 4
Ehedauer [b]	0,970***	0,980***	0,923***	0,932***
ln (Ehedauer^2) [b]	1,657***	1,654***	1,657***	1,656***
Uneheliches Kind [a]	0,788	0,766	2,387*	2,363*
Voreheliches Kind [a]	0,756**	0,705**	0,566*	0,651+
Eheliches Kind [a]	0,395***	0,398***	0,372***	0,440***
Adoptiv- oder Pflegekind [a]	0,463***	0,320***	1,073	1,616
Kohabitationsdauer	0,934**	0,887***	1,051	1,051
Dauer bis Haushaltsgründung	0,921**	0,919*	0,980	0,990
Heiratsalter der Ehefrau	1,000	1,000	0,951**	0,961*
Heiratsalter des Ehemanns	1,010	0,982	0,961+	0,961*
Wohneigentum [a]	0,367***	0,366***	0,383***	0,407***
Kirchgangshäufigkeit [a]	0,619***	0,741***	1,017***	1,019***
Kirchliche Heirat [a]	0,624***	0,700***	0,795+	0,861
Heiratskohorte 1971-80 [a]	1,581***	1,522***	1,377+	1,350
Heiratskohorte 1981-90 [a]	2,863***	2,773***	2,054***	2,034***
Heiratskohorte 1991-2000 [a]	3,093***	3,004***	1,602*	1,598*
Bildungshomogamie [a]	0,881+	0,885	1,026*	1,027*
Beide katholisch [a]	0,779*	0,771*	0,748***	0,739***
Bildung Vater in Jahren	0,923**	0,896***	0,932*	0,905**
Bildung Ehefrau	1,041	1,039	0,896*	0,896**
Bildung Ehemann in Jahren	0,942*	0,923**	1,083***	1,094*
Familienorientierter Partnerschaftstyp [a]		0,966***	*	1,013+
Vereinbarkeit Beruf + Familienleben		0,761	**	1,139
Einstellung zur Mutterrolle		0,836***	*	0,846***
Kindorientierte Ehepaare		0,566***		0,955
Ökonomischer Nutzen von Kindern		0,844		1,403+
Kennenlernen: B-F-V [a]	0,752*	0,711**	0,980	0,970
Kennenlernen: S-A-B [a]	0,842*	0,842*	1,024*	1,026*
Mehrfachehe [a]	2,221***	2,210***	2,691***	2,651***
Episoden	31403	30619	9066	8888
Rechtszensierte Werte	324	314	142	136
Loglikelihood	-2449,354	-2386,464	-758,362	-743,669

[a] Dummyvariable (0/1), [b] zeitabhängig, + p <0,1 * p < 0,05; p** <0,01, *** p <0,001

Anmerkungen:
Kindorientierte Ehepaare: Kann auch als emotionaler Nutzen von Kindern interpretiert werden
Kennenlernen: B-F-V: Kennenlernen durch Bekannte, Freunde oder Verwandte
Kennenlernen: S-A-B: Kennenlernen in Schule, Ausbildung, Beruf, Hobby, Verein oder beim Sport.

Quelle: Familiensurvey 2000, eigene Berechnungen.

Tabelle 10: Scheidungsrisiko für Ehepaare nach Kindschaftsverhältnissen II in Westdeutschland und Ostdeutschland (gewichtet)

	West		Ost	
	Modell 1	Modell 2	Modell 3	Modell 4
Ehedauer [b]	0,970***	0,980***	0,923**	0,932***
ln (Ehedauer^2) [b]	1,657***	1,657***	1,657***	1,656***
Uneheliches Kind [a]	0,788	0,766	2,304*	2,061 *
Viermonatskind [a]	0,571**	0,554**	0,464**	0,522**
Eheliches Kind [a]	0,387***	0,391***	0,386***	0,467***
Adoptiv- oder Pflegekind [a]	0,458***	0,317***	1,473	1,814
Kohabitationsdauer	0,923**	0,887**	1,051	1,034
Dauer bis Haushaltsgründung	0,921**	0,901**	0,980	0,993
Heiratsalter der Ehefrau	0,990	1,000	0,951**	0,961
Heiratsalter des Ehemanns	0,980	0,980	0,961+	0,961*
Wohneigentum [a]	0,376***	0,376***	0,388***	0,396*
Kirchgangshäufigkeit [a]	0,625***	0,741***	1,018***	1,019***
Kirchliche Heirat [a]	0,638***	0,722***	0,688+	0,742**
Heiratskohorte 1971-80 [a]	1,584***	1,537***	1,377+	1,350
Heiratskohorte 1981-90 [a]	2,886***	2,829***	2,054***	2,034
Heiratskohorte 1991-2000 [a]	3,152***	3,034***	1,602*	1,598***
Bildungshomogamie [a]	0,878*	0,882	1,026*	1,027*
Beide katholisch [a]	0,795*	0,779*	0,722***	0,728*
Bildung Vater in Jahren	0,932**	0,896**	0,942*	0,914***
Bildung Ehefrau	1,041	1,051	0,899**	0,883**
Bildung Ehemann in Jahren	0,942*	0,923**	1,077*	1,091**
Familienorientierter Partnerschaftstyp [a]		0,927***		1,011+
Vereinbarkeit Beruf + Familienleben		0,761		1,132
Einstellung zur Mutterrolle		0,798***		0,849***
Kindorientierte Ehepaare		0,582**		0,959
Ökonomischer Nutzen von Kindern		0,821		1,344+
Kennenlernen: B-F-V [a]	0,761*	0,719**	0,980	0,968
Kennenlernen: S-A-B [a]	0,842*	0,842*	1,024*	1,028*
Mehrfachehe [a]	2,212***	2,203***	2,691***	2,671***
Episoden	31403	30619	9066	8888
Rechtszensierte Werte	324	314	142	136
Loglikelihood	-2449,355	-2386,465	-758,361	-743,669

[a] Dummyvariable (0/1), [b] zeitabhängig, + p <0,1 * p < 0,05; p** <0,01, *** p <0,001

Anmerkungen:
Kindorientierte Ehepaare: Kann auch als emotionaler Nutzen von Kindern interpretiert werden
Kennenlernen: B-F-V: Kennenlernen durch Bekannte, Freunde oder Verwandte
Kennenlernen: S-A-B: Kennenlernen in Schule, Ausbildung, Beruf, Hobby, Verein oder beim Sport.

Quelle: Familiensurvey 2000, eigene Berechnungen.

Einfluss auf das Scheidungsrisiko, sie weisen von der Höhe des Koeffizienten her eine das Scheidungsrisiko senkende Wirkung auf. In Ostdeutschland erhöhen uneheliche Kinder in allen Modellen das Scheidungsrisiko signifikant um bis zu 138,7 %.

Die Ergebnisse zu vorehelichen Kindern und „Viermonatskindern" bestätigen die Hypothese (vergleiche Kapitel 2.1.4) der Austauschtheorie. Vorehelichen Kindern wird nach der Austauschtheorie (Hypothese 5) ein weniger ehestabilisierender Effekt als ehelichen Kindern zugeschrieben, der Vergleich der Einflussstärken der Variablen „eheliche Kinder" und „voreheliche Kinder" kann diese Annahme bestätigen. Die Familienökonomie schreibt vorehelichen Kindern einen ehedestabilisierenden Einfluss zu, der jedoch geringer ist als derjenige von unehelichen Kindern (Hypothese 13). Dies kann nicht bestätigt werden, da voreheliche Kinder in beiden Teilen Deutschlands die Scheidungswahrscheinlichkeit vermindern. Der Einfluss von Viermonatskindern (Hypothese 14 von der Familienökonomie abgeleitet) auf die Ehestabilität sollte vergleichbar wie bei vorehelichen Kindern sein. Ehepaare mit Viermonatskindern haben in beiden Teilen Deutschlands ein geringeres Scheidungsrisiko als Ehepaare mit vorehelichen Kindern, deshalb muss die Hypothese (14) analog zur Hypothese (13) als falsifiziert gelten. Ferner kann die Hypothese (12) der Familienökonomie, die besagt, dass uneheliche Kinder die Ehestabilität reduzieren, nur für Ostdeutschland als bestätigt gelten; in Westdeutschland sind die Ergebnisse nicht signifikant.

Weiterhin wurde der Einfluss von Adoptiv- und Pflegekindern auf das Scheidungsrisiko untersucht. Die Familienökonomie untersucht als einzige Scheidungstheorie auch diese Art von Kindschaftsverhältnissen. Sie geht von einem ehestabilisierenden Einfluss aus, der jedoch geringer ist als der ehelicher Kinder. Für Westdeutschland kann die Hypothese (11) zum Teil bestätigt werden, hier verringern Adoptiv- oder Pflegekinder das Scheidungsrisiko hochsignifikant um bis zu −54,2 %. Wird die Einstellung zu Kindern kontrolliert, sinkt die Scheidungswahrscheinlichkeit um bis zu −68,3 % (Modell 2, Tabelle 10) und ist somit geringer als die ehelicher Kinder (−60,9 %). In Ostdeutschland sind die Ergebnisse, bedingt durch die geringe Fallzahl[227] von Adoptiv- und Pflegekindern, nicht signifikant und aus diesem Grund nicht interpretierbar. Die Ergebnisse für Westdeutschland können zudem die Hypothese des Value-of-Children-Ansatzes (Hypothese (19)) bestätigen, der adoptierten Kindern einen ehestabilisierenden Einfluss zuspricht.

Die untersuchten Kindschaftsverhältnisse beziehen sich auf das erste Kind der Befragten. Aus diesem Grund ist davon auszugehen, dass sich mit der Geburt

---

227 Vier Adoptiv- oder Pflegekinder.

weiterer Kinder die Ehestabilität verändert. So ist anzunehmen, dass Ehepaare mit unehelichen und ehelichen Kindern ein geringeres Scheidungsrisiko aufweisen als Ehepaare mit nur unehelichen Kindern, ebenso wie Ehepaare mit vorehelichen und ehelichen Kindern. Der Stichprobenumfang erlaubt dagegen keine weitere Differenzierung nach Kindschaftsverhältnissen und Anzahl der Kinder. Mit einem geeigneten Datensatz ließen sich viele weitere Aspekte des Einflusses von Kindern auf das Scheidungsrisiko untersuchen.

Die Ergebnisse der Einstellungsvariablen[228] sind vergleichbar mit den Ergebnissen in Kapitel 5.2 (Tabelle 6 und Tabelle 7), sie weichen nur hinsichtlich der Signifikanzen und der Stärke des Zusammenhangs gering ab.

An dieser Stelle soll ausführlich auf die Modellergebnisse der weiteren unabhängigen Variablen (Tabelle 9und Tabelle 10) eingegangen werden.[229] Sie wurden von den vorgestellten Theorien abgeleitet und konnten in zahlreichen empirischen Studien als Einflussfaktoren der Ehestabilität bestätigt werden. An dieser Stelle soll nun überprüft werden, ob sie, als Kontrollvariablen in die Modelle aufgenommen, tatsächlich (vergleiche auch vergleiche auch Kapitel 2.2.2) den angenommenen Einfluss auf das Scheidungsrisiko ausüben:

Mit jedem zusätzlichen Ehejahr (siehe unabhängige Variable Ehedauer) sinkt das Scheidungsrisiko[230] hochsignifikant, in Westdeutschland um −3 % und in Ostdeutschland um −7,7 %. Die Kohabitationsdauer und die Dauer zwischen dem Kennenlernen des Ehepartners und der Haushaltsgründung sollten in Übereinstimmung mit bisherigen Untersuchungen die Ehestabilität erhöhen, diese Hypothesen können nur für Westdeutschland bestätigt werden. Jedes Jahr, in dem Ehepaare vor der Ehe kohabitieren, sinkt das Scheidungsrisiko um −11,3 % in Westdeutschland, während in Ostdeutschland keine signifikanten Ergebnisse vorliegen. In Ostdeutschland hat die Dauer des Kennens vor der Haushaltsgründung keinen Einfluss auf die Ehestabilität, in Westdeutschland erhöht sie sich mit jedem Jahr aber signifikant (1,9 %), in dem Paare sich vor dem Zusammenleben kennen. Der häufig beschriebene ehestabilisierende Effekt des Heiratsal-

---

228 In den meisten Modellen werden die fünf Einstellungsfragen zu Kindern überprüft, sie liefern durch die identische Modellstruktur jeweils ähnliche Ergebnisse. Aus diesem Grund wird nur auf die Ergebnisse dieser Variablen eingegangen, wenn sich die Modellstruktur, wie im Falle der Berechnung nach Heiratskohorten, verändert.

229 Bedingt durch die identische Modellstruktur sind bei den weiteren multivariaten Analysen ähnlich Ergebnisse für die unabhängigen Variablen zu berichten. Auf eine weitere detaillierte Darstellung wird im Folgenden verzichtet. Auch wird auf geschlechtsspezifische Unterschiede der unabhängigen Variablen nicht weiter eingegangen, da diese, wie bereits erwähnt, aufgrund verschiedener Ursachen, die nicht eindeutig geklärt werden können, variieren (vergleiche Kapitel 5.2 und 5.3.2).

230 Im Folgenden werden immer die höchsten Ergebnisse (maximale Verringerung oder Erhöhung des Scheidungsrisikos) angegeben. Zwischen dem Basismodell und dem erweiterten Modell verändert sich die Stärke des Zusammenhangs in der Regel nur gering. Wenn nicht anders angegeben, sind die Ergebnisse signifikant.

ters für Frauen und Männer kann nur für Ostdeutschland als bestätigt gelten. Mit jedem Jahr, das Frauen älter sind, verringert sich ihr Scheidungsrisiko um –4,9 % und das der Männer um –3,9 %. Ehepartner, die gemeinsames Wohneigentum besitzen, haben in Westdeutschland ein um –63,4 % und in Ostdeutschland ein um –61,7 % geringeres Scheidungsrisiko, diese Ergebnisse stimmen mit der angenommenen Hypothese überein. Ehepaare, die regelmäßig den Gottesdienst besuchen, sollten ein geringeres Scheidungsrisiko aufweisen; diese Hypothese lässt sich nur für Westdeutschland bestätigen, hier vermindert sich die Scheidungswahrscheinlichkeit um –38,1 %, hingegegen erhöht sich in Ostdeutschland das Scheidungsrisiko um 1,9 %.

Die Annahme, dass Ehepaare, die kirchlich heiraten, ein geringeres Scheidungsrisiko aufweisen, lässt sich nur in Westdeutschland bestätigen, in Ostdeutschland ist das Ergebnis[231] nur auf dem 10-%-Signifikanzniveau signifikant. In Westdeutschland reduziert sich das Scheidungsrisiko bei kirchlicher Heirat um –37,6 % und in Ostdeutschland um –20,5 %.

In Westdeutschland ist, wie vermutet, ein starker Anstieg des Scheidungsrisikos in der Abfolge der Heiratskohorten sichtbar (bis zu 209,3 %), in Ostdeutschland steigt das Scheidungsrisiko[232] in der Kohortenabfolge bis 1990 (bis zu 105,4 %) an, in der Heiratskohorte 1991-2000 sinkt es wieder in geringem Umfang.

Der erwartete Zusammenhang zwischen bildungshomogamen Ehepaaren lässt sich für Westdeutschland bestätigen[233], hier vermindert sich das Scheidungsrisiko um –11,9 %, in Ostdeutschland erhöht sich das Scheidungsrisiko hingegen um 2,7 %. In Übereinstimmung mit der aufgestellten Hypothese ist das Scheidungsrisiko für Ehepaare, die beide katholisch sind, deutlich geringer, in Westdeutschland vermindert sich das Scheidungsrisiko um –22,9 % und in Ostdeutschland um –26,1 %. Die Annahme, dass die Bildung des Vaters und des Ehemannes die Ehestabilität erhöht, kann nur für Westdeutschland bestätigt werden. In Ostdeutschland senkt jedes Bildungsjahr des Vaters das Scheidungsrisiko um –9,5 %, jedes zusätzliche Bildungsjahr des Ehemannes erhöht das Scheidungsrisiko dagegen um 9,4 %. Bei westdeutschen Ehefrauen ist kein signifikanter Effekt der Bildung zu verzeichnen, während in Ostdeutschland jedes zusätzliche Bildungsjahr die Scheidungswahrscheinlichkeit um -10,4 % vermindert. Diese beiden Befunde widerlegen die Hypothese, dass mit zunehmender Bildung der Ehefrau sich die Ehestabilität vermindert. Die Hypothese, dass der

---

231 Nur im Basismodell.
232 Für die Heiratskohorte 1971-1980 ist es nur für das Basismodell auf dem 10-%-Signifikanzniveau signifikant.
233 Hier nur auf dem 10-%-Signifikanzniveau, in anderen Modellen aber auf geringerem Signifikanzniveau.

Ort des Kennenlernens Einfluss auf die Ehestabilität hat, lässt sich nur für West-
deutschland bestätigen. Bei Ehepaaren, die sich durch Bekannte, Freunde oder
Verwandte kennengelernt haben, sinkt das Scheidungsrisiko um −28,9 %, bei
Ehepaaren, die sich in der Schule, der Ausbildung, bei der Ausübung ihres Hob-
bys, im Verein oder beim Sport kennengelernt haben, sinkt es um -15,8 % im
Vergleich zur Referenzkategorie (Urlaub, Anzeige, Kneipe oder Diskothek). In
Ostdeutschland sind die Ergebnisse für die erste Gruppe von Ehepartnern nicht
signifikant, für die zweite steigt das Scheidungsrisiko um 2,6 %. In Übereinstimmung mit der aufgestellten Hypothese weisen Mehrfachehen ein stark erhöhtes Scheidungsrisiko im Vergleich zu Ehepaaren auf, die nur einmal geheiratet
haben. In Westdeutschland erhöht sich ihr Scheidungsrisiko um 122,1 % und in
Ostdeutschland um 169,1 %.

5.3.2 Eheliche Kinder und Interaktionseffekte

In diesem Abschnitt wird das Kindschaftsverhältnis „eheliches Kind" alternativ
operationalisiert. Für die folgenden Analysen[234] werden Ehepaare, die nur eheliche Kinder besitzen, untersucht und mit der Referenzgruppe kinderlose Ehepaare
verglichen. Daneben werden künftig alle Kindvariablen als zeitabhängige Variablen berechnet und es wird untersucht, ob die Kinder während der Ehe im
Haushalt leben. Dadurch sind genauere Ergebnisse zu berichten, da der Einfluss
unehelicher und vorehelicher Kinder ausgeschlossen wird und der ehestabilisierende Einfluss von Kindern nur bei Anwesenheit der Kinder im ehelichen Haushalt angenommen wird. Die alternative Operationalisierung der Variablen ermöglicht weiterhin die Analyse von Interaktionseffekten, die zur Untersuchung
einiger Hypothesen notwendig sind. Diese Operationalisierung ermöglicht weiterhin die Berechnung von Modellen getrennt nach dem Geschlecht der Befragten, diese Trennung ist aufgrund des Stichprobenumfangs – zum Beispiel nicht
für verschiedene Kindschaftsverhältnisse.– möglich. Es ist anzunehmen, dass der
Effekt ehelicher Kinder höher ist, wenn Ehepaare ausgeschlossen werden, die
andere Kinder besitzen, denn laut der Aussage der genannten Theorien erhöhen
eheliche Kinder die Ehestabilität, während andere Kinder sie vermindern.

    Abbildung 20: zeigt für West- und Ostdeutschland den Anteil von Ehen mit
ehelichen Kindern nach den Heiratskohorten. Wie deutlich zu erkennen ist, werden in der Kohortenabfolge zunehmend weniger Kinder geboren. Haben in

---

234 Das betrifft alle folgenden Analysen. Um verzerrende Effekte unehelicher und vorehelicher
Kinder auszuschließen, werden nur Ehen mit ehelichen Kindern betrachtet.

West- und Ostdeutschland zwischen 1961 und 1970 noch über 81 % aller Ehepaare Kinder geboren, verringert sich die Anzahl der Geburten in den folgenden

Abbildung 20: Anteile von Ehen mit ehelichen Kindern nach Heiratskohorte für
                West- und Ostdeutschland in Prozent

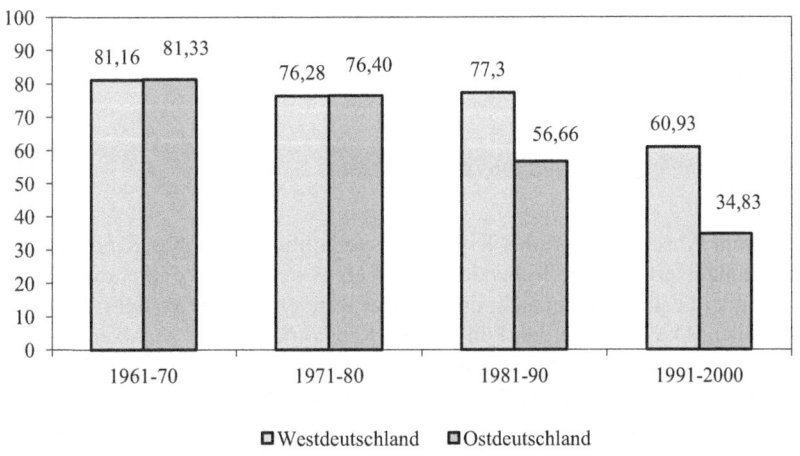

Quelle: Familiensurvey 2000, eigene Berechnungen.

Jahren nahezu stetig.[235] Besonders gravierend ist der Geburtenrückgang in Ostdeutschland seit 1981.

Den Zusammenhang zwischen der Geburt eines ehelichen Kindes und dem
Scheidungsrisiko verdeutlichen die Ergebnisse der multivariaten Analysen der
Tabelle 11 und Tabelle 12. Auffallend ist, dass in Westdeutschland und in Ostdeutschland der Einfluss ehelicher Kinder auf das Scheidungsrisiko vom Geschlecht der Befragten abhängig ist. Für Frauen mit ehelichen Kindern ist der
ehestabilisierende Einfluss geringer als für Männer. Eine Klärung dieses Sach-
verhalts ist schwierig (vergleiche in Kapitel 5.2 die Begründung der geschlechtsspezifischen Differenzen in Scheidungsraten für kinderlose Ehen). Werden die

---

235 Bei der letzten Heiratskohorte ist mit weiteren Geburten zu rechnen, da nur Frauen, die über 30
Jahre alt sind, in die Analysen einbezogen werden, sollte sich die Geburtenrate nur leicht erhöhen.

Anteile von geschiedenen Männern und Frauen mit ehelichen Kindern in West- und Ostdeutschland verglichen, (siehe Anhang) ist zu ermitteln, dass geschiedene Ehen von westdeutschen Männern mit ehelichen Kindern vermutlich [236] unterrepräsentiert sind. In Ostdeutschland sind mehr geschiedene Frauen mit ehelichen Kindern anzutreffen als verheiratete Frauen mit ehelichen Kindern. Die Scheidungsintensität wird möglicherweise für Männer überschätzt und für Frauen unterschätzt. In Westdeutschland reduziert sich durch die Geburt eines ehelichen Kindes das Scheidungsrisiko im Basismodell[237] hochsignifikant um – 67,1 % (–65,5 % im erweiterten Modell), in Ostdeutschland um –62,2 % (–57,8 % im erweiterten Modell). Diese Ergebnisse bestätigen zum einen die Hypothesen (1, 6 und 9), dass eheliche beziehungsweise leibliche Kinder die Ehestabilität erhöhen, zum anderen wird sichtbar, dass eheliche Kinder das Scheidungsrisiko stärker vermindern, wenn Ehepaare nur eheliche Kinder besitzen (vergleiche Modell 1 in Tabelle 9,Tabelle 10, Tabelle 11 und Tabelle 12).

Die Untersuchung von Interaktionseffekten (Modell 3, Modell 5 und Modell 7 in Tabelle 11 und Tabelle 12) zwischen Kindorientierung und dem Vorhandensein von ehelichen Kindern gestattet ferner die Überprüfung weiterer Hypothesen aus der Familiensoziologie. Es können vor allem zwei konträre Annahmen aus den Theorien abgeleitet werden. Aus der Individualisierungstheorie ist abzuleiten, dass sich in kindorientierten Ehen durch die Geburt von Kindern nicht zwangsläufig die Ehestabilität erhöht. Demnach sollte die Ehestabilität durch die Geburt von Kindern in kindzentrierten Ehen nicht höher sein als für andere Ehetypen. Ebenso kann aus dieser Hypothese abgeleitet werden, dass die Geburt von Kindern in kindorientierten Ehen das Scheidungsrisiko nicht stärker reduziert als die Geburt von Kindern für nicht kindorientierte Ehepaare. Dagegen kann aus dem Value-of-Children-Ansatz und der Theorie der Anspruchssteigerung das Gegenteil gefolgert werden. Je kindorientierter Ehepaare sind, desto stärker sollte sich deren Scheidungswahrscheinlichkeit verringern. Bei Eintreten beider Faktoren, dem Vorhandensein von ehelichen Kindern und kindorientierter Einstellung, vermindert sich das Scheidungsrisiko in Westdeutschland gegenüber Ehepaaren ohne Kinder, die nicht kindorientiert eingestellt sind, um den Faktor (0,647 x 0,527 x 0,674) = 0,230, d. h. um –77 %. Gebären Frauen in nicht kindorientierten Ehen jedoch Kinder, verringert sich ihr Scheidungsrisiko nur um

---

236 Die Datenquellen der amtlichen Statistik und des Mikrozensus sind für diese Fragestellung ungeeignet, denn „im Mikrozensus werden ausschließlich Angaben über die im Haushalt lebenden Kinder erfragt. Hierbei wird zwischen nicht-leiblichen Kindern unterschieden und die außerhalb des Haushalts lebenden Kinder bleiben unberücksichtigt" (Pötsch 2007: 261).
237 Im erweiterten Modell erhöht sich die Scheidungswahrscheinlichkeit leicht durch die Kontrolle der Einstellungsvariablen.

Tabelle 11: Scheidungsrisiko für Ehepaare mit ehelichen Kindern in Westdeutschland (gewichtet)

	Alle			Frauen		Männer	
	Modell 1	Modell 2	Modell 3	Modell 4	Modell 5	Modell 6	Modell 7
Ehedauer [b]	0,914***	0,923***	0,923***	0,923**	0,923**	0,943**	0,944**
ln (Ehedauer^2) [b]	1,662***	1,661***	1,661***	1,662***	1,662***	1,660***	1,663***
Eheliche Kinder [a, b]	0,329***	0,345***	0,647	0,619***	0,281	0,187***	0,960
Eheliche Kinder * kindorientiert			0,527*		1,090		0,176
Kohabitationsdauer	0,923+	0,905*	0,905	0,835*	0,834**	1,040*	1,042**
Dauer bis Haushaltsgründung	0,940+	0,960	0,960	0,980	1,000	0,920+	0,920
Heiratsalter der Ehefrau	1,009	1,018+	1,030*	1,010	1,010	1,010	1,010
Heiratsalter des Ehemanns	0,980***	1,000	0,990***	0,990	0,990	0,990	0,990
Wohneigentum [a]	0,376***	0,366***	0,326***	0,347***	0,349***	0,361***	0,357***
Kirchgangshäufigkeit [a]	0,625***	0,741**	0,741***	0,625*	0,619*	0,688**	0,782*
Kirchliche Heirat [a]	0,592***	0,670**	0,670***	0,664*	0,670*	0,896	0,887
Frau vollzeiterwerbstätig [a, b]				1,578**	1,578**		
Frau teilzeiterwerbstätig [a, b]				1,010	1,020		
Mann vollzeiterwerbstätig [a, b]						0,297*	0,299*
Mann teilzeiterwerbstätig [a, b]						0,772**	0,796**
Heiratskohorte 1971-80 [a]	1,649***	1,433**	1,433***	1,632**	1,632*	1,349	1,329
Heiratskohorte 1981-90 [a]	3,034***	2,801***	2,801***	2,915***	2,915***	2,974***	2,976***
Heiratskohorte 1991-2000 [a]	3,219***	2,886***	2,886***	2,945**	2,945**	2,973**	2,978**
Bildungshomogamie [a]	0,880**	0,885*	0,885***	0,862+	0,863+	0,922	0,922
Beide katholisch [a]	0,795	0,835+	0,844	0,990	0,990	0,969+	0,741***
Bildung Vater in Jahren	0,896***	0,861**	0,861*	0,878+	0,878+	0,795**	0,787**
Bildung Ehefrau	1,041	1,041	1,041***	1,139+	1,150	0,880*	0,925*
Bildung Ehemann in Jahren	0,961	0,951	0,951+	0,951	0,951+	1,020	1,020
Ein-Eltern-Familie: Scheidung [a]		1,127	1,127	1,336	1,350	0,827	0,811
Ein-Eltern-Familie: Tod [a]		0,625*	0,631*	1,116	1,116	0,733	0,756
Ein-Eltern-Familie: sonstige [a]		0,990		0,357	0,357	2,306+	2,437+
Null-Eltern-Familie [a]							
Familienorientierter Partnerschaftstyp [a]		0,960**	0,919**	0,971**	0,971+	0,944***	0,937**
Vereinbarkeit Beruf + Familienleben		0,742+	0,722+	1,182	1,156	0,529*	0,561*
Einstellung zur Mutterrolle		0,806***	0,807***	0,829***	0,787***	0,822***	0,831**
Kindorientierte Ehepaare		0,551**	0,674	1,273	0,517	0,242***	0,625
Ökonom. Nutzen von Kindern		0,776*	0,772*	1,694***	1,616**	0,419***	0,421**
Kennenlernen: B-F-V [a]	0,819***	0,795+	0,795+	0,607**	0,631***	0,723***	0,792*
Kennenlernen: S-A-B [a]	0,887**	0,887	0,887	0,835+	0,861+	0,727**	0,711**
Mehrfachehe [a]	2,375***	2,356***	2,356***	2,492***	2,438***	2,401***	2,399***
Episoden	31718	29806	29806	16313	16413	11425	11425
Rechtszensierte Werte	351	321	321	184	184	125	125
Loglikelihood	-2475,573	-2329,994	-2329,994	-1203,726	-1203,726	-962,237	-962,237

[a] Dummyvariable (0/1), [b] zeitabhängig, + p <0,1 * p < 0,05; p** <0,01, *** p <0,001

Anmerkungen:
Kindorientierte Ehepaare: Kann auch als emotionaler Nutzen von Kindern interpretiert werden
Kennenlernen: B-F-V: Kennenlernen durch Bekannte, Freunde oder Verwandte
Kennenlernen: S-A-B: Kennenlernen in Schule, Ausbildung, Beruf, Hobby, Verein oder beim Sport.

Quelle: Familiensurvey 2000, eigene Berechnungen.

Tabelle 12: Scheidungsrisiko für Ehepaare mit ehelichen Kindern in Ostdeutschland (gewichtet)

	Alle			Frauen		Männer	
	Modell 1	Modell 2	Modell 3	Modell 4	Modell 5	Modell 6	Modell 7
Ehedauer b	0,852***	0,861***	0,861***	0,827***	0,827***	0,887***	0,879***
ln (Ehedauer²) b	1,669***	1,667***	1,667***	1,666**	1,666***	1,672***	1,672**
Eheliche Kinder a, b	0,378***	0,422***	0,438	0,453***	1,150*	0,219***	0,170***
Eheliche Kinder * kindorientiert			1,003		0,250*		2,015*
Kohabitationsdauer	1,090**	1,081*	1,080	1,139***	1,185**	1,032	1,011
Dauer bis Haushaltsgründung	1,010	1,010	1,010	1,127	1,139	0,980	0,980
Heiratsalter der Ehefrau	0,914**	0,905*	0,905*	0,844**	0,835*	0,923*	0,914**
Heiratsalter des Ehemanns	0,961*	0,970	0,970	1,041	1,051	0,878***	0,896***
Wohneigentum a	0,232***	0,262***	0,257***	0,254***	0,264***	0,314***	0,386***
Kirchgangshäufigkeit a	1,019***	1,020*	1,019*	1,004	1,003	1,039***	1,038**
Kirchliche Heirat a	0,733	0,744*	0,737*	0,705	0,677	0,484**	0,520***
Frau vollzeiterwerbstätig a, b				0,961	0,995		
Frau teilzeiterwerbstätig a, b				0,452***	0,467*		
Mann vollzeiterwerbstätig a, b						0,387***	0,398**
Mann teilzeiterwerbstätig a, b						1,045**	1,075*
Heiratskohorte 1971-80 a	1,377*	1,379*	1,399*	1,462	1,387	1,392*	1,387*
Heiratskohorte 1981-90 a	2,048***	2,052***	2,073***	2,718**	2,080*	2,320***	2,323***
Heiratskohorte 1991-2000 a	1,600*	1,647*	1,649*	1,507*	1,649	2,055**	2,052**
Bildungshomogamie a	1,047*	1,049*	1,049*	1,040	1,043	1,054	1,062
Beide katholisch a	0,672***	0,666***	0,664***	0,857	0,237	0,717**	0,707+
Bildung Vater in Jahren	0,941*	0,914**	0,914**	0,822**	0,844*	0,953	0,934
Bildung Ehefrau	0,932**	0,896*	0,896*	0,902**	0,942**	1,081	1,034
Bildung Ehemann in Jahren	1,072*	1,094**	1,094**	0,991	0,970	1,119*	1,182**
Ein-Eltern-Familie: Scheidung a		0,719	0,741	0,577	0,733	2,460	3,034
Ein-Eltern-Familie: Tod a		2,138	2,340	2,316	1,974	1,387	1,297
Ein-Eltern-Familie: sonstige a		2,773	2,858	2,221	3,706	2,812	3,366
Null-Eltern-Familie a							
Familienorientierter Partnerschaftstyp a		1,021*	1,019*	1,074**	1,079*	0,936**	0,935**
Vereinbarkeit Beruf + Familienleben		0,957	1,011	1,022	1,042	1,046*	1,077+
Einstellung zur Mutterrolle		0,814**	0,812**	0,781**	0,754**	0,871*	0,876**
Kindorientierte Ehepaare		0,898*	0,908	0,854*	0,961+	1,095	0,486
Ökonom. Nutzen von Kindern		1,533*	1,508*	1,188	1,116	1,984*	1,911*
Kennenlernen: B-F-V a	0,994*	0,907*	0,991+	0,825+	0,883*	0,688*	0,690*
Kennenlernen: S-A-B a	1,023	1,026	1,028	0,953	0,946+	1,082**	1,084**
Mehrfachehe a	2,889***	2,821***	2,824***	3,022***	3,028***	2,812***	2,818***
Episoden	9134	8653	8653	4802	4802	3454	3454
Rechtszensierte Werte	150	138	138	79	79	55	55
Loglikelihood	-764,217	-725,114	-725,114	-402,506	-402,506	-294,921	-294,921

a Dummyvariable (0/1), b zeitabhängig; + p <0,1 * p < 0,05; p** <0,01, *** p <0,001

Anmerkungen:
Kindorientierte Ehepaare: Kann auch als emotionaler Nutzen von Kindern interpretiert werden
Kennenlernen: B-F-V: Kennenlernen durch Bekannte, Freunde oder Verwandte
Kennenlernen: S-A-B: Kennenlernen in Schule, Ausbildung, Beruf, Hobby, Verein oder beim Sport.

Quelle: Familiensurvey 2000, eigene Berechnungen.

den Faktor 0,647 beziehungsweise –35,3 %. Ehepaare, die keine Kinder besitzen, aber kindorientiert sind, weisen ein um –32,6 % geringeres Scheidungsrisiko als nicht kindorientierte Ehepaare ohne Kinder auf. Für Ostdeutschland ist das Scheidungsrisiko für die drei möglichen Kombinationen, die sich durch Analyse des Interaktionsterms berechnen lassen, etwas geringer als in Westdeutschland. Eheliche Kinder in Kombination mit Kindorientierung reduzieren das Scheidungsrisiko um –59,1 %[238], für Ehepaare mit ehelichen Kindern ohne Kindorientierung um –56,2 % und für kindorientierte Ehepaare ohne Kinder um –9,2 %. Die Ergebnisse bestätigen folglich Hypothese 4 und 22, widerlegen dagegen Hypothese 2, denn kindorientierte Ehepaare mit ehelichen Kindern haben ein geringeres Scheidungsrisiko als nicht kindorientierte Ehepaare mit oder ohne Kinder. Die Untersuchung des Scheidungsrisikos getrennt für Frauen und Männer zeigt deutliche Unterschiede.[239] Kindorientierte Frauen, die Kinder gebären, weisen ein sehr geringes Scheidungsrisiko[240] auf, das in Westdeutschland –84,2 %241 und in Ostdeutschland –72,4 %[242] beträgt. Bei Männern vermindern beide Faktoren das Scheidungsrisiko, für westdeutsche Männer um –89,9 %243, für ostdeutsche Männer um –83,4 %.[244] Für westdeutsche Ehepaare ist das Scheidungsrisiko beim Eintreffen beider Merkmale demzufolge geringer als für ostdeutsche Ehepaare und für Frauen etwas höher als für Männer. Für nicht kindorientierte Frauen mit ehelichen Kindern reduziert sich das Scheidungsrisiko in Westdeutschland um –71,9 %, für ostdeutsche Frauen erhöht es sich um 15 %. Die gleiche Kombination zeigt für westdeutsche Männer ein Scheidungsrisiko von –4 %, für ostdeutsche Männer von –83 %. Westdeutsche Frauen und ostdeutsche Männer zeigen ein ähnliches Bild, wenn Kinder in nicht kindorientierten Ehen geboren werden, vermindert sich ihr Scheidungsrisiko. Weiterhin sind die Ergebnisse für westdeutsche Männer und ostdeutsche Frauen ähnlich, für sie hat die Geburt von Kindern in nicht kindorientierten Ehen kaum Einfluss auf die Ehestabilität oder vermindert sie. Zusammenfassend betrachtet wird folglich für Frauen und Männer die Hypothese der Individualisierungstheorie (Hypothese 2) nicht bestätigt, die Hypothesen des Value-of-Children-Ansatzes (Hypothese 22) und die Theorie der Anspruchssteigerung (Hypothese 4) werden jedoch bestätigt.

---

238 0,438 x 1,003 x 0,908.
239 Vergleiche die Diskussion zur Ursache der geschlechtsspezifischen Scheidungsraten und Auswirkungen auf die Ergebnisse der multivariaten Analysen (Kapitel 5.2 und 5.3.2).
240 Im Vergleich zur Referenzkategorie: nicht kindorientierte und kinderlose Frauen.
241 0,281 x 1,090 x 0,517.
242 1,150 x 0,250 x 0,961.
243 0,960 x 0,176 x 0,625.
244 0,170 x 2,015 x 0,486.

Die Ergebnisse der multivariaten Analysen für Frauen und Männer in West- und Ostdeutschland geben daneben darüber Aufschluss, ob die Erwerbstätigkeit von Frauen und Männern Einfluss auf die Ehestabilität hat. Sind Frauen in Westdeutschland vollzeiterwerbstätig, erhöht sich ihr Scheidungsrisiko um 57,8 %, Teilzeiterwerbstätigkeit hat keinen Einfluss auf die Ehestabilität. In Ostdeutschland hat Vollzeiterwerbstätigkeit keinen Einfluss, während für teilzeiterwerbstätige Frauen ein über –53 % geringeres Scheidungsrisiko als für nicht erwerbstätige Frauen ermittelt wird. Sowohl in West- als auch in Ostdeutschland vermindert Vollzeiterwerbstätigkeit bei Männern das Scheidungsrisiko erheblich, in Westdeutschland um mehr als –70 % und in Ostdeutschland um mehr als –40 %. Für teilzeiterwerbstätige westdeutsche Männer verringert sich die Scheidungswahrscheinlichkeit um mehr als –20 %, dagegen erhöht eine Teilzeitbeschäftigung bei ostdeutschen Männern diese – je nach Modell – bis zu 7,5 %. Die Hypothese, dass erwerbstätige Frauen ein höheres Scheidungsrisiko als nicht erwerbstätige Frauen aufweisen, kann nur für vollzeiterwerbstätige Frauen in Westdeutschland bestätigt werden. Für Männer sollte die Erwerbsbeteiligung die Ehestabilität erhöhen. Die Ergebnisse können die Hypothese nur für vollzeiterwerbstätige Männer in West- und Ostdeutschland bestätigen. Bei Teilzeiterwerbstätigkeit kann die Hypothese hingegen nur für westdeutsche Männer als bestätigt gelten.

5.4 Charakteristika von Kindern

In diesem Kapitel werden eheliche Kinder nach möglichen Charakteristika wie Anzahl, Alter, Geschlecht und dem Altersabstand zwischen zwei Kindern untersucht. Aus den vorgestellten Theorien lassen sich in Bezug auf die unterschiedlichen Charakteristika von Kindern verschiedene Hypothesen ableiten.

5.4.1 Anzahl der Kinder

Zwischen der Anzahl von Kindern und der Ehestabilität besteht nach der Austauschtheorie ein Zusammenhang; während wenige Kinder ehestabilisierend
wirken, vermindern viele Kinder jedoch die Ehequalität und folglich die Ehestabilität. Die Anzahl der Kinder hat nach der Familienökonomie Einfluss auf den
Ehenutzen; je mehr Kinder geboren werden, desto geringer ist der Nutzenzuwachs für die Ehe. Ferner untersuchen andere Theorien, ob zwischen dem emotionalen Nutzen und der Anzahl von Kindern ein Zusammenhang besteht.

Für die nachfolgende Untersuchung werden vier zeitabhängige
Dummyvariablen für ein bis mehr als vier Kinder[245] gebildet und deren Einfluss
auf die Ehestabilität untersucht, um im Anschluss die entsprechenden Hypothesen zu untersuchen.

Einen ersten deskriptiven Überblick über die Anzahl der ehelichen Kinder
gibt Tabelle 13. In Westdeutschland haben Ehepaare durchschnittlich 1,94 eheliche Kinder und in Ostdeutschland 1,86. Die Anzahl ehelicher Kinder ist in Ostdeutschland etwas geringer als in Westdeutschland. Ein erstes eheliches Kind
haben 72,46 % der westdeutschen und 63,42 % der ostdeutschen Ehen. Mit
46,57 % haben weniger als die Hälfte der Westdeutschen ein zweites eheliches
Kind, Ostdeutsche aber nur zu 38,28 %. Drei oder mehr Kinder haben nur sehr
wenige Befragte. Die Geburt des ersten ehelichen Kindes erfolgt in Westdeutschland nach ungefähr zweieinhalb Jahren, in Ostdeutschland mit 2,15 Jahren etwas
früher.

Die grafische Analyse mittels der Überlebenswahrscheinlichkeiten für
West- und Ostdeutschland (siehe Abbildung 21) zeigt erste Ergebnisse in Bezug
auf das Scheidungsrisiko für Ehen nach Anzahl der Kinder. In West- und Ostdeutschland vermindert die Geburt eines ersten Kindes das Scheidungsrisiko im
Zeitverlauf in geringeren Umfang als zwei bis mindestens vier Kinder. In Westdeutschland erhöht sich bei zwei bis vier Kindern und einer Ehedauer bis zu 14
Jahren die Ehestabilität, mit nahezu identischem Einfluss auf das Scheidungsrisiko. In Ostdeutschland sind die Einflüsse von zwei bis mindestens vier Kindern
bis zum siebzehnten Ehejahr ähnlich, allerdings steigt mit jeder weiteren Geburt
der ehestabilisierende Effekt im Verhältnis zum vorhergehenden Kind an. In
Westdeutschland erhöhen Kinder nach 14 Ehejahren die Ehestabilität - geordnet
nach der Rangfolge des geringsten Scheidungsrisikos - wie folgt: drei Kinder,
zwei Kinder, mindestens vier Kinder, ein Kind. In Ostdeutschland erhöht sich
die Ehestabilität nach 17 Ehejahren am stärksten für zwei Kinder, gefolgt von

---

245 Referenzkategorie sind kinderlose Ehen.

Tabelle 13: Mittelwerte[246] für Anzahl der Kinder und die durchschnittliche
Dauer bis zur Geburt des ersten Kindes

	West	Ost	Gesamt
Anzahl ehelicher Kinder	1,94	1,86	1,92
Erstes Kind (0/1) [a]	72,46	63,42	69,89
Zweites Kind (0/1) [a]	46,57	38,28	45,04
Drittes Kind (0/1) [a]	12,09	8,27	11,81
Viertes Kind (0/1) [a]	2,56	1,27	2,10
Dauer bis Geburt erstes Kind (in Jahren) [a]	2,41	2,15	2,36

Anmerkung:
Die Mittelwerte der 0/1-codierten Variablen entsprechen den Anteilwerten *100 der mit 1 codierten Kategorien.

Quelle: Familiensurvey 2000, eigene Berechnungen.

drei und letztendlich mindestens vier Kindern. Mindestens vier Kinder haben
nach 19 Ehejahren nahezu die Einflussstärke eines ehelichen Kindes.

Die Ergebnisse der multivariaten Analysen in Tabelle 14 und Tabelle 15
zeigen ein ähnliches Bild wie die Analyse mittels der Überlebenswahrscheinlichkeiten. In beiden Teilen Deutschlands vermindern ein bis mindestens vier
eheliche Kinder (in allen Modellen) die Scheidungswahrscheinlichkeit[247] gegenüber kinderlosen Ehepaaren deutlich. In Westdeutschland vermindert sich das
Scheidungsrisiko im erweiterten Modell für ein Kind um −59,8 %, für zwei um −
72,5 %, für drei um −78,3 % und für mindestens vier Kinder um −66,7 %. Dieser
u-förmige Verlauf des Scheidungsrisikos, der schon im Jahr 1977 von Thornton[248] (Thornton 1977) beobachtet wurde, ist ebenfalls für Männer (Modell 7,
Tabelle 14), aber nicht im Modell für Frauen zu ermitteln. Je mehr Kinder eine

---

246 Arithmetisches Mittel, gewichtet, im episodengesplitteten Datensatz)
247 Abgesehen von einem nicht signifikanten Ergebnis für Männer mit vier Kindern in Ostdeutschland. Dies kann jedoch mit der geringen Anzahl von Befragten mit vier Kindern zusammenhängen.
248 Keine und viele Kinder (je nach Ehedauer drei bis mehr als fünf) erhöhen in dieser Untersuchung
das Scheidungsrisiko.

Abbildung 21: Anteil nicht geschiedener Ehen nach Anzahl der Kinder
(Survivalwerte, gewichtet)

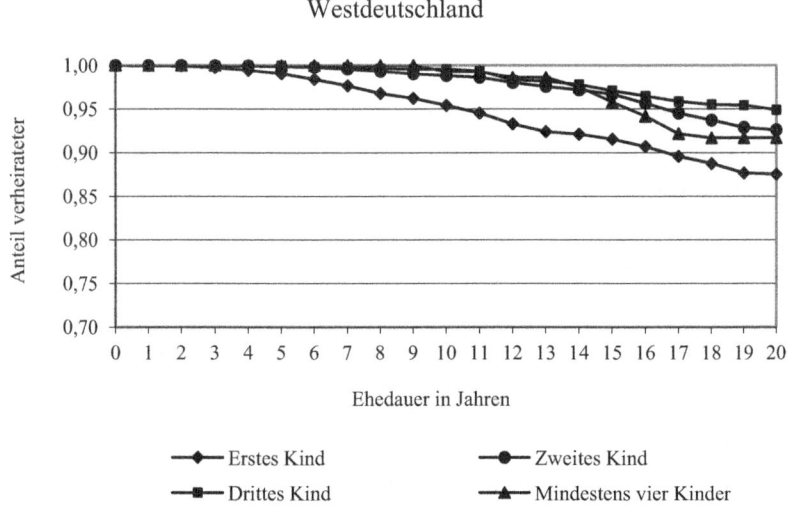

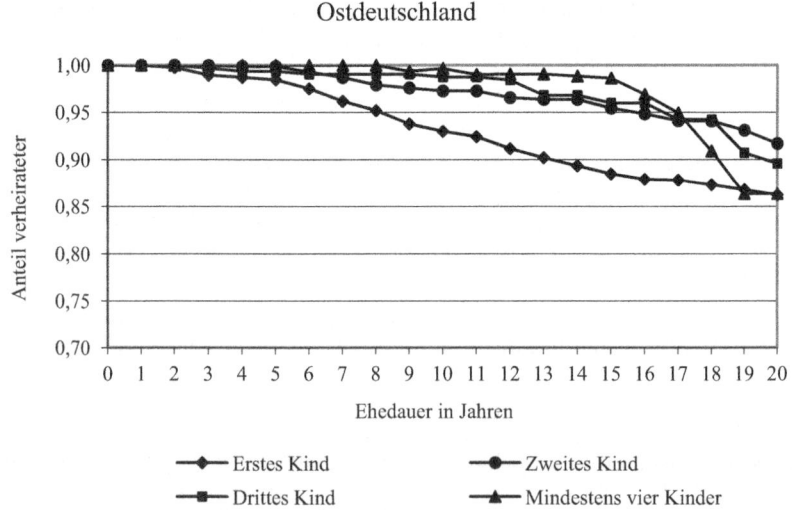

Quelle: Familiensurvey 2000, eigene Berechnungen

Tabelle 14: Scheidungsrisiko für Ehepaare nach Anzahl der Kinder in Westdeutschland (gewichtet)

	Alle			Frauen		Männer	
	Modell 1	Modell 2	Modell 3	Modell 4	Modell 5	Modell 6	Modell 7
Ehedauer [b]	0,914***	0,923***	0,923***	0,914***	0,914***	0,923**	0,923**
ln (Ehedauer) [b]	1,663***	1,663***	1,663***	1,663***	1,663***	1,663***	1,664***
Erstes Kind [a,b]	0,407****	0,402***	1,890	0,626*	0,342	0,289***	2,832
Zweites Kind [a,b]	0,262***	0,275***	0,143+	0,482***	0,098+	0,141***	0,215
Drittes Kind [a,b]	0,210***	0,217****	0,113	0,440**	0,861	0,131***	0,111
Mindestens vier Kinder [a,b]	0,334**	0,333*	2,480	0,278*	7,683	0,595*	0,089
Erstes Kind * emotionaler Nutzen			0,208+		1,184		0,058*
Zweites Kind* emotionaler Nutzen			1,571		1,456		0,699
Drittes Kind * emotionaler Nutzen			1,571		0,650		0,902
Min. vier Kinder*emotionaler Nutzen			0,110		0,081		2,888
Kohabitationsdauer	0,932+	0,905*	0,905*	0,835*	0,835**	1,000**	1,000**
Dauer bis Haushaltsgründung	0,960+	0,960	0,960	1,000	1,000	1,000	1,000
Heiratsalter der Ehefrau	1,010	1,016+	1,016	1,016*	1,010	1,010	1,010
Heiratsalter des Ehemanns	0,990	0,990	0,990	0,990	0,990	0,990	0,990
Wohneigentum [a]	0,373***	0,370***	0,370***	0,357***	0,349***	0,368***	0,357***
Kirchgangshäufigkeit [a]	0,657**	0,763**	0,756+	0,625*	0,625*	0,819*	0,811*
Kirchliche Heirat [a]	0,631***	0,684**	0,684*	0,684*	0,691+	0,861	0,878
Frau vollzeiterwerbstätig [a,b]				1,532**	1,549*		
Frau teilzeiterwerbstätig [a,b]				0,961	0,970		
Mann vollzeiterwerbstätig [a,b]						0,297*	0,292*
Mann teilzeiterwerbstätig [a,b]						0,775**	0,783**
Heiratskohorte 1971-80 [a]	1,632***	1,507***	1,508**	1,833***	1,851**	2,323	2,350
Heiratskohorte 1981-90 [a]	2,915***	2,974***	2,945***	3,254**	2,974***	3,353***	3,353***
Heiratskohorte 1991-2000 [a]	3,669***	3,320***	3,004***	3,353**	3,387**	3,815**	3,933**
Bildungshomogamie [a]	0,887**	0,889*	0,889*	0,862+	0,864+	0,823	0,824
Beide katholisch [a]	0,869	0,869	0,869	0,990	0,990	0,771+	0,779
Bildung Vater in Jahren	0,896**	0,861**	0,861**	0,878+	0,878+	0,795**	0,803**
Bildung Ehefrau in Jahren	1,041	1,051	1,051	1,150+	1,150+	0,980*	0,970*
Bildung Ehemann in Jahren	0,980	0,970	0,970	0,980	0,980	1,010	1,030
Familienorientierter Partnerschaftstyp [a]		0,962**	0,919**	0,969**	0,972**	0,941***	0,940**
Vereinbarkeit Beruf + Familienleben		0,740+	0,740*	1,180	1,174	0,527*	0,570*
Einstellung zur Mutterrolle		0,808***	0,804***	0,823***	0,787***	0,825***	0,845**
Kindorientierte Ehepaare		0,763	0,779	1,273	0,472	0,292***	0,606
Ökonomischer Nutzen von Kindern		0,771*	0,775*	1,691**	2,004**	0,464***	0,425**
Kennenlernen: B-F-V [a]	0,819***	0,787***	0,795+	0,613*	0,607*	0,723*	0,742*
Kennenlernen: S-A-B [a]	0,878**	0,869*	0,869	0,835*	0,827+	0,795**	0,803**
Mehrfachehe [a]	2,349***	2,351***	2,349***	2,494***	2,492***	2,406***	2,396***
Episoden	30578	29806	29806	16313	16413	11425	11425
Rechtszensierte Werte	329	321	321	184	184	125	125
Loglikelihood	-2391,775	-2329,980	-2329,979	-1203,722	-1203,721	-962,229	-962,227

[a] Dummyvariable (0/1), [b] zeitabhängig, + p <0,1 * p < 0,05; p** <0,01, *** p <0,001

Anmerkungen:
Kindorientierte Ehepaare: Kann auch als emotionaler Nutzen von Kindern interpretiert werden
Kennenlernen: B-F-V: Kennenlernen durch Bekannte, Freunde oder Verwandte
Kennenlernen: S-A-B: Kennenlernen in Schule, Ausbildung, Beruf, Hobby, Verein oder beim Sport.

Quelle: Familiensurvey 2000, eigene Berechnungen.

Tabelle 15: Scheidungsrisiko für Ehepaare nach Anzahl der Kinder in Ostdeutschland (gewichtet)

	Alle			Frauen		Männer	
	Modell 1	Modell 2	Modell 3	Modell 4	Modell 5	Modell 6	Modell 7
Ehedauer [b]	0,851***	0,869***	0,869***	0,827***	0,827***	0,811***	0,795***
ln (Ehedauer) [b]	1,669***	1,668***	1,668***	1,667***	1,667***	1,671***	1,672***
Erstes Kind [a, b]	0,392***	0,411***	2,644	0,571*	2,883+	0,330***	0,630
Zweites Kind [a, b]	0,235***	0,257***	0,096*	0,387**	2,662+	0,237***	0,082**
Drittes Kind [a, b]	0,219**	0,254**	0,088*	0,495*	2,144	0,213**	0,051**
Mindestens vier Kinder [a, b]	0,135***	0,134***	2,782	0,183***	2,951	0,082	0,099
Erstes Kind * emotionaler Nutzen			0,113*		0,078**		0,358
Zweites Kind* emotionaler Nutzen			2,232*		0,092+		2,391*
Drittes Kind * emotionaler Nutzen			41,38+		0,083		2,942*
Min. vier Kinder*emotionaler Nutzen			0,066		0,054+		
Kohabitationsdauer	1,090**	1,082*	1,082*	1,136**	1,174**	0,996	1,009
Dauer bis Haushaltsgründung	0,980	0,990	0,990	1,062	1,094	0,896	0,786
Heiratsalter der Ehefrau	0,905**	0,914**	0,914*	0,852**	0,852*	0,932*	0,942
Heiratsalter des Ehemanns	0,951*	0,961	0,961	1,030	1,030	0,869**	0,861**
Wohneigentum [a]	0,335***	0,359***	0,354***	0,352***	0,364***	0,370***	0,381***
Kirchgangshäufigkeit [a]	1,017***	*1,020**	1,018*	1,071	1,073	1,041**	1,036**
Kirchliche Heirat [a]	0,589	0,644*	0,670	0,712	0,698	0,298**	0,310**
Frau vollzeiterwerbstätig [a, b]				1,000	1,010		
Frau teilzeiterwerbstätig [a, b]				0,470***	0,474**		
Mann vollzeiterwerbstätig [a, b]						0,317***	0,376**
Mann teilzeiterwerbstätig [a, b]						1,044**	1,070*
Heiratskohorte 1971-80 [a]	1,412	1,603	1,603	1,423	1,492	1,331*	1,886*
Heiratskohorte 1981-90 [a]	2,034***	2,974***+	3,065***	2,678*	2,746*	2,551***	2,537***
Heiratskohorte 1991-2000 [a]	1,614*	1,665+	1,553*	2,502	2,460	2,517**	2,522**
Bildungshomogamie [a]	1,034*	1,044**	1,042+	1,024	1,033	1,053*	1,053*
Beide katholisch [a]	0,667***	0,656**	0,671***	0,363	0,377	0,715**	0,738**
Bildung Vater in Jahren	0,970*	0,942*	0,951**	0,923**	0,896**	0,951	0,980
Bildung Ehefrau in Jahren	0,896**	0,878*	0,878*	0,869***	0,887**	1,051	1,020
Bildung Ehemann in Jahren	1,041*	1,073*	1,073**	0,983	0,972	1,112*	1,117*
Familienorientierter Partnerschaftstyp [a]		1,021*	1,024*	1,078***	1,080*	0,932*	0,937*
Vereinbarkeit Beruf + Familienleben		0,807	1,006	1,020	1,021	1,044*	1,036*
Einstellung zur Mutterrolle		0,814***	0,804***	0,780**	0,787***	0,870*	0,865*
Kindorientierte Ehepaare		0,682**	0,311	0,852*	1,680+	1,089	0,488
Ökonomischer Nutzen von Kindern		1,514*	1,597*	1,180	1,207	1,979*	1,933*
Kennenlernen: B-F-V [a]	0,905+	0,984+	0,977+	0,638+	0,929	0,690*	0,689*
Kennenlernen: S-A-B [a]	1,029*	1,025*	1,028*	0,952	0,962	1,084**	1,074*
Mehrfachehe [a]	2,866***	2,838***	2,889***	3,028***	3,062***	2,835***	2,954***
Episoden	8834	8659	8659	4818	4818	5373	5373
Rechtszensierte Werte	144	138	138	79	79	55	55
Loglikelihood	-740,870	-726,455	-726,449	-403,846	-403,842	-294,923	-294,918

[a] Dummyvariable (0/1), [b] zeitabhängig, + p <0,1 * p < 0,05; p** <0,01, *** p <0,001

Anmerkungen:
Kindorientierte Ehepaare: Kann auch als emotionaler Nutzen von Kindern interpretiert werden
Kennenlernen: B-F-V: Kennenlernen durch Bekannte, Freunde oder Verwandte
Kennenlernen: S-A-B: Kennenlernen in Schule, Ausbildung, Beruf, Hobby, Verein oder beim Sport.

Quelle: Familiensurvey 2000, eigene Berechnungen.

Frau in Westdeutschland gebiert, desto höher ist ihre Ehestabilität. Für westdeutsche Männer vermindert sich mit jeder weiteren Geburt bis zu drei Kindern die Scheidungswahrscheinlichkeit zunehmend, mindestens vier Kinder[249] haben dagegen keinen Einfluss auf die Ehestabilität.

In Ostdeutschland (Basis- und erweitertes Modell) sinkt mit jeder Geburt das Scheidungsrisiko hochsignifikant. Dieses Ergebnis ist auf ostdeutsche Männer übertragbar; je mehr Kinder sie besitzen, desto geringer ist ihr Scheidungsrisiko.[250] In Ostdeutschland haben weibliche Befragte mit mindestens vier Kindern, gefolgt von solchen mit zwei und drei Kindern, die höchste Ehestabilität, ein einzelnes Kind reduziert das Scheidungsrisiko am geringsten.

Mit Blick auf die zu untersuchenden Hypothesen zeigt sich zwischen der Anzahl der Kinder und der Ehestabilität folgendes Bild: Die Hypothese (8) der Austauschtheorie kann nicht bestätigt werden, denn mit steigender Anzahl von Kindern vermindert sich in keinem Modell die Ehestabilität, gegenüber der Referenzkategorie.

Die Reduktion des Scheidungsrisikos sinkt kontinuierlich mit der Anzahl der Kinder in nahezu allen Modellen. Was die Austauschtheorie unter vielen Kindern versteht, ist offen. In Deutschland werden durchschnittlich weniger als zwei Kinder, in den jüngeren Kohorten sogar noch weniger Kinder geboren. Ehepaare mit drei Kindern haben – je nach Sichtweise – schon viele Kinder; letztendlich ist dies eine Frage des Blickwinkels.[251] Auch die Hypothese (16) der Familienökonomie, die besagt, dass mit der Anzahl der Kinder deren Grenznutzen sinkt beziehungsweise sich mit steigender Anzahl von Kindern, die im Haushalt der Eltern leben, der Nutzen nicht proportional erhöht, lässt Diskussionsspielraum.

In Ostdeutschland sinkt für alle Befragten sowie Männer mit steigender Anzahl der Kinder das Scheidungsrisiko, ebenso wie für westdeutsche Frauen. Der Nutzenzuwachs erhöht sich mit der Geburt von Kindern aber nicht konstant. Im Basismodell (Modell 2, Tabelle 15) ist der Nutzenzuwachs vom ersten zum zweiten Kind $-15,4\,\%$[252] und vom zweiten zum dritten Kind $0,3\,\%$[253] etc. In Westdeutschland ist der Verlauf für alle Befragten und Männer u-förmig, auch hier erhöht sich der Nutzenzuwachs folglich nicht konstant. Dieses Ergebnis

---

249 Das Ergebnis ist nicht signifikant, vom Wert (0,595) ist auf eine geringere Ehestabilität als für ein bis drei Kinder zu schließen.

250 Das vierte Kind hat zwar keinen signifikanten Einfluss auf das Scheidungsrisiko, vom Zahlenwert (0,082) ist auf eine sehr hohe Ehestabilität zu schließen. Die Nicht-Signifikanz ist vermutlich mit dem Anteil von ostdeutschen Männern mit vier Kindern (0,34 %).

251 Eine weitere Differenzierung für mehr als vier Kinder ist auf Grund des Stichprobenumfangs jedoch nicht sinnvoll.

252 ((0,411 - 0,257) - 1) * 100.

253 ((0,257 - 0,254) - 1) * 100.

spricht für die Hypothese der Familienökonomie. Besagt die Interpretation aber, dass mit der Zunahme der Kinderzahl die Ehestabilität im Vergleich zu einem Kind sinkt, ist die Hypothese zu verwerfen.

Ein weiterer Aspekt, der mit der Analyse der Anzahl der Kinder untersucht werden kann, ist nach dem Value-of-Children-Ansatz die Frage, inwiefern das Zusammenspiel zwischen der Anzahl von Kindern und dem emotionalen Nutzen, den Eltern ihren Kindern zuschreiben, Auswirkungen auf das Scheidungsrisiko hat. Die von dem Value-of-Children-Ansatz abgeleiteten Hypothesen (17 und 21) besagen: Falls der emotionale Nutzen von Kindern hoch bewertet wird, sind viele Kinder nicht zwangsläufig nutzensteigernd, da ihr Nutzen nicht kumuliert werden kann. Ein oder zwei Kinder können für die psychische Befriedigung ausreichen, während keine oder viele Kinder eher das Scheidungsrisiko erhöhen. In dieser Untersuchung wurde der emotionale Nutzen durch die Frage[254] „... Kinder im Haushalt zu haben und aufwachsen zu sehen macht Spaß" operationalisiert. Die Ergebnisse der multivariaten Analysen für alle Modelle (Modelle 3, 5 und 7 in Tabelle 14 und Tabelle 15) zeigen für Ehepaare, die den emotionalen Wert ihrer Kinder hoch bewerten, ein geringeres Scheidungsrisiko als für kinderlose Ehepaare, die den emotionalen Nutzen gering bewerten[255], und kinderlose Ehepaare, die den emotionalen Nutzen hoch bewerten. Die Berechnung der Effekte wird am Beispiel von Modell 3 in Tabelle 14 dargestellt. Beim Eintreffen beider Faktoren (ein bis mindestens vier eheliche Kinder und hoher emotionaler Nutzen) verringert sich für ein Kind das Scheidungsrisiko um den Faktor 0,306[256], für das zweite Kind um den Faktor 0,175[257], für das dritte Kind um den Faktor 0,138[258] und für das mindestens vierte Kind um den Faktor 0,212[259] im Vergleich zur Referenzkategorie.

Kinderlose Ehepaare, die Kindern einen hohen emotionalen Nutzen zuschreiben, haben in diesem Modell ein um den Faktor 0,779 geringeres Scheidungsrisiko als die Referenzkategorie. Ob in Ehen, die den emotionalen Nutzen der Kinder hoch bewerten, nur ein bis zwei Kinder nutzensteigernd wirken und infolgedessen die Ehestabilität mehr erhöhen als drei bis mindestens vier Kinder, kann mittels der Werte in den Modellen 3, 5 und 7 in Tabelle 14 und Tabelle 15 analog zur Beispielrechnung berechnet werden. Die Ergebnisse werden an dieser Stelle für alle Modelle in der Reihenfolge des geringsten Scheidungsrisikos zusammengefasst. In Westdeutschland reduzieren drei und zwei Kinder für alle

---

254 Diese Frage wurde auch verwendet, um die Kindorientierung von Eltern zu messen.
255 Das ist die Referenzkategorie.
256 1,890 x 0,208 x 0,779.
257 0,143 x 1,571 x 0,779.
258 0,113 x 1,571 x 0,779.
259 2,480 x 0,110 x 0,779.

Befragten das Scheidungsrisiko am stärksten. Für westdeutsche Frauen ist das zweite gefolgt vom ersten Kind und für westdeutsche Männer das dritte und zweite Kind mit der höchsten Ehestabilität verbunden. In Ostdeutschland vermindern das vierte und erste Kind für alle Befragten, das vierte und zweite Kind bei Frauen und das dritte und zweite Kind bei Männern[260] das Scheidungsrisiko am meisten. Die Ergebnisse der multivariaten Analysen können die Hypothesen (18 und 21) des Value-of-Children-Ansatzes nur im Vergleich zu kinderlosen Ehepaaren bestätigen. Ein und zwei Kinder reduzieren nur für westdeutsche Frauen, die den emotionalen Nutzen von Kindern hoch bewerten, das Scheidungsrisiko stärker als für Frauen mit der gleichen Einstellung und drei oder mindestens vier Kindern. In allen anderen Modellen erhöhen drei oder mindestens vier Kinder die Ehestabilität mehr als ein oder zwei Kinder.

Die berichteten Ergebnisse der Interaktionseffekte können auch zur differenzierten Analyse zwischen Kindorientierung und dem Vorhandensein von ehelichen Kindern, wie in Kapitel 5.3.2 (Eheliche Kinder und Interaktionseffekte), genutzt werden. An dieser Stelle werden die Ergebnisse nur kurz umrissen, da die zu bestätigenden Hypothesen nicht expliziert auf die Anzahl der Kinder eingehen. Alle kindorientierten Ehepaare mit ein bis mindestens vier Kindern haben im Vergleich zu kinderlosen Ehepaaren, die nicht kindorientiert sind, ein geringeres Scheidungsrisiko. Werden diese Eltern solchen Ehepaaren gegenübergestellt, die wenig kindorientiert sind und eheliche Kinder[261] besitzen, zeigt sich ein anderes Bild. In Westdeutschland ist für alle Befragten das erste und vierte Kind, für Frauen sind alle Kinder und für Männer alle außer dem vierten Kind ehestabilisierend im Verhältnis zur Vergleichsgruppe. In Ostdeutschland sind für alle Befragten alle Kinder – außer dem vierten Kind –, für Frauen alle Kinder und für Männer nur das erste und vierte Kind im Vergleich zur Vergleichsgruppe ehestabilisierend. Die Ergebnisse können folglich die Hypothesen des Value-of-Children-Ansatzes (Hypothese 22 und der Theorie der Anspruchssteigerung (Hypothese 4) für fast alle Modelle und jede Anzahl von Kindern bestätigen. Im Gegenzug wird die Individualisierungstheorie (Hypothese 2) nur für einzelne Fälle bestätigt, und zwar wenn kindorientierte Ehepaare mit ehelichen Kindern mit nicht kindorientierten Ehepaaren mit ehelichen Kindern verglichen werden.

Ein weiterer Aspekt, der an dieser Stelle untersucht wird, ist die Frage, ob der Einfluss der Anzahl von Kindern auf die Ehestabilität auf einem Kohorteneffekt beruht. Tabelle 16 gibt Auskunft darüber, wie sich die Ehestabilität nach der

---

260 Für ostdeutsche Männer mit vier Kindern kann – bedingt durch die geringe Fallzahl – kein Effekt berechnet werden.
261 Wird im Anschluss als Vergleichsgruppe bezeichnet.

Tabelle 16: Scheidungsrisiko für Ehepaare in West- und Ostdeutschland nach Anzahl der Kinder und Kohorte (gewichtet)

	Alle Westdeutschland			Alle Ostdeutschland		
	Kohorte 1961-1970	Kohorte 1971-1980	Kohorte 1961-1970	Kohorte 1971-1980	Kohorte 1961-1970	Kohorte 1971-1980
	Modell 1	Modell 2	Modell 3	Modell 4	Modell 5	Modell 6
Ehedauer [b]	0,961+	0,980	0,827***	0,942	0,795***	0,741**
ln (Ehedauer) [b]	1,656***	1,658***	1,671***	1,659***	1,670**	1,675***
Erstes Kind [a, b]	0,537**	0,562**	0,237***	0,613*	0,650*	0,225***
Zweites Kind [a, b]	0,420**	0,417**	0,202***	0,844	0,361**	0,193***
Drittes Kind [a, b]	0,416**	0,340**	0,125***	0,407	0,502**	0,137***
Mindestens vier Kinder [a, b]	0,719	0,993	0,131**	0,383	0,120**	0,096+
Kohabitationsdauer	1,786*	1,471**	0,889***	1,127	1,297*	0,980
Dauer bis Haushaltsgründung	1,060	1,040*	0,941*	0,896	1,020	0,960+
Heiratsalter der Ehefrau	1,073*	1,041*	1,002	0,577**	0,898**	0,951*
Heiratsalter des Ehemanns	0,990	1,030	0,998	1,584**	0,990	0,878*
Wohneigentum [a]	0,502**	0,384***	0,266***	0,497	0,397**	0,265***
Kirchgangshäufigkeit [a]	0,644+	0,970	0,726**	1,076*	1,010	1,028*
Kirchliche Heirat [a]	0,691*	0,600*	0,961	1,116	0,468	0,458*
Bildungshomogamie [a]	0,890	**0,669	0,987	0,463	1,077*	1,063
Beide katholisch [a]	1,174+	1,073	0,664**	0,444**	1,000	0,754**
Bildung Vater in Jahren	0,878*	0,**802	0,904**	0,472*	0,843*	0,970
Bildung Ehefrau in Jahren	0,932	1,000	0,928	1,234	1,051	0,755**
Bildung Ehemann in Jahren	1,105	0,914	1,030	0,733	1,197*	0,878
Familienorientierter Partnerschaftstyp [a]	0,947*	1,007	0,959**	1,116*	1,006	0,941*
Vereinbarkeit Beruf + Familienleben	0,323*	0,495**	1,030	0,969	1,297	0,275
Einstellung zur Mutterrolle	0,771**	0,875**	0,852**	0,747+	0,705**	0,796**
Kindorientierte Ehepaare	1,221*	0,727	0,106***	1,164	0,637***	0,818
Ökonomischer Nutzen von Kindern	1,901+	0,878	0,453**	1,038	1,028	1,204*
Kennenlernen: B-F-V [a]	0,625*	0,522**	0,861	0,445*	1,101	1,321*
Kennenlernen: S-A-B [a]	0,841*	0,870*	0,756	0,923	1,620	1,276
Mehrfachehe [a]	1,657***	2,250***	3,121***	2,915**	2,416***	4,057***
Episoden	12748	10458	19718	1803	3877	2979
Rechtszensierte Werte	56	104	161	18	54	66
Loglikelihood	-605,691	-837,924	-886,266	-155,112	-328,327	-242,959

[a] Dummyvariable (0/1), [b] zeitabhängig, + p <0,1 * p < 0,05; p** <0,01, *** p <0,001

Anmerkungen:
Kindorientierte Ehepaare: Kann auch als emotionaler Nutzen von Kindern interpretiert werden
Kennenlernen: B-F-V: Kennenlernen durch Bekannte, Freunde oder Verwandte
Kennenlernen: S-A-B: Kennenlernen in Schule, Ausbildung, Beruf, Hobby, Verein oder beim Sport.

Quelle: Familiensurvey 2000, eigene Berechnungen.

Anzahl der Kinder für drei Heiratskohorten[262] verändert. Je mehr Kinder in Westdeutschland – bis zum dritten Kind – geboren werden, desto höher ist die Ehestabilität in der Kohortenabfolge. Für die ersten beiden Heiratskohorten 1961-1970 und 1971-1980 ist das vierte Kind[263] nicht ehestabilisierend, in der dritten Heiratskohorte (1981-2000) hat das vierte Kind mit dem Faktor 0,131 einen nahezu identisch hohen Einfluss auf das Scheidungsrisiko wie das dritte Kind mit dem Faktor 0,125. Zwischen der ersten und dritten Kohorte vermindert sich in Westdeutschland das Scheidungsrisiko für eheliche Kinder um mehr als 40 %. Zum Beispiel verringert in der ersten Heiratskohorte das erste Kind das Scheidungsrisiko um –46,3 %, das zweite um –58 %, in der dritten Kohorte das erste Kind um –76,3 % und das zweite um –79,8 %. In Ostdeutschland hat in der ersten Heiratskohorte nur die Geburt des ersten Kindes Einfluss auf die Ehestabilität, für zwei bis mindestens vier Kinder sind die Effekte nicht signifikant. Ostdeutsche Ehepaare mit zwei und mindestens vier Kindern weisen in der Heiratskohorte 1971-1980 die stabilsten Ehen auf. Dagegen erhöht sich mit jeder weiteren Geburt in der jüngsten ostdeutschen Heiratskohorte die Ehestabilität um ein Vielfaches.[264] Die Ergebnisse bestätigen den vermuteten Kohorteneffekt für Westdeutschland bis zu drei Kindern, je jünger die Heiratskohorten sind und je mehr Kinder bis maximal drei Kinder geboren werden, desto geringer ist das Scheidungsrisiko. In Ostdeutschland haben in der Heiratskohorte 1961-1970 nur erste Kinder einen signifikanten Einfluss auf das Scheidungsrisiko. In der zweiten und dritten Kohorte erhöht sich mit der Anzahl der Kinder die Ehestabilität, mit Ausnahme der Heiratskohorte 1971-1980, aus diesem Grund kann der angenommene Kohorteneffekt nur eingeschränkt bestätigt werden.

Die Analyse der Modelle für verschiedene Ehejahrgänge ist auch in Bezug auf die Variablen, die die Einstellung der Eltern zu den Kindern überprüfen, interessant. Insbesondere für Westdeutschland[265] zeigen sich aufschlussreiche Unterschiede in der Kohortenabfolge. Familienorientierte Partnerschaftstypen haben in der ersten und dritten Heiratskohorte ein etwas geringeres Scheidungsrisiko als andere Partnerschaftstypen, für die zweite Kohorte ist kein signifikanter Effekt identifizierbar. In der Kohortenabfolge vermindert sich der Einfluss traditioneller Einstellung zur Vereinbarkeit von Beruf und Familienleben. Eine traditionelle Einstellung zu Beruf und Familie verringert für die Heiratskohorte

---

262 Aufgrund der geringen Stichprobengröße, insbesondere in Ostdeutschland, für die Untersuchung des Einflusses mehrerer Kinder auf das Scheidungsrisiko wurden die letzten beiden Kohorten zusammengefasst. Eine andere Differenzierung erschien nicht sinnvoll, da sonst keine Unterschiede zwischen älteren und jüngeren Kohorten aufgezeigt werden können.
263 Die Ergebnisse sind nicht signifikant.
264 Für vier Kinder ist der Einfluss nur auf dem 10-%-Signifikanzniveau signifikant.
265 Für Ostdeutschland ist der Stichprobenumfang oftmals zu gering, um Effekte aufzudecken.

1961-1980 das Scheidungsrisiko um −67,7 %, für die Heiratskohorte 1971-1980 nur noch um −50,5 % und hat für die letzte Heiratskohorte keinen (signifikanten) Einfluss.[266] Je traditioneller die Einstellung zur Mutterrolle ist, desto geringer ist das Scheidungsrisiko für die erste Heiratskohorte mit −22,9 %, für die anderen Heiratskohorten sind die Werte mit −12,5 % zu 14,8 % ähnlich hoch. Je höher der emotionale Nutzen von Kindern bewertet wird beziehungsweise die Ehepaare kindorientiert sind, desto geringer ist das Scheidungsrisiko in der Kohortenabfolge ab 1971. In der ersten Kohorte erhöht die Kindorientierung das Scheidungsrisiko um 22,1 %, in der zweiten wird es um −27,3 % und in der Heiratskohorte 1981-2000 um −89,4 % reduziert. Vergleichbaren Einfluss haben Ehepaare, die den ökonomischen Nutzen von Kindern hoch bewerten. Für die Heiratskohorte 1961-1970 erhöht sich das Scheidungsrisiko um 90,1 %[267], für die Heiratskohorte 1971-1980 sind die Effekte nicht signifikant[268], während sich das Scheidungsrisiko in der letzten Heiratskohorte um 54,7 % verringert. Ostdeutsche Befunde weichen deutlich von den westdeutschen ab. In ostdeutschen Ehen vermindert sich für familienorientierte Ehepaare der ersten Heiratskohorte die Ehestabilität um 11,6 %, für die zweite Kohorte ist der Effekt nicht signifikant[269], dagegen erhöht sich die Ehestabilität in der Heiratskohorte 1981-2000 um den Faktor 0,941.[270] Die Vereinbarkeit von Beruf und Familienleben hat in keiner Kohorte einen signifikanten Einfluss auf die Ehestabilität. Ebenso zeigt die Einstellung zur Mutterrolle kein eindeutiges Bild. Je traditioneller Ehepaare eingestellt sind, desto geringer ist das Scheidungsrisiko für die zweite Kohorte mit −29,5 %, gefolgt von der ersten Kohorte mit −25,3 % und der dritten Kohorte mit −20,4 %. Der emotionale Nutzen von Kindern[271] hat nur für die dritte Kohorte einen signifikanten Einfluss.[272] Mit der Bedeutung des ökonomischen Nutzens von Kindern erhöht sich für Ehepaare der Heiratskohorte 1981-2000 das Scheidungsrisiko um 20,4 %, für alle anderen Kohorten ist der Effekt nicht signifikant.

---

266 Vom Zahlenwert alleine (1,030) würde sich die Ehestabilität um 3 % gegenüber der Referenzkategorie vermindern.

267 Nur auf dem 10-%-Signifikanzniveau signifikant.

268 Der reine Zahlenwert ist 0,878, d. h. −12,2 %.

269 Von dem Zahlenwert (1,006) = 0,6 % ist auf ein leicht erhöhtes Scheidungsrisiko zu schließen. 270 = −5,9 %.

271 Identisch mit kindorientierten Ehepaaren.

272 Von den Zahlenwerten (1,164 für die erste Kohorte und 0,818) ist das Scheidungsrisiko für die erste Kohorte am höchsten, gefolgt von der dritten Kohorte und am geringsten für die zweite Kohorte.

5.4.2 Alter der Kinder

In diesem Abschnitt wird untersucht, ob das Alter und die Anwesenheit von ehelichen Kindern Einfluss auf die Ehestabilität nimmt. Die Familienökonomie (Hypothese 16) geht davon aus, dass sich mit zunehmendem Alter von Kindern der Nutzen verringert, da Kinder einer Abschreibungsrate unterliegen. Folglich sollten insbesondere jüngere Kinder die Ehestabilität erhöhen und sich der positive Einfluss der Elternschaft mit steigendem Alter der Kinder oder mit deren Auszug vermindern. Daneben folgert Levinger (1979: 24) aus der Austauschtheorie, dass insbesondere kleine Kinder als Barriere gegen Ehescheidung dienen.[273] Auf Grundlage der familienökonomischen Überlegungen zur Arbeitsteilung in Haushalten sollte die ehestabilisierende Wirkung mit dem Betreuungsaufwand der Kinder variieren. Für die multivariaten Analysen wurden deshalb sechs verschiedene zeitabhängige Dummyvariablen konstruiert, die die jüngsten Kinder einer Ehe entsprechend ihres Betreuungsaufwandes in Altersklassen[274] unterteilen.

Ein erster Blick auf die multivariaten Analysen (Tabelle 17 und Tabelle 18) für alle Befragten bestätigt, dass Kinder[275] nur bis zu einem bestimmten Alter das Scheidungsrisiko vermindern. In Westdeutschland (siehe Tabelle 17) vermindern Kinder bis zu 11 Jahren das Scheidungsrisiko[276], danach haben Kinder keinen Einfluss auf die Ehestabilität beziehungsweise verringern diese sogar. Für Ehepaare mit ehelichen Kindern im Alter bis zu drei Jahren ist das Scheidungsrisiko -67 %, über drei bis zu sieben Jahren −45,9 % und für Kinder über sieben bis elf Jahre -49,7 % geringer als für die Referenzgruppe. Ist das jüngste Kind älter als elf und jünger als fünfzehn Jahre alt, hat es keinen Einfluss auf die Ehestabilität[277], im Alter über fünfzehn bis unter neunzehn Jahre erhöht sich das Scheidungsrisiko[278] für die Eltern um 22,1 %. Ehepaare, deren jüngstes Kind über neunzehn Jahre ist oder bei denen falls alle Kinder aus dem elterlichen Haushalt ausgezogen sind, haben ein deutlich höheres Scheidungsrisiko von 212,7 %. Die Analyse getrennt für westdeutsche Männer und Frauen zeigt ein ähnliches Bild. Die Modelle für befragte Frauen zeigen, wie schon in den

---

273 Hypothese 9.
274 Die letzte Altersklasse steht für Kinder, die älter als 19 Jahre alt sind oder nicht im elterlichen Haushalt leben.
275 Hier wird immer auf jüngste Kinder Bezug genommen. Im Folgenden wird zur Erleichterung des Leseflusses darauf verzichtet, das Adjektiv „jüngstes" zu verwenden.
276 Die Werte des erweiterten Modells werden an dieser Stelle angegeben.
277 Das Ergebnis ist nicht signifikant. Vom reinen Zahlenwert (1,097) ist auf einen gering ehedestabilisierenden Effekt zu schließen.
278 Nur auf dem 10-%-Signifikanzniveau signifikant.

Tabelle 17: Scheidungsrisiko für Ehepaare in Westdeutschland nach Alter der Kinder (gewichtet)

	Alle		Frauen		Männer	
	Modell 1	Modell 2	Modell 3	Modell 4	Modell 5	Modell 6
Ehedauer [b]	0,869***	0,869***	0,914**	0,914**	0,835***	0,827***
ln (Ehedauer[2]) [b]	1,662***	1,662***	1,661***	1,661***	1,664***	1,665***
Alter jüngstes Kind bis 3 Jahre [a, b]	0,301***	0,330***	0,395***	0,411**	0,223***	0,216***
Alter jüngstes Kind über 3 bis 7 Jahre [a, b]	0,533**	0,541**	0,681*	0,748*	0,361***	0,364***
Alter jüngstes Kind über 7 bis 11 Jahre [a, b]	0,492*	0,503*	0,593*	0,657*	0,301***	0,302***
Alter jüngstes Kind über 11 bis 15 Jahre [a, b]	0,981	1,097	0,796	0,923	1,062	1,083
Alter jüngstes Kind über 15 bis 19 Jahre [a, b]	1,094	1,221+	0,559**	0,618*	2,460	2,462*
Alter jüngstes Kind über 19 Jahre [a, b, 279]	3,321***	3,127***	1,168	1,185	3,222*	2,773***
Kohabitationsdauer	0,923*	0,896*	0,844*	0,835**	1,041***	1,044*
Dauer bis Haushaltsgründung	0,960+	0,960+	0,940+	1,000*	0,980*	1,020
Heiratsalter der Ehefrau	1,000	1,000	1,000	1,010	1,000	1,010
Heiratsalter des Ehemanns	0,990	0,990	0,990	0,990	1,000	0,980
Wohneigentum [a]	0,373***	0,373***	0,373***	0,387***	0,392***	0,390***
Kirchgangshäufigkeit [a]	0,644**	0,771**	0,566**	0,631**	0,787**	0,887**
Kirchliche Heirat [a]	0,625	0,684**	0,577**	0,677*	0,756**	0,878**
Frau vollzeiterwerbstätig [a, b]	**			1,533*		
Frau teilzeiterwerbstätig [a, b]				0,981		
Mann vollzeiterwerbstätig [a, b]						0,297*
Mann teilzeiterwerbstätig [a, b]						0,781**
Heiratskohorte 1971-80 [a]	1,682***	1,699**	1,951***	1,632*	1,522+	1,492+
Heiratskohorte 1981-90 [a]	3,025***	2,746***	3,287***	3,127***	3,935***	2,829***
Heiratskohorte 1991-2000 [a]	3,006***	3,069***	3,156***	3,753**	3,057***	3,975***
Bildungshomogamie [a]	0,878**	0,879**	0,855*	0,860+	0,805	0,803
Beide katholisch [a]	0,852	0,852	0,905	0,980	0,787	0,756+
Bildung Vater in Jahren	0,905***	0,869**	0,902*	0,878*	0,869+	0,835*
Bildung Ehefrau	1,041	1,051	1,150+	1,150+	0,923	0,970
Bildung Ehemann in Jahren	0,961	0,942	0,951	0,961	0,990	0,980
Familienorientierter Partnerschaftstyp [a]		0,959**		0,971**		0,934***
Vereinbarkeit Beruf + Familienleben		0,740+		1,127		0,538*
Einstellung zur Mutterrolle		0,799***		0,833***		0,820**
Kindorientierte Ehepaare		0,536**		1,227		0,256***
Ökonomischer Nutzen von Kindern		0,726*		1,659*		0,426**
Kennenlernen: B-F-V [a]	0,827	0,795*+	0,664*	0,613*	0,951	0,896
Kennenlernen: S-A-B [a]	0,914	0,905	0,827	0,835	0,905	0,827
Mehrfachehe [a]	2,342***	2,344***	2,351***	2,494***	2,356***	2,411***
Episoden	3057	29806	18013	16413	12208	11425
Rechtszensierte Werte	329	321	201	184	128	125
Loglikelihood	-2391,783	-2329,985	-1359,169	-1203,721	-1032,589	-962,224

[a] Dummyvariable (0/1), [b] zeithängig, + p <0,1 * p < 0,05; p** <0,01, *** p <0,001

Anmerkungen:
Kindorientierte Ehepaare: Kann auch als emotionaler Nutzen von Kindern interpretiert werden
Kennenlernen: B-F-V: Kennenlernen durch Bekannte, Freunde oder Verwandte
Kennenlernen: S-A-B: Kennenlernen in Schule, Ausbildung, Beruf, Hobby, Verein oder beim Sport.

Quelle: Familiensurvey 2000, eigene Berechnungen.

---

[279] Oder alle Kinder ausgezogen.

Tabelle 18: Scheidungsrisiko für Ehepaare in Ostdeutschland nach Alter der Kinder (gewichtet)

	Alle		Frauen		Männer	
	Modell 1	Modell 2	Modell 3	Modell 4	Modell 5	Modell 6
Ehedauer [b]	0,763***	0,763***	0,803***	0,795***	0,733***	0,726***
ln (Ehedauer[2]) [b]	1,669***	1,668***	1,666***	1,668***	1,671***	1,671***
Alter jüngstes Kind bis 3 Jahre [a, b]	0,520**	0,567**	0,532**	0,511***	0,475**	0,423**
Alter jüngstes Kind über 3 bis 7 Jahre [a, b]	0,492**	0,483**	0,691**	0,532**	0,444**	0,464**
Alter jüngstes Kind über 7 bis 11 Jahre [a, b]	0,537**	0,663**	0,361**	0,301*	1,145*	1,147*
Alter jüngstes Kind über 11 bis 15 Jahre [a, b]	0,402**	0,449**	0,275**	0,232**	1,002	1,008*
Alter jüngstes Kind über 15 bis 19 Jahre [a, b]	1,582**	1,786*	1,484	1,492	1,965*	1,901*
Alter jüngstes Kind über 19 Jahre [a, b, 280]	3,004*	3,025**	2,160	2,664	3,222**	3,387**
Kohabitationsdauer	1,041	1,010	1,139	1,105	0,970	0,970
Dauer bis Haushaltsgründung	1,010	1,040	1,083	1,127	0,932	0,932
Heiratsalter der Ehefrau	0,923	0,932	0,887	0,861	0,961	0,990
Heiratsalter des Ehemanns	0,951	0,961	1,000	1,030	0,861*	0,852*
Wohneigentum [a]	0,335***	0,354***	0,342***	0,357***	0,328***	0,387**
Kirchgangshäufigkeit [a]	1,014*	1,019*	1,004	1,024	1,069*	1,053*
Kirchliche Heirat [a]	0,791*	0,763*	0,771	0,779	0,483*	0,511*
Frau vollzeiterwerbstätig [a, b]				0,970		
Frau teilzeiterwerbstätig [a, b]				0,478**		
Mann vollzeiterwerbstätig [a, b]						0,385**
Mann teilzeiterwerbstätig [a, b]						1,056*
Heiratskohorte 1971-80 [a]	1,649+	1,537+	1,349	1,756	1,730***	4,665*
Heiratskohorte 1981-90 [a]	2,669***	1,989***	2,773**	2,901*	2,569***	2,372***
Heiratskohorte 1991-2000 [a]	2,004*	1,393*	1,840	1,891	2,640***	2,486**
Bildungshomogamie [a]	1,040*	1,048*	1,033	1,031	1,042*	1,055**
Beide katholisch [a]	0,675***	0,654***	0,823*	0,838*	0,998	0,933*
Bildung Vater in Jahren	0,961*	0,932*	0,914	0,852	1,041	1,041
Bildung Ehefrau	0,914*	0,896*	0,898**	0,932**	1,105	0,990
Bildung Ehemann in Jahren	1,074*	1,083*	1,030	0,970	1,115*	1,173*
Familienorientierter Partnerschaftstyp [a]		1,024*		1,065***		0,953**
Vereinbarkeit Beruf + Familienleben		1,004		1,025		1,053
Einstellung zur Mutterrolle		0,851**		0,784**		0,876*
Kinderientierte Ehepaare		0,871**		0,856*		1,991
Ökonomischer Nutzen von Kindern		1,531*		1,182		2,007**
Kennenlernen: B-F-V [a]	0,705+	0,991	0,719	0,644	0,613	0,595
Kennenlernen: S-A-B [a]	1,027	1,034*	0,983	0,965	1,074+	1,088+
Mehrfachehe [a]	2,821***	2,804***	3,077***	3,004***	2,377***	2,768*
Episoden	8834	8659	5080	4818	3754	3509
Rechtszensierte Werte	144	138	83	79	61	55
Loglikelihood	-740,874	-726,457	-425,401	-403,847	-315,456	-294,925

[a] Dummyvariable (0/1), [b] zeitabhängig, + p <0,1 * p < 0,05; p** <0,01, *** p <0,001

Anmerkungen:
Kindorientierte Ehepaare: Kann auch als emotionaler Nutzen von Kindern interpretiert werden
Kennenlernen: B-F-V: Kennenlernen durch Bekannte, Freunde oder Verwandte
Kennenlernen: S-A-B: Kennenlernen in Schule, Ausbildung, Beruf, Hobby, Verein oder beim Sport.

Quelle: Familiensurvey 2000, eigene Berechnungen.

[280] Oder alle Kinder ausgezogen.

vorhergehenden Analysen, eine geringere Stärke des Zusammenhangs gegenüber
den Modellen für befragte Männer. Sowohl bei Frauen als auch bei Männern[281]
reduzieren eheliche Kinder im Alter bis zu elf Jahren das Scheidungsrisiko. Kinder, die über elf und unter fünfzehn Jahre alt sind, haben weder für Frauen noch
für Männer Einfluss auf die Ehestabilität, denn die Ergebnisse sind nicht signifikant.[282] Ist das jüngste Kind zwischen fünfzehn und neunzehn Jahre alt, vermindert es für Frauen das Scheidungsrisiko im erweiterten Modell (Modell 4, Tabelle 17) um –38,2 %, jedoch erhöht es für Männer die Scheidungswahrscheinlichkeit um 146,2 %. Wird angenommen, dass aufgrund geschlechtsspezifischer
Unterschiede in den Scheidungswahrscheinlichkeiten die Ergebnisse für Frauen
unterschätzt und für Männer überschätzt werden, und da im Modell für alle Befragten der Effekt nicht signifikant mit einem Faktor von 1,094 (= 9,4 %) ist,
haben jüngste Kinder dieser Altersgruppe vermutlich keinen Einfluss auf die
Ehestabilität. Sind Kinder über neunzehn Jahre alt oder alle Kinder ausgezogen,
so hat das für Frauen keinen signifikanten Einfluss auf das Scheidungsrisiko, für
Männer wird es um 177,3 % erhöht.[283] Bei der Betrachtung von jüngsten Kindern bis zu elf Jahren ist besonders interessant, dass die Ehestabilität für die erste
Altersgruppe[284] und danach für die dritte Altersgruppe[285] bei allen Modellen am
höchsten ist. Kinder im Alter über drei Jahre bis zu sieben Jahren wirken etwas
weniger ehestabilisierend. Die Ursache für die unterschiedlichen Scheidungsrisiken ist vermutlich auf den unterschiedlichen Betreuungsaufwand zurückzuführen, denn der Betreuungsaufwand ist für Kleinkinder gewiss höher als für ältere
Kinder, möglicherweise ist der Betreuungsaufwand für Kindergartenkinder ebenfalls geringer als für Grundschulkinder. Im Hinblick auf das von der Einflussstärke her geringste Scheidungsrisiko für Kinder bis zu drei Jahren kann argumentiert werden, dass sich der Erwerbsstaus der Frau durch die Geburt von Kindern ändert. Der starke ehestabilisierende Einfluss von Kindern bis zu drei Jahren kann auch nicht auf die im Kleinkindalter oftmals anzutreffende Nichterwerbstätigkeit von Frauen zurückgeführt werden, denn die Erwerbstätigkeit wird
im Modell 4 für Frauen kontrolliert[286] und in diesem Modell ist der Einfluss von

---

281 Und wie beschrieben im Modell für alle Befragten.
282 Von den reinen Zahlenwerten (0,796 bzw. 0,923 für Frauen, 1,062 bzw. 1,083 für Männer) her
vermindern Kinder in diesem Alter für befragte Frauen das Scheidungsrisiko leicht, für Männer
erhöhen sie es leicht. Da die Ergebnisse für Frauen unterschätzt und für Männer vermutlich unterschätzt werden (vergleiche Kapitel 5.2 und 5.3.2), ist mit keinem Einfluss zu rechnen.
283 Auch dieses Ergebnis liegt vermutlich an den geschlechtsspezifischen Unterschieden (siehe zuvor
erwähnte Ursachen und Auswirkungen).
284 Kinder bis zu drei Jahren.
285 Über sieben bis fünfzehn Jahre.
286 Auch ist die Stärke des Zusammenhangs in anderen Modellen, die nicht die Erwerbstätigkeit
kontrollieren, für Kinder bis zu drei Jahren vergleichbar hoch.

Kindern bis zu drei Jahren nur wesentlich geringer als im Modell ohne Kontrollvariable.

Die Ergebnisse der multivariaten Analyse (Tabelle 18) zeigen für ostdeutsche Befragte mit Kindern bis zu fünfzehn Jahren ein deutlich geringeres Scheidungsrisiko als für kinderlose Ehepaare im Modell für alle Befragten. Ist das jüngste Kind älter als fünfzehn Jahre oder sind alle Kinder aus dem Haushalt der Eltern ausgezogen, vermindert sich die Ehestabilität in allen Modellen drastisch. Das Scheidungsrisiko[287] liegt für alle Ehepaare mit Kindern im Alter bis zu drei Jahren bei –43,3 %, über drei bis sieben Jahre bei –51,7 %, über sieben bis elf Jahre bei –33,7 % und über elf bis fünfzehn Jahre bei –55,1 %. Sind die Kinder über fünfzehn bis neunzehn Jahre alt, erhöht sich die Scheidungswahrscheinlichkeit um 78,6 % und für Kinder über neunzehn Jahre beziehungsweise Kinder, die nicht im Haushalt der Eltern leben, um 202,5 %. Für Frauen sind die Ergebnisse, bis auf die Höhe des Scheidungsrisikos, vergleichbar. Für Männer sind die Analyseergebnisse für Kinder über sieben bis fünfzehn Jahre abweichend. Kinder im Alter von über sieben bis elf Jahre verringern die Ehestabilität um -14,7 %[288], über elf bis fünfzehn Jahre ist der Effekt nicht signifikant. Vermutlich basieren die ungleichen Ergebnisse der Modelle für Frauen und Männer auf den schon mehrmals genannten geschlechtsspezifischen Unterschieden der Scheidungsraten für Männer und Frauen. Ein erneuter Blick auf die Scheidungsraten für Kinder bis fünfzehn Jahre, den wir aus oben genannten Gründen auf das erweiterte Modell für alle Befragten (Modell 2, Tabelle 18) beschränken, zeigt, dass die Ehestabilität für Ehepaare mit Kindern zwischen elf und fünfzehn Jahre, gefolgt von Kindern zwischen drei und sieben Jahre, am höchsten ist. Erst danach folgen Kinder bis drei Jahre, während Ehepaare mit Kindern zwischen sieben und elf Jahre im Vergleich die geringste Ehestabilität aufweisen. Diese Ergebnisse widersprechen der Vermutung, dass der Betreuungsaufwand der Kinder indirekt die Ehestabilität beeinflusst. Mit den unterschiedlichen Betreuungsangeboten der ehemaligen DDR kann das Ergebnis nicht erklärt werden, denn trotz guter Angebote sind Kleinkinder sehr betreuungsintensiv.

---

287 Im erweiterten Modell (Modell 2,Tabelle 18).
288 Erweitertes Modell.

Zusammengefasst bestätigen die Ergebnisse die Hypothesen (9 und 14)[289] der Familienökonomie und der Austauschtheorie zum Teil. Kinder vermindern zwar bis zu einem gewissen Alter, in Westdeutschland bis elf Jahre und in Ostdeutschland bis fünfzehn Jahre, das Scheidungsrisiko, aber mit steigendem Alter sinkt die Ehestabilität nicht kontinuierlich. Nun könnte diskutiert werden, was unter älteren Kindern beziehungsweise kleinen Kindern zu verstehen ist, andererseits muss, um die Hypothese der Familienökonomie zu untersuchen, beachtet werden, dass Gary S. Becker überdies von einer Abschreibungsrate, der Kinder unterliegen, spricht. Vergleichbar mit Gegenständen, die man von der Steuer „abschreibt", sollten sie von Jahr zu Jahr die Ehestabilität in geringerem Maße stabilisieren. In Westdeutschland ist das Scheidungsrisiko für Kinder bis zu drei Jahren am geringsten, für Kinder im Alter von über drei bis sieben Jahre aber etwas höher als für Kinder über sieben bis elf Jahre. In Ostdeutschland reduziert sich das Scheidungsrisiko für Ehepaare, die Kinder der vierten, der zweiten, gefolgt von der ersten und zuletzt der dritten Altersklasse besitzen, am meisten. Unter Umständen gehen diese Effekte auf die unterschiedliche Betreuungsintensität zurück, je nachdem welche Betreuungsmöglichkeiten vorhanden sind, denn diese vermindern die Opportunitätskosten für Kinder. Andererseits ist der Nutzen von Kindern für die Eltern nicht zwangsläufig im Kleinkindalter oder jungen Jahren am höchsten. Gerade wenn Kinder älter werden, kann der Nutzen[290] von Kindern steigen, da sich gemeinsame Erfahrungen, zum Beispiel in der Freizeit, erst ab einem bestimmten Alter der Kinder verwirklichen lassen (vergleiche auch die Annahmen zum Geschlecht der Kinder in Kapitel 2.1.5 und 2.2.2).

5.4.3 Geschlecht der Kinder

Der Einfluss des Geschlechts von Kindern ist seit den Ergebnissen der empirischen Studie von Morgan et al. (1988) in den Blickpunkt der Scheidungsforschung gerückt. Die Autoren ermittelten für Ehen mit Söhnen ein geringeres

---

289 Hypothese 27 „Je jünger die Kinder sind, desto mehr beteiligen sich die Väter an der Kindererziehung und desto größer ist die Ehestabilität" kann im Hinblick auf die Ehestabilität, aber nicht im Hinblick auf die Beteiligung von Vätern an der Kindererziehung untersucht werden. Mit den Daten des Familiensurvey 2000 lässt sich die Beteiligung von Vätern an der Hausarbeit nicht untersuchen, da Fragen zur Arbeitsteilung in Haushalten nur für die letzte Partnerschaft abgefragt werden. Die Hypothese muss dennoch verworfen werden, denn die Ehestabilität sinkt nicht durchgehend für alle untersuchten Alterskohorten. Dennoch ist, genauso wie bei der Hypothese der Familienökonomie, zu überdenken, dass die Beteiligung von Vätern an der Hausarbeit bei kleinen Kindern stärker sein sollte, wenn die Kinder sehr jung sind. Gerade in höherem Alter ist es wahrscheinlicher, dass der Nutzen von Kindern höher ist als bei Kindern im Kleinkindalter.
290 Auch emotionaler Nutzen.

Scheidungsrisiko als für Ehen mit Töchtern. Die Ergebnisse erklären sie mit einer Söhne-Präferenz bei Ehemännern. Diese Bevorzugung von Söhnen gegenüber Töchtern begründen sie damit, dass Väter, falls Söhne geboren werden, mehr Zeit in die Kindererziehung investieren. Je stärker sich Väter an der Kinderbetreuung beteiligen, desto höher ist die Ehestabilität. Dies bedeutet, dass nicht das Geschlecht von Kindern Einfluss auf das Scheidungsrisiko nimmt, sondern Geschlechterpräferenzstrukturen in einem indirekten Zusammenhang mit der Ehestabilität stehen. Morgan et al. vermuten, dass es eine Söhne-Präferenz gibt, dies leiten sie von der Fathers'-Involvement-Hypothese[291] ab, die besagt, dass Väter für die Erziehung von Söhnen eine größere Rolle spielen und deshalb mehr Zeit mit ihnen als mit Töchtern verbringen. Je mehr Väter sich an der Kindererziehung beteiligen, desto höher ist die Ehestabilität. Daneben existieren weitere Theorien und Ad-hoc-Hypothesen, die untersuchen, ob und welche Präferenzstrukturen in Gesellschaften vorherrschen.

Die Untersuchung von Geschlechterpräferenzstrukturen ist gleichermaßen in anderen Forschungsbereichen, wie zum Beispiel der Fertilitätsforschung, zu finden. In Gesellschaften, die ein bestimmtes Geschlecht von Kindern bevorzugen, beeinflusst die Passung zwischen der Präferenz für ein bestimmtes Geschlecht von Kindern und dem Vorhandensein dieses Geschlechts der Kinder das Scheidungsrisiko. Folglich reflektieren geschlechtsspezifische Scheidungsraten unterschiedliche Geschlechterpräferenzstrukturen. Theoretisch sind vier Geschlechterpräferenzen denkbar, eine Söhne-Präferenz, eine Töchter-Präferenz, eine Mixed-Gender-Präferenz oder keine Präferenz für ein bestimmtes Geschlecht.

Ausgehend von der in dieser Untersuchung genannten theoretischen Basis zur Geschlechterpräferenzstrukturen (vergleiche vergleiche Kapitel 2.2.2) zeichnet sich kein eindeutiges Bild für eine der genannten Präferenzstrukturen ab, sondern es werden ausgehend von unterschiedlichen Präferenzstrukturen konträre Hypothesen abgeleitet. Die Familienökonomie und der Value–of–Children-Ansatz gehen von keiner Geschlechterpräferenz aus, die Fathers'-Involvement-Hypothese spricht von einer Söhne-Präferenz, während von der Gender-Preference-Hypothese und Studien zur Fertilitätsforschung abgeleitet wird, dass es eine Mixed-Gender-Präferenz gibt. Um zu überprüfen, ob das Geschlecht beziehungsweise indirekt die Präferenz für ein bestimmtes Geschlecht von Kindern Einfluss auf die Ehestabilität hat, wurden fünfzehn Variablen konstruiert, die für ein bis drei Kinder den Zusammenhang zwischen allen möglichen Geschlechterkombinationen und dem Scheidungsrisiko widerspiegeln. Diese zeit-

---

291 Von Diekmann und Schmidheiny (2004) so benannt.

abhängigen Dummyvariablen werden in den multivariaten Modellen mit der Referenzkategorie kinderlose Ehen verglichen.[292] In Tabelle 19 werden die Anteile der möglichen Geschlechterkombinationen für Ehen in West- und Ostdeutschland dargestellt. In Westdeutschland ist das erste Kind häufiger ein Sohn (12,28 %) als eine Tochter (12,05 %), in Ostdeutschland werden etwas mehr Töchter (12,00 %) als Söhne (11,65 %) zuerst geboren. Auch bei zwei Kindern

Tabelle 19: Anteile für Geschlechtskombinationen für ein bis vier Kinder (gewichtet, im episodengesplitteten Datensatz)

	West	Ost	Gesamt
Ein Kind: Sohn (0/1)	12,28	11,65	12,16
Ein Kind: Tochter (0/1)	12,05	12,00	12,04
Zwei Kinder: Sohn-Sohn (0/1)	9,50	7,59	9,12
Zwei Kinder: Sohn-Tochter (0/1)	8,37	8,81	8,46
Zwei Kinder: Tochter-Sohn (0/1)	8,77	6,13	8,31
Zwei Kinder: Tochter-Tochter (0/1)	7,62	7,69	7,63
Drei Kinder: Sohn-Sohn-Sohn (0/1)	1,16	0,83	1,09
Drei Kinder: Sohn-Sohn-Tochter (0/1)	1,39	0,81	1,28
Drei Kinder: Sohn-Tochter-Sohn (0/1)	1,06	0,42	0,94
Drei Kinder: Tochter-Sohn-Sohn (0/1)	0,97	1,35	1,18
Drei Kinder: Sohn-Tochter-Tochter (0/1)	1,39	1,26	1,36
Drei Kinder: Tochter-Sohn-Tochter (0/1)	1,06	0,96	0,94
Drei Kinder: Tochter-Tochter-Sohn (0/1)	1,10	0,86	1,07
Drei Kinder: Tochter-Tochter-Tochter (0/1)	1,30	0,85	1,23
Vier oder mehr Kinder (0/1)	1,49	0,84	1,33

Anmerkung:
Die Mittelwerte der 0/1-codierten Variablen entsprechen den Anteilwerten *100 der mit 1 codierten Kategorien.

Quelle: Familiensurvey 2000, eigene Berechnungen.

292 Für mehr als drei Kinder wurde eine Variable gebildet.

werden in Westdeutschland mehr Söhne-Kombinationen als Töchter-Kombinationen geboren, mit einem Anteil von 9,50 % für zwei Söhne werden etwas häufiger Söhne als andere Geschlechterkombinationen geboren. In Ostdeutschland ist die Kombination aus der Geburt von einem Sohn und einer Tochter (8,81 %) am häufigsten anzutreffen.

In Tabelle 20 und Tabelle 21 werden die Ergebnisse der multivariaten Analysen vorgestellt. Die reine Interpretation der Koeffizienten ermöglicht nur Aussagen darüber, welche Geschlechterkombination von Kindern das Scheidungsrisiko für Ehepaare am meisten reduziert. Dies ist aber nur von sekundärem Interesse[293], denn es soll untersucht werden, ob es geschlechtsspezifische Scheidungsraten gibt. Aus diesem Grund wird nur kurz auf die Ergebnisse der multivariaten Analysen eingegangen.

Anhand von Tabelle 23 wird dann analysiert, welche geschlechtsspezifischen Muster in den Scheidungsraten zu beobachten sind, um davon abzuleiten, welche Geschlechterpräferenzstrukturen vorherrschen. An dieser Stelle werden jedoch nur die Scheidungswahrscheinlichkeiten nach dem Geschlecht der Kinder dargestellt.

In Westdeutschland (Modell 2, Tabelle 20) haben Ehepaare mit einer Tochter-Sohn-Tochter-Kombination das geringste Scheidungsrisiko mit –81,1 %, gefolgt von drei Söhnen (-78, 2%), zwei Söhnen (-78,0 %), Sohn-Sohn-Tochter-Kombination (-74,8 %), Sohn-Tochter-Kombination (-71,8 %), die höchste Scheidungswahrscheinlichkeit ist bei Ehepaaren mit einer Tochter-Sohn-Tochter-Kombination[294] (84,0 %) zu finden.

In Ostdeutschland[295] ist das Scheidungsrisiko am geringsten (-71,9 %), falls Ehepaare eine Tochter-Sohn-Tochter-Kombination besitzen, der Reihenfolge nach folgen zwei Söhne (-68,7 %), eine Sohn-Tochter-Kombination (-67,6 %), eine Sohn-Sohn-Tochter-Kombination (-65,9 %), eine Tochter-Tochter-Sohn-Kombination (-61,2 %), während Ehepaare mit einer Sohn-Tochter-Sohn-Kombination mit 11,7 % das höchste Scheidungsrisiko[294] aufweisen. Allerdings sind hier weniger Ergebnisse signifikant als in dem Modell für Westdeutschland, was vermutlich auf die geringe Fallzahl zurückzuführen ist. Die Ergebnisse in Tabelle 22 geben das Scheidungsrisiko nach dem Geschlecht der Kinder in West- und Ostdeutschland und der Heiratskohorte wieder. Die Ergebnisse sind

---

293 Auch ist das Scheidungsrisiko von der Kinderzahl abhängig. Zwei Kinder reduzieren das Scheidungsrisiko stärker als ein Kind (vergleiche dazu auch Kapitel 5.4.1). Zudem sind die Ergebnisse für zwei Kinder oder drei Kinder im Kohortenvergleich oftmals nicht signifikant, die Interpretation der Ergebnisse ist deshalb schwierig.
294 Nur vom reinen Zahlenwert, da es nicht signifikant ist.
295 Die Ergebnisse getrennt nach dem Geschlecht der Befragten werden an dieser Stelle nicht vorgestellt, denn aufgrund der geringen Fallzahlen für Drei-Kinder-Kombinationen sind die Ergebnisse, bis auf wenige Ausnahmen, nicht signifikant.

Tabelle 20: Scheidungsrisiko für Ehepaare in Westdeutschland nach dem Geschlecht der Kinder (gewichtet)

	Alle		Frauen		Männer	
	Modell 1	Modell 2	Modell 3	Modell 4	Modell 5	Modell 6
Ehedauer [b]	0,932***	0,932***	0,923***	0,923**	0,942*	0,942*
ln (Ehedauer[2]) [b]	1,661***	1,661***	1,662***	1,663***	1,661***	1,662***
Ein Kind: Sohn [a, b]	0,549**	0,538**	0,694*	0,726*	0,339****	0,338**
Ein Kind: Tochter [a, b]	0,619*	0,619*	0,839	0,887	0,385***	0,383***
Zwei Kinder: Sohn-Sohn [a, b]	0,242***	0,220***	0,383**	0,399*	0,130***	0,126***
Zwei Kinder: Sohn-Tochter [a, b]	0,298***	0,282***	0,392***	0,382**	0,167***	0,164***
Zwei Kinder: Tochter-Sohn [a, b]	0,301***	0,307***	0,403*	0,487*	0,233***	0,237***
Zwei Kinder: Tochter-Tochter [a, b]	0,289***	0,298***	0,340**	0,364**	0,240***	0,196***
Drei Kinder: Sohn-Sohn-Sohn [a, b]	0,229**	0,218**	0,225*	0,267*	0,225*	0,227*
Drei Kinder: Sohn-Sohn-Tochter [a, b]	0,221*	0,252*	1,053	1,974	0,099**	0,102**
Drei Kinder: Sohn-Tochter-Sohn [a, b]	0,391*	0,387*	0,414*	0,417*	0,449+	0,379
Drei Kinder: Tochter-Sohn-Sohn [a, b]	0,184**	0,189*	0,242**	0,232**	0,122*	0,131*
Drei Kinder: Sohn-Tochter-Tochter [a, b]	1,051	1,174	1,094	1,284	0,869	1,030
Drei Kinder: Tochter-Sohn-Tochter [a, b]	1,616*	1,840*	2,181*	2,287**	0,440	0,340
Drei Kinder: Tochter-Tochter-Sohn [a, b]	0,698+	0,613+	0,820	0,830	0,415	0,383
Drei Kinder: Tochter-Tochter-Tochter [a, b]	0,618*	0,638*	0,577+	0,527	0,472	0,560
Vier oder mehr Kinder [a, b]	0,333***	0,340***	0,291***	0,301**	0,561**	0,563**
Kohabitationsdauer	0,923*	0,896*	0,852*	0,827*	1,042*	0,990
Dauer bis Haushaltsgründung	0,940+	0,960+	0,960	1,000	0,960+	1,000
Heiratsalter der Ehefrau	1,000	1,000	1,000	1,010	1,000	1,020
Heiratsalter des Ehemanns	0,990	0,990	0,980	0,990	1,000	0,990
Wohneigentum [a]	0,377***	0,373***	0,343***	0,347***	0,403***	0,372***
Kirchgangshäufigkeit [a]	0,638**	0,741*	0,554**	0,607*	0,719*	0,779*
Kirchliche Heirat [a]	0,644**	0,698*	0,613*	0,705	0,719+	0,835
Frau vollzeiterwerbstätig [a, b]				1,599*		*
Frau teilzeiterwerbstätig [a, b]				0,942		**
Mann vollzeiterwerbstätig [a, b]						0,381*
Mann teilzeiterwerbstätig [a, b]						0,781**
Heiratskohorte 1971-80 [a]	1,632***	1,616**	1,452**	1,632*	1,522+	1,492+
Heiratskohorte 1981-90 [a]	2,943***	2,715***	2,782***	3,122**	3,835***	2,822***
Heiratskohorte 1991-2000 [a]	3,675**	3,649***	1,866***	3,251**	3,051***	3,866***
Bildungshomogamie [a]	0,886**	0,888**	0,859+	0,820+	0,842	0,823
Beide katholisch [a]	0,869+	0,869	0,932	1,000	0,811*	0,763+
Bildung Vater in Jahren	0,905*	0,878*	0,863*	0,887*	0,792*	0,803*
Bildung Ehefrau	1,041	1,051	1,150*	1,162+	0,914*	0,961*
Bildung Ehemann in Jahren	0,990	0,970	0,980	0,980	1,030	1,010
Familienorientierter Partnerschaftstyp [a]		0,960**		0,970*		0,943**
Vereinbarkeit Beruf + Familienleben		0,742+		1,150		0,595*
Einstellung zur Mutterrolle		0,817***		0,791**		0,854**
Kindorientierte Ehepaare		0,458**		1,090		0,247***
Ökonomischer Nutzen von Kindern		0,771*		1,616**		0,423**
Kennenlernen: B-F-V [a]	0,819**	0,787+	0,644*	0,595**	0,720*	0,731*
Kennenlernen: S-A-B [a]	0,878**	0,861	0,811	0,835	0,769*	0,795*
Mehrfachehe [a]	2,344***	2,351***	2,337***	2,489***	2,389***	2,447***
Episoden	30578	29806	18013	16413	12265	11425
Rechtszensierte Werte	329	321	201	184	128	125
Loglikelihood	-2391,780	-2329,983	-1359,164	-1203,718	-1032,599	-962,235

[a] Dummyvariable (0/1), [b] zeitabhängig, + p <0,1 * p < 0,05; p** <0,01, *** p <0,001

Anmerkungen:
Kindorientierte Ehepaare: Kann auch als emotionaler Nutzen von Kindern interpretiert werden
Kennenlernen: B-F-V: Kennenlernen durch Bekannte, Freunde oder Verwandte
Kennenlernen: S-A-B: Kennenlernen in Schule, Ausbildung, Beruf, Hobby, Verein oder beim Sport.

Quelle: Familiensurvey 2000, eigene Berechnungen.

Tabelle 21: Scheidungsrisiko für Ehepaare in Ostdeutschland nach dem Geschlecht der Kinder (gewichtet)

	Alle		Frauen		Männer	
	Modell 1	Modell 2	Modell 3	Modell 4	Modell 5	Modell 6
Ehedauer [b]	0,844***	0,852***	0,844***	0,844***	0,852**	0,861**
ln (Ehedauer^2) [b]	1,665***	1,664***	1,664***	1,665***	1,666***	1,665***
Ein Kind: Sohn [a, b]	0,571+	0,600+	0,644*	0,605	0,463*	0,353*
Ein Kind: Tochter [a, b]	0,935	0,887	1,062	1,051	0,619	0,658
Zwei Kinder: Sohn-Sohn [a, b]	0,311**	0,313**	0,403**	0,381**	0,279**	0,294*
Zwei Kinder: Sohn-Tochter [a, b]	0,326**	0,324*	0,375**	0,411**	0,287**	0,290*
Zwei Kinder: Tochter-Sohn [a, b]	0,497*	0,554*	0,951	1,209	0,268**	0,255**
Zwei Kinder: Tochter-Tochter [a, b]	0,543*	0,477*	0,423**	0,399**	0,929	0,929
Drei Kinder: Sohn-Sohn-Sohn [a, b]	1,005	1,008	0,609	0,619	1,929**	1,894**
Drei Kinder: Sohn-Sohn-Tochter [a, b]	0,339*	0,341*	0,383+	0,301+	0,189*	0,199*
Drei Kinder: Sohn-Tochter-Sohn [a, b]	1,032	1,117	1,000	1,000	1,005	1,033
Drei Kinder: Tochter-Sohn-Sohn [a, b]	0,786	0,997	1,281	1,041	0,865	0,834
Drei Kinder: Sohn-Tochter-Tochter [a, b]	0,402+	0,396+	0,458	0,577	0,401	0,408
Drei Kinder: Tochter-Sohn-Tochter [a, b]	0,285+	0,281+	0,415	0,427	0,239	0,234
Drei Kinder: Tochter-Tochter-Sohn [a, b]	0,398+	0,388+	0,264	0,214	0,833	1,000
Drei Kinder: Tochter-Tochter-Tochter [a, b]	0,493+	0,497+	0,254	0,225	0,991	1,004
Vier oder mehr Kinder [a, b]	0,122***	0,121***	0,134***	0,144***	0,094	0,089
Kohabitationsdauer	1,051*	1,020*	1,174*	1,150**	0,980	0,980
Dauer bis Haushaltsgründung	1,000	1,010	1,073	1,116	0,923	0,905
Heiratsalter der Ehefrau	0,923*	0,932*	0,887*	0,861*	0,921*	1,000
Heiratsalter des Ehemanns	0,951+	0,961	1,000	1,030	0,835*	0,827*
Wohneigentum [a]	0,332***	0,359***	0335***	0,362***	0,319***	0,381**
Kirchgangshäufigkeit [a]	1,018*	1,021*	1,043	1,052	1,039**	1,049**
Kirchliche Heirat [a]	0,698	0,763	0,712	0,677	0,474**	0,499*
Frau vollzeiterwerbstätig [a, b]				0,961		
Frau teilzeiterwerbstätig [a, b]				0,472*		
Mann vollzeiterwerbstätig [a, b]				0,444***		0,383**
Mann teilzeiterwerbstätig [a, b]				1,665***		1,055*
Heiratskohorte 1971-80 [a]	1,234	1,116	1,433	1,399	1,397*	1,399*
Heiratskohorte 1981-90 [a]	2,434***	2,111***	2,638**	2,080*	3,322***	3,327***
Heiratskohorte 1991-2000 [a]	1,840*	1,715+	1,509	1,649	4,009**	4,009**
Bildungshomogamie [a]	1,052+	1,060*	1,044	1,042	1,062	1,089+
Beide katholisch [a]	0,680**	0,668***	0,817	0,812	0,719**	0,720**
Bildung Vater in Jahren	0,951*	0,932*	0,981**	0,845*	0,961	0,942
Bildung Ehefrau	1,070*	1,092*	0,897	0,932	1,150*	1,073*
Bildung Ehemann in Jahren	1,030	1,073	0,980	0,923	1,083	1,234
Familienorientierter Partnerschaftstyp [a]		0,989*		1,063***		0,953**
Vereinbarkeit Beruf + Familienleben		0,919		1,031		1,051
Einstellung zur Mutterrolle		0,837**		0,741**		0,873*
Kindorientierte Ehepaare		0,857**		0,843*		1,134
Ökonomischer Nutzen von Kindern		1,520*		1,021		1,910*
Kennenlernen: B-F-V [a]	0,926	0,912	0,748	0,670	0,670	0,619
Kennenlernen: S-A-B [a]	1,027*	1,031*	0,975**	0,956*	1,094*	1,107*
Mehrfachehe [a]	2,861***	2,832***	3,102***	3,022***	2,465***	2,912***
Episoden	8834	8659	5080	4818	3754	3509
Rechtszensierte Werte	144	138	83	79	61	55
Loglikelihood	-740,876	-726,460	-425,402	-403,848	-315,434	-294,904

[a] Dummyvariable (0/1), [b] zeitabhängig, + p <0,1 * p < 0,05; p** <0,01, *** p <0,001

Anmerkungen:
Kindorientierte Ehepaare: Kann auch als emotionaler Nutzen von Kindern interpretiert werden
Kennenlernen: B-F-V: Kennenlernen durch Bekannte, Freunde oder Verwandte
Kennenlernen: S-A-B: Kennenlernen in Schule, Ausbildung, Beruf, Hobby, Verein oder beim Sport.

Quelle: Familiensurvey 2000, eigene Berechnungen.

Tabelle 22: Scheidungsrisiko für Ehepaare in West- und Ostdeutschland nach Geschlecht der Kinder und Kohorte (gewichtet)

	Alle Westdeutschland			Alle Ostdeutschland		
	Kohorte 1961-1970	Kohorte 1971-1980	Kohorte 1961-1970	Kohorte 1971-1980	Kohorte 1961-1970	Kohorte 1971-1980
	Modell 1	Modell 2	Modell 3	Modell 4	Modell 5	Modell 6
Ehedauer [b]	0,980	0,980	0,827***	0,835**	0,811***	0,771**
ln (Ehedauer) [b]	1,655***	1,657***	1,671***	1,670**	1,668***	1,670***
Ein Kind: Sohn [a, b]	0,712+	0,819	0,223***	0,691	0,726	0,463**
Ein Kind: Tochter [a, b]	0,852	0,779*	0,273***	1,310	0,835	1,537*
Zwei Kinder: Sohn-Sohn [a, b]	0,373**	0,317***	0,108***	0,932	0,323***	0,206***
Zwei Kinder: Sohn-Tochter [a, b]	0,330*	0,589+	0,077***	1,185	0,230***	0,186***
Zwei Kinder: Tochter-Sohn [a, b]	0,684	0,403***	0,106***	2,270+	0,543*	0,137***
Zwei Kinder: Tochter-Tochter [a, b]	0,463*	0,353***	0,167***	1,616	0,763	0,087***
Drei Kinder: Sohn-Sohn-Sohn [a, b]	0,625	0,212***	0,062***	1,000	0,186**	3,633
Drei Kinder: Sohn-Sohn-Tochter [a, b]	0,307*	0,631	0,092**	0,795	0,375*	1,000
Drei Kinder: Sohn-Tochter-Sohn [a, b]	0,698	0,527+	0,069***	1,000	1,209	1,000
Drei Kinder: Tochter-Sohn-Sohn [a, b]	0,336*	0,295*	0,063***	1,020	0,827	1,399***
Drei Kinder: Sohn-Tochter-Tochter [a, b]	2,974	0,741	1,010	0,756	1,000	0,040***
Drei Kinder: Tochter-Sohn-Tochter [a, b]	1,477	2,287***	0,600	0,395	1,000	0,887
Drei Kinder: Tochter-Tochter-Sohn [a, b]	0,361+	0,763	0,492+	0,307	0,157	0,942
Drei Kinder: Tochter-Tochter-Tochter [a, b]	0,328+	0,726	0,595	1,000	1,363	0,139***
Vier oder mehr Kinder [a, b]	0,811	0,340***	0,287***	0,482	0,119***	0,125***
Kohabitationsdauer	1,716*	1,271**	0,869***	1,122	1,294*	0,983
Dauer bis Haushaltsgründung	1,060	1,040*	0,941*	0,896	1,020	0,960+
Heiratsalter der Ehefrau	1,073*	1,040*	1,000	0,572**	0,891**	0,952*
Heiratsalter des Ehemanns	0,990	1,030	0,998	1,584**	0,990	0,878*
Wohneigentum [a]	0,502**	0,384***	0,266***	0,497	0,397**	0,265***
Kirchgangshäufigkeit [a]	0,623+	0,998	0,723**	1,079*	1,012	1,023*
Kirchliche Heirat [a]	0,699*	0,605*	0,931	1,114	0,454	0,452*
Bildungshomogamie [a]	0,891	0,662**	0,981	0,464	1,026*	1,060
Beide katholisch [a]	1,171+	1,070	0,661**	0,442**	1,000	0,747**
Bildung Vater in Jahren	0,873*	0,809**	0,909**	0,473*	0,846*	0,900
Bildung Ehefrau in Jahren	0,932	1,000	0,928	1,234	1,051	0,755**
Bildung Ehemann in Jahren	1,105	0,914	1,030	0,733	1,197*	0,878
Familienorientierter Partnerschaftstyp [a]	0,942*	1,006	0,949**	1,113*	1,004	0,945*
Vereinbarkeit Beruf + Familienleben	0,328*	0,499**	1,031	0,972	1,289	0,277
Einstellung zur Mutterrolle	0,773**	0,876**	0,858**	0,742+	0,702**	0,799**
Kindorientierte Ehepaare	1,224*	0,728	0,103***	1,159	0,632**	0,815
Ökonomischer Nutzen von Kindern	1,900+	0,873	0,451**	1,034	1,019	1,201**
Kennenlernen: B-F-V [a]	0,623*	0,520**	0,868	0,442**	1,104	1,320*
Kennenlernen: S-A-B [a]	0,842*	0,874*	0,749	0,932	1,610	1,272
Mehrfachehe [a]	1,668***	2,251***	3,380***	2,972***	2,369***	4,402***
Episoden	12748	10458	19718	1803	3877	2979
Rechtszensierte Werte	56	104	161	18	54	66
Loglikelihood	-605,689	-837,921	-886,270	-155,111	-328,326	-242,948

[a] Dummyvariable (0/1), [b] zeitabhängig, + p <0,1 * p < 0,05; p** <0,01, *** p <0,001

Anmerkungen:
Kindorientierte Ehepaare: Kann auch als emotionaler Nutzen von Kindern interpretiert werden
Kennenlernen: B-F-V: Kennenlernen durch Bekannte, Freunde oder Verwandte
Kennenlernen: S-A-B: Kennenlernen in Schule, Ausbildung, Beruf, Hobby, Verein oder beim Sport.

Quelle: Familiensurvey 2000, eigene Berechnungen.

für drei Kinder in den meisten Fällen[296] nicht signifikant, deshalb werden an dieser Stelle nur die Ergebnisse für ein und zwei Kinder besprochen. In westdeutschen Ehen der Heiratskohorte 1961-1970 vermindert eine Sohn-Tochter-Kombination (-67,0 %) das Scheidungsrisiko am stärksten, danach folgen zwei Söhne (-62,7 %) und zwei Töchter (-53,7 %), während Ehepaare mit einer Tochter das höchste Scheidungsrisiko[297] aufweisen. Für die Heiratskohorte 1971-1980 erhöhen zwei Söhne die Ehestabilität am meisten, danach folgen zwei Töchter, eine Tochter-Sohn-Kombination, dagegen vermindert ein Sohn das Scheidungsrisiko am geringsten. In der Heiratskohorte 1981-2000 ist die Ehestabilität am höchsten für Ehepaare mit einer Sohn-Tochter-Kombination, anschließend eine Tochter-Sohn-Kombination, danach zwei Söhnen und am höchsten ist das Scheidungsrisiko (-72,7 %) gegenüber der Referenzgruppe für eine Tochter. In Ostdeutschland sind nahezu alle Ergebnisse für die Heiratskohorten 1961-1970 und 1971-1980[296] nicht signifikant. Ehepaare mit zwei Töchtern, gefolgt von einer Tochter-Sohn-Kombination und einer Sohn-Tochter-Kombination haben das geringste Scheidungsrisiko, hingegen erhöht eine Tochter das Scheidungsrisiko (53,7 %) am meisten. Durch die aufgezeigten Ergebnisse können, wie schon erwähnt, geschlechtsspezifische Scheidungsraten nur unzureichend gut dargestellt werden. Um die Ergebnisse der multivariaten Analysen übersichtlicher zu gestalten und die Überprüfung der Hypothesen zu leisten, werden die Untersuchungsergebnisse modifiziert dargestellt. Ausgehend von der Annahme, dass es verschiedene Präferenzen für das Geschlecht von Kindern gibt, werden je nach theoretischer Basis sowohl konträre als auch inhaltlich identische Annahmen untersucht. Die „Grundstruktur" aller hier relevanten Hypothesen besagt, dass es Präferenzen für ein bestimmtes Geschlecht von Kindern[298] gibt und durch das Vorhandensein des gewünschten Geschlechts von Kindern während der Ehe das Scheidungsrisiko vermindert wird. Das bedeutet, dass die Präferenz indirekt das Scheidungsrisiko beeinflusst und letztendlich von geschlechtsspezifischen Scheidungsraten auf die Geschlechterpräferenzstruktur zurückgeschlossen werden kann.

Bei der Interpretation der multivariaten Ergebnisse müssen sich gegenseitig beeinflussende Effekte zwischen der Anzahl der Kinder und dem Geschlecht von Kindern auf das Scheidungsrisiko eliminiert werden. Wie in Kapitel 5.4.1 nach-

---

296 Vermutlich wegen der geringen Fallzahl.
297 Das Ergebnis ist nicht signifikant, vom reinen Zahlenwert (0,852) ist auf eine Reduktion des Scheidungsrisikos um −14,8 % zu schließen.
298 Keine Präferenz für ein bestimmtes Geschlecht von Kindern wird auch als Präferenzmuster angesehen.

gewiesen wurde, sinkt das Scheidungsrisiko mit der Anzahl der Kinder.[299] Dieser Effekt wird dadurch ausgeschlossen, dass in der nachfolgenden Tabelle die geschlechtsspezifischen Scheidungsraten separat für jeweils ein Kind sowie für zwei und drei Kinder betrachtet werden und entsprechend der Höhe der Koeffizienten eine Rangfolge gebildet wird. Um die Interpretation der Ergebnisse der multivariaten Analysen (Tabelle 20, Tabelle 21) im Hinblick auf die aufgestellten Hypothesen zu erleichtern, werden in Tabelle 23 die vier möglichen Präferenzmuster den gewonnenen Daten aus den Analysen gegenübergestellt. Die erste Spalte gibt die Anzahl der Kinder (1-3) an, die nächsten vier Spalten geben die erwarteten Rangfolgen nach dem geringsten Scheidungsrisiko für die vier möglichen Geschlechterpräferenzen an. Die folgenden Spalten geben die Ergebnisse[300] der Tabelle 20 und Tabelle 21 nach dem geringsten Scheidungsrisiko aufsteigend für die jeweilige Anzahl (1-3) der Kinder an. Beispielsweise ist das Scheidungsrisiko[301] in Modell 2, Tabelle 20 bei der Geburt des ersten Kindes für einen Sohn (S)[302] geringer als für eine Tochter (T)[303], bei zwei Kindern ist es für zwei Söhne am geringsten (SS)[304], dann folgt die Sohn-Tochter-Kombination (ST)[305], danach folgen zwei Töchter (TT)[306]; am höchsten ist es für eine Tochter-Sohn-Kombination (TS).[307, 308] Entsprechend werden die Rangfolgen für Geschlechterkombination mit dem geringsten Scheidungsrisiko nach der Anzahl der Kinder gebildet. In den Spalten zwei bis fünf werden die Rangfolgen angegeben, welche für die jeweilige Geschlechterpräferenz, geordnet nach der Anzahl der Kinder und der Höhe des Scheidungsrisikos, zu erwarten sind. Gehen wir davon aus, dass in Deutschland Söhne gegenüber Töchtern bevorzugt werden, sollten Söhne das Scheidungsrisiko stärker vermindern als Töchter. Die erwartete Rangfolge gibt die zweite Spalte von Tabelle 23 wieder. Bei Geburt des ersten Kindes sollte das Scheidungsrisiko für einen Sohn (S) geringer sein als für eine Tochter (T).

---

299 Je mehr eheliche Kinder vorhanden sind, desto geringer ist in nahezu allen Modellen das Scheidungsrisiko.
300 Für die erweiterten Modelle.
301 Die Analysen beziehen sich immer auf die Referenzkategorie kinderlose Ehen. Es wäre auch möglich, die Analysen auf eine andere Referenzkategorie, zum Beispiel Söhne, zu beziehen. Darauf wurde aber verzichtet, denn es wird hier nicht nur untersucht, ob es eine Sohn-Präferenz gibt, sondern es werden verschiedene, zum Teil gegensätzliche Hypothesen untersucht. Der Vergleich der Koeffizienten untereinander erlaubt Aussagen über die Unterschiede der beiden Gruppen.
302 Faktor 0,538.
303 Faktor 0,619.
304 Faktor 0,220.
305 Faktor 0,282.
306 Faktor 0,298.
307 Faktor 0,307.
308 Für drei Kinder wurde auf die Darstellung eines Beispiels aufgrund der Unübersichtlichkeit verzichtet.

Bei der Geburt von zwei Kindern sollte das Scheidungsrisiko für zwei Söhne (SS) am geringsten sein, gefolgt von den Kombinationen aus Sohn und Tochter (ST oder TS), während zwei Töchter (TT) das höchste Scheidungsrisiko im Vergleich zu allen anderen aufweisen sollten[308]. Entsprechend sollte bei einer Tochter-Präferenz das Scheidungsrisiko für eine Tochter (T) geringer sein als für einen Sohn (S), gefolgt von zwei Töchtern (TT) etc. Wird eine Mixed-Gender-Präferenz angenommen, sollten zwei Kinder verschiedenen Geschlechts (ST oder TS) das Scheidungsrisiko am stärksten vermindern, eventuell gefolgt von Drei-Kinder-Kombinationen mit Töchtern und Söhnen (SST, STS, TSS, STT, TST, TTS). Hingegen sollten alle anderen Kombinationen das Scheidungsrisiko weniger stark reduzieren oder erhöhen. Bei der letzten Präferenzstruktur sollten die Ergebnisse kein deutliches Muster für ein bestimmtes Geschlecht zeigen.[309] Im unteren Teil von Tabelle 23 werden die Ergebnisse der Gegenüberstellungen der beobachteten Rangfolgen nach dem Scheidungsrisiko und der Anzahl der Kinder sowie der erwarteten Rangfolgen In Westdeutschland zeigt sich für alle Befragten (siehe Tabelle 23, M2, T18) bei der Geburt des ersten Kindes eine leichte Sohn-Präferenz.[310] Werden zwei Kinder geboren, ist ebenfalls eine ganz geringe Präferenz für Söhne sichtbar[311], für drei Kinder zeigt sich kein Präferenzmuster mehr. Im Modell für westdeutsche Frauen ist bei dem ersten Kind eine leichte Sohn-Präferenz, für zwei Kinder keine Präferenz sichtbar, während für drei Kinder die meisten Ergebnisse jedoch nicht signifikant sind. Westdeutsche Männer zeigen für die Geburt von bis zu zwei Kindern dieselben Präferenzmuster wie alle Befragten, für drei Kinder ist eine leichte Sohn-Präferenz zu verzeichnen, drei von acht Geschlechterkombinationen sind aber nicht signifikant. Aufgrund geschlechtsspezifischer Unterschiede bezüglich der Scheidungsraten ist bei der alleinigen Interpretation der Ergebnisse nach dem Geschlecht der Befragten Vorsicht geboten.

In Ostdeutschland liegt für das erste Kind sowohl für alle Befragten als auch für Frauen und Männer eine Sohn-Präferenz wie in Westdeutschland vor. Werden zwei Kinder geboren, ist für alle Befragten eine leichte Sohn-Präferenz

---

309 Die letzte mögliche Geschlechterpräferenzstruktur ist im Grunde genommen keine Präferenzstruktur.

310 Von 12,7 % im Vergleich von einer Tochter zu einem Sohn. Berechnet wird dies aus der Differenz bzw. dem Unterschied zwischen den beiden Koeffizienten ($e^{(-0,48--0,60)} = e^{0,12} = 1,127$)). Anmerkung: Dies sind die ursprünglichen β-Werte; für die Tabellen wird der Antilogarithmus $\exp(\beta) = \alpha -$ auch α -Effekt genannt – generiert.

311 Vergleiche dazu ausführlich die Beschreibung auf der vorhergehenden Seite. Für zwei Kinder lauten die Effekte im Vergleich zu zwei Söhnen: für eine Sohn-Tochter-Kombination ($e^{(-1,266--1,514)} = e^{0,275}) = 1,282$, für eine Tochter-Tochter Kombination ($e^{(-1,211--1,514)} = e^{0,303}) = 1,354$ und für eine Tochter-Sohn-Kombination ($e^{(-1,181--1,514)} = e^{0,333}) = 1,395$.

Tabelle 23: Rangfolge des Scheidungsrisikos nach dem Geschlecht der Kinder

Beobachtete Rangfolge nach Scheidungsrisiko und Anzahl der Kinder[c]

Anzahl der Kinder	Erwartete Rangfolge Sohn-Präferenz	Erwartete Rangfolge Tochter-Präferenz	Erwartete Rangfolge M-G-Präferenz[a]	Erwartete Rangfolge keine Präferenz[b]	T20 M2 Alle W	T20 M4 F W	T20 M6 M W	T21 M2 Alle O	T21 M4 F O	T21 M6 M O	T22 M1 K1 W	T22 M2 K2 W	T22 M3 K3 W	T22 M4 K1 O	T22 M5 K2 O	T22 M6 K3 O
1	S	S	S, T	S ≈ T	S	S	S	S	S	S	S	T	S	ns	ns	ns
	T	T	T, S		T	T[m]	T	T[m]	T[m]	T[m]	T[m]	S[m]	T	ns	ns	ns
2	SS	TT	ST ≈ TS	Kein sichtbares Muster	SS	ST	SS	SS	SS	TS	ST	SS	ST	ns	ST	TT
	ST, TS	ST, TS	ST ≈ TS		ST	SS	ST	ST	TT	ST	SS	TT	TT	ns	SS	TS
	TS, ST	TS, ST	SS, TT		TT	TT	TT	TT	ST[m]	SS	TT[m]	ST	SS	ns	TS	ST
	TT	SS	SS, TT		TS	TS	TS	TS	TS	TT[m]	TS	ST	TT	TS	TT[ms]	SS
3	SSS	TTT	SST, STS, TSS ≈ / STT, TST, TTS	Kein sichtbares Muster	TSS	TSS	SST	TST	SST	SST	SST	SSS	SSS	ns	SSS	STT
	SST, STS, TSS	STT, TST, TTS	SST, STS, TSS ≈ / STT, TST, TTS		SSS	SSS	TSS	SST	ns	SSS	SSS	TSS	TSS	ns	SST	TSS
	STS, TSS, SST	TST, TTS, STT	SST, STS, TSS ≈ / STT, TST, TTS		SST	STS	SSS	STT	ns	ns	TSS	STS	STS	ns	ns	ns
	TSS, SST, STS	TTS, STT, TST	SST, STS, TSS ≈ / STT, TST, TTS		STS	ns	STS	TTT	ns	ns	TTS	TST	SST	ns	ns	ns
	STT, TST, TTS	SST, STS, TSS	SST, STS, TSS ≈ / STT, TST, TTS		TTT	ns	ns	ns	ns	ns	ns	ns	ns	ns	ns	ns
	TST, TTS, STT	STS, TSS, SST	SST, STS, TSS ≈ / STT, TST, TTS		TST	ns	ns	ns	ns	ns	ns	ns	ns	ns	ns	ns
	TTS, STT, TST	TSS, SST, STS	*SSS, TTT*		ns	ns	ns	ns	ns	ns	ns	ns	ns	ns	ns	ns
	TTT	SSS	*TTT, SSS*		ns	ns	ns	ns	ns	ns	ns	ns	ns	ns	ns	ns

Anzahl der Kinder	T20 M2 Alle W	T20 M4 F W	T20 M6 M W	T21 M2 Alle O	T21 M4 F O	T21 M6 M O	T22 M1 K1 W	T22 M2 K2 W	T22 M3 K3 W	T22 M4 K1 O	T22 M5 K2 O	T22 M6 K3 O
						Bewertung des jeweiligen Ergebnisses						
1	S-Präf.	S-Präf.	S-Präf.	S-Präf.	S-Präf.	S-Präf.	S-Präf.	T-Präf.	S-Präf.	Keine /ns	Keine /ns	S-Präf.
2	Geringe S-Präf.	Keine	Geringe S-Präf.	Geringe S-Präf.	Keine	T-Präf.	Keine	Keine	Keine	Keine /ns	Keine /ns	T-Präf.
3	Keine	ns	Geringe S- Präf./ns	Geringe S- Präf./ns	ns	ns	Kei- ne/ns	Geringe S- Präf./ns	Geringe S- Präf./ns	Geringe S- Präf./ns	ns	ns

Anmerkung:
Die beobachtete Rangfolge gibt an, bei welchem Geschlecht beziehungsweise bei welcher Geschlechterkombination, jeweils für ein, zwei und drei Kinder, das Scheidungsrisiko am geringsten ist.
[a] = Mixed Gender, [b] = hier sollten die Ergebnisse kein eindeutiges Muster zeigen.
[c] = T = Tabellennummer, M = Modellnummer, Alle = Modell für alle Befragten, F = Modell für befragte Frauen, M = Modell für befragte Männer, W = Westdeutschland, O = Ostdeutschland,
K1 = Kohorte 1961-1970, K2 = Kohorte 1971-1980, K3 = Kohorte 1981-2000
M = Modell; T = Tabelle;
In Spalte 3: fett-unterstrichen: geringstes Scheidungsrisiko, fett: geringes Scheidungsrisiko, fett: höchstes Scheidungsrisiko
S-Präf. = Sohn-Präferenz, T-Präf. = Tochter-Präferenz, M-Präf. = Mixed-Gender-Präferenz.

sichtbar, für drei Kinder aber eine leichte Tochter-Präferenz[312] zu verzeichnen. Besitzt eine ostdeutsche Frau zwei Kinder, so ist keine Präferenz zu erkennen, während die Ergebnisse für drei Kinder nicht signifikant[313] sind. In Ostdeutschland ist im Modell für Männer mit der Geburt von zwei Kindern eine Mixed-Gender-Präferenz zu erkennen, für drei Kinder sind die Ergebnisse wiederum nicht signifikant.

Mithilfe der nächsten sechs Spalten lassen sich die Ergebnisse im Kohortenvergleich darstellen. Dieser Vergleich ist erforderlich, um die „Attenuation-Hypothese", die besagt, dass sich in jüngeren Kohorten der Einfluss der Sohn-Präferenz vermindert und folglich das Geschlecht der Kinder in jüngeren Kohorten keinen Einfluss mehr auf die Ehestabilität ausübt, zu überprüfen. In Westdeutschland zeigt sich in der Heiratskohorte 1961-1970 mit der Geburt eines ersten Kindes eine Sohn-Präferenz[314], für weitere Kinder sind keine Präferenzen sichtbar.[315] Dagegen finden sich in der Heiratskohorte 1971-1980 für das erste Kind eine Tochter-Präferenz, für zwei Kinder kein Präferenzmuster und für drei Kinder eine geringe Sohn-Präferenz[315]. Ehepaare der Heiratskohorte 1981-2000 zeigen eine Sohn-Präferenz[316] für die Geburt eines ersten Kindes, für zwei Kinder werden keine Präferenzstrukturen deutlich, jedoch ist für drei Kinder eine geringe Sohn-Präferenz zu erkennen[315].

In Ostdeutschland sind die Ergebnisse des Kohortenvergleichs deutlich abweichend von den westdeutschen. Die Ergebnisse der multivariaten Analysen für drei Kinder-Kombinationen sind für nahezu alle Geschlechterkombinationen nicht signifikant[317] und werden aus diesem Grund nicht besprochen. Ehepaare der Heiratskohorten 1961-1970 und 1971-1980 in Ostdeutschland zeigen für ein bis zwei Kinder keine Präferenzmuster.[318] Besitzen Ehepaare der Heiratskohorte 1981-2000 ein Kind, so bevorzugen sie einen Sohn gegenüber der Tochter, bei

---

312 In diesem Modell sind aber drei von acht Geschlechterkombinationen nicht signifikant.

313 Nicht signifikante Ergebnisse könnten als keine Präferenz interpretiert werden. Jedoch sind die Ergebnisse vermutlich auf Grund des zu geringen Stichprobenumfangs und nicht wegen der nicht vorhandenen Präferenz nicht signifikant.

314 Für einen Sohn ist der Effekt 0,712 im Vergleich zu kinderlosen Ehen, für eine Tochter beträgt der Effekt 0,852, ist aber nicht signifikant, deshalb ist die Berechnung des Effekts für den Vergleich von Sohn und Tochter nicht.

315 Für drei Kinder ist bei drei von acht Geschlechterkombinationen das Ergebnis nicht signifikant.

316 Wird ein Sohn geboren, so ist dessen Scheidungsrisiko etwas geringer als bei der Geburt einer Tochter, der Effekt beim Vergleich von Tochter und Sohn beträgt (e(-1,298--1,501) = e0,203) = 1,225 = 22,5 %.

317 Dies ist vermutlich der geringen Fallzahl geschuldet.

318 Die Ergebnisse für ein Kind sind nicht signifikant und für die Heiratskohorte ist nur die Tochter-Sohn-Kombination mit dem Faktor 2,270 auf dem 10-%-Signifikanzniveau signifikant.

zwei Kindern entwickelt sich die Präferenz dagegen zu einer starken Töchter-Präferenz.[319]

Mittels der aus den multivariaten Daten abgeleiteten Präferenz-Muster können nunmehr die aufgestellten acht Hypothesen zum Einfluss des Geschlechts auf die Ehestabilität überprüft werden. In Deutschland ist keine Geschlechterpräferenz vorhanden und demzufolge hat das Geschlecht von Kindern keinen Einfluss auf die Ehestabiliät, was von der Familienökonomie und dem Value-of-Children-Ansatz (Hypothesen 17 und 20) ableitbar ist. Diese Annahme kann für die Geburt des ersten Kindes nicht bestätigt werden, anhand der Modellergebnisse ist eine Sohn-Präferenz sichtbar. Im Kohortenvergleich findet sich für ostdeutsche Ehepaare der Heiratskohorten 1961-1970 und 1971-1980 allerdings kein Präferenzmuster, ob dieser Befund den nicht signifikanten Ergebnissen geschuldet ist oder wirklich keine Geschlechtsmuster vorherrschen, kann nicht geklärt werden. Desgleichen zeigt sich für Frauen in West- und Ostdeutschland für das zweite Kind kein Präferenzmuster. Dieses Ergebnis ist auch im Kohortenvergleich für alle Heiratskohorten in Westdeutschland und in Ostdeutschland für die Heiratskohorte 1971-1980 zu ermitteln. Alle anderen Modelle zeigen für zwei Kinder andere Präferenzmuster. Mit der Geburt des dritten Kindes ist für westdeutsche Befragte im Modell für alle Befragten und der Heiratskohorte 1961-1970 keine Geschlechterpräferenz zu erkennen. Für alle anderen Modelle finden sich andere Präferenzmuster oder die Ergebnisse sind nicht signifikant. Insgesamt können die Hypothesen (17 und 20) nur für wenige Modelle als bestätigt gelten, vornehmlich für zwei Kinder und für ostdeutsche Ehepaare der Heiratskohorte 1961-1980.

Die Parity-Preference-Hypothese in Kombination mit der Mixed-Gender-Hypothese besagt (Hypothese 32), dass sich je nach Parität der Geburten das Scheidungsrisiko verringert. Ehepaare mit einer Mädchen-Sohn-Kombination oder einer Sohn-Mädchen-Kombination haben ein geringeres Scheidungsrisiko als andere Geschlechterkombinationen. Diese Vermutung wird ebenfalls von der Mixed-Gender- beziehungsweise der Gender-Preference-Hypothese (23) abgeleitet. Diese Hypothese muss daher abgelehnt werden, denn nur in einem Modell (Modell 6, Tabelle 21) zeigt sich diese Präferenzstruktur.

Väter beteiligen sich stärker an der Kindererziehung, wenn Söhne geboren werden. Das stärkere Engagement von Vätern an der Kindererziehung ist nach der Fathers'-Involvement-Hypothese (24) die Ursache für ein geringeres Schei-

---

319 Für zwei Kinder lauten die Effekte im Vergleich zu zwei Töchtern für eine Tochter-Sohn-Kombination ($e^{(-1,988--2,442)} = e^{0,454}$) = 1,575 für eine Sohn-Tochter- Kombination ($e^{(-1,682--2,442)} = e^{0,76}$) = 2,138 und für eine Sohn-Sohn-Kombination ($e^{(-1,580--2,442)} = e^{0,864}$) = 2,373.

dungsrisiko von Ehepaaren mit einer Sohn-Präferenz. Die Fathers'-Involvement-Hypothese kann mit den Daten des Familiensurvey 2000 nicht untersucht werden, jedoch besteht die Vermutung, dass die Geburt von Söhnen die Ehestabilität erhöht; daraus wird eine eigene Hypothese (26)[320] abgeleitet. An dieser Stelle werden die Ergebnisse diskutiert: Ehepaare, die als erstes Kind einen Sohn gebären, haben in allen Modellen, außer im Kohortenvergleich für die zweite Kohorte in Westdeutschland und die ersten beiden Heiratskohorten[321] in Ostdeutschland, ein geringeres Scheidungsrisiko als Ehepaare mit einer Tochter. Ehepaare mit zwei Kindern haben in Westdeutschland nur im Modell für alle Befragten und Männer eine geringe Sohn-Präferenz, dasselbe gilt für alle Befragten in Ostdeutschland. Für drei Kinder zeigen sich unterschiedliche Geschlechterpräferenzen beziehungsweise die Ergebnisse sind nicht signifikant. Die aus der Fathers'-Involvement-Hypothese abgeleitete Annahme (26) kann folglich für das erste Kind bestätigt werden, wenn der Kohortenvergleich ausgeklammert wird. Für die Geburt von zwei Kindern kann sie nur zum Teil angenommen werden, für drei Kinder ist sie indessen zu verwerfen.[322]

Neben der Fathers'-Involvement-Hypothese stellen Morgan und Pollard (2002) eine weitere Hypothese (30) auf, die besagt, dass in jüngeren Kohorten der Effekt der Sohn-Präferenz zurückgeht und das Geschlecht der Kinder demzufolge in jüngeren Kohorten keinen Einfluss mehr auf die Ehestabilität ausübt. Diese Hypothese kann für die Heiratskohorten 1961-2000 nicht bestätigt werden. In Westdeutschland verändert sich in der Kohortenabfolge das Geschlechterpräferenzmuster von einer Sohn-Präferenz (Heiratskohorte 1961-1970) über eine Tochter-Präferenz für die Heiratskohorte 1971-1980 wieder zu einer Sohn-Präferenz (Heiratskohorte 1981-2000), wenn ein erstes Kind geboren wird. Für zwei Kinder zeigen sich in Westdeutschland keine Präferenzstrukturen, bei drei Kindern sind die Ergebnisse nicht signifikant. In Ostdeutschland können nur Aussagen für ein bis zwei Kinder[323] aufgezeigt werden. Bei der Geburt von Kindern der Heiratskohorten 1961-1970 und 1971-1980 hat das Geschlecht bei einem Kind und bei zwei Kindern keinen Einfluss auf die Ehestabilität, das ändert sich für die Heiratskohorte 1981-2000, hier reduziert ein Sohn das Scheidungsrisiko stärker als eine Tochter, bei zwei Kindern ist indes eine Tochter-Präferenz

---

320 Hypothese (26): Söhne werden gegenüber Töchtern präferiert, demzufolge vermindern Ehen mit Söhnen das Scheidungsrisiko stärker als Ehen mit Töchtern.
321 Wie diese nicht signifikanten Ergebnisse zu werten sind, kann nicht eindeutig beantwortet werden (siehe vorhegender Abschnitt).
322 Die Ergebnisse sind zum größten Teil, bedingt durch den Stichprobenumfang, nicht signifikant. Mit einer größeren Stichprobe zeigen sich vermutlich andere Ergebnisse, welche Geschlechterpräferenzmuster das sind, kann nicht beurteilt werden.
323 Aufgrund nicht signifikanter Ergebnisse.

auszumachen. Dementsprechend ist die Attenuation-Hypothese (30) zu verwerfen.

Eine weitere Hypothese (27) baut auf der Fathers'-Involvement-Hypothese auf und erweitert sie. Der ehestabilisierende Einfluss der stärkeren Beteiligung von Vätern an der Kindererziehung in Ehen mit Söhnen wird auf Ehen mit Söhnen und Töchtern „übertragen". Je mehr Söhne geboren werden, desto mehr sollten Töchter von der Beteiligung der Ehemänner an der Kindererziehung profitieren. Die Beteiligung von Vätern an der Kinderbetreuung kann, wie oben bereits angesprochen, mit den Daten des Familiensurvey 2000 nicht untersucht werden, wohingegen der Einfluss von Präferenzstrukturen auf das Scheidungsrisiko erforscht werden kann. Aus dieser Hypothese werden deshalb folgende Annahmen abgeleitet: Ehen mit einem Sohn sollten stabiler sein als Ehen mit einer Tochter. Bei zwei Kindern sollten Ehen mit zwei Söhnen gefolgt von einem gemischten Geschlechterverhältnis ein geringeres Scheidungsrisiko aufweisen als Ehepaare mit zwei Töchtern. Bei drei Kindern sollten drei Söhne das Scheidungsrisiko am meisten reduzieren, danach folgen Kombinationen aus zwei Söhnen und einer Tochter und letztendlich Kombinationen aus zwei Töchtern und einem Sohn, das höchste Scheidungsrisiko hingegen ist bei drei Töchtern zu erwarten.

Die Ergebnisse der multivariaten Analyse zeigen zwar für das erste Kind eine Sohn-Präferenz, wenn der Kohortenvergleich nicht berücksichtigt wird. Dagegen ist das Scheidungsrisiko bei zwei Kindern nicht in allen Modellen für zwei Söhne geringer und nachfolgend haben auch nicht Sohn-Tochter-Kombinationen ein geringeres Scheidungsrisiko als zwei Töchter. Für drei Kinder entspricht das beobachtete Muster in keiner Weise der Annahme. Die Hypothese (27) wird aus diesem Grund abgelehnt.

Als letzte Hypothese wird die Complementary-Costs-Hypothese (31) untersucht, die besagt, dass Kinder gleichen Geschlechts das Scheidungsrisiko am meisten reduzieren. An dieser Stelle muss deshalb ein Blick auf Ehepaare mit zwei oder drei Kindern geworfen werden, allerdings werden drei Kinder ausgeschlossen, da die meisten Ergebnisse nicht signifikant sind. Von den sechs Modellen, die Ergebnisse des Kohortenvergleichs ausgenommen, haben in vier Modellen Ehepaare mit zwei Söhnen das geringste Scheidungsrisiko, Ehepaare mit zwei Töchtern haben jedoch in vier von sechs Modellen ein höheres Scheidungsrisiko als Ehepaare mit einer Tochter-Sohn-Kombination. Dementsprechend wird die Complementary-Costs-Hypothese nicht bestätigt.

Neben der Untersuchung von Geschlechterpräferenzstrukturen und der Überprüfung der entsprechenden Hypothesen kann in Anlehnung an Morgan und Pollard (2002: 22) analysiert werden, ob sich weitere Muster zwischen der Geburt von ein bis drei Kindern und dem Scheidungsrisiko zeigen. Die möglichen

Muster sind: Anzahl von Töchtern[324], Erstgeburt Tochter, keine Söhne vorhanden, keine Töchter vorhanden und gleiches Geschlecht von Kindern.
Dazu wird eine Tabelle (vergleiche Anhang A) erstellt, um die Ergebnisse
mit den möglichen Mustern zu vergleichen. An dieser Stelle werden die Ergebnisse dieser Analyse nur kurz angesprochen, da sie nicht im Mittelpunkt der
Untersuchung stehen. Die Tabelle 33 hat einen ähnlichen Aufbau wie Tabelle 23
In den ersten fünf Spalten werden mögliche Muster bei der Geburt von Kindern
nach der Reihenfolge der Geschlechterkombinationen, wie bei den Ergebnissen
der Analysen (der der Tabelle 20, Tabelle 21) für jeweils ein, zwei oder drei
Kinder, aufgeführt. Die fünf Annahmen erforschen folgende Fragestellungen:

- Hat die Anzahl von Töchtern einen Einfluss auf das Scheidungsrisiko?
- Wie hoch ist das Scheidungsrisiko, wenn:
  - o zuerst eine Tochter geboren wird?
  - o keine Söhne geboren werden?
  - o keine Töchter geboren werden?
  - o Kinder gleichen Geschlechts vorhanden sind?

Um die Ergebnisse der multivariaten Analysen mit den möglichen Mustern ver-
gleichen zu können, wurde für ein bis drei Kinder sowie bei jeder möglichen
Geschlechterkombination[325] die Rangfolge nach dem geringsten Scheidungsrisi-
ko angegeben.
Die Frage, ob mit der Anzahl der Töchter das Scheidungsrisiko steigt, ist
identisch mit der Überprüfung der Söhne-Präferenz (vergleiche vorhergehenden
Abschnitt). Vermindert die Erstgeburt einer Tochter die Ehestabilität, muss das
Scheidungsrisiko bei erstgeborenen Töchtern höher sein als bei erstgeborenen
Söhnen. Ist das Scheidungsrisiko für Familien ohne Söhne höher als für andere
Geschlechterkombinationen, muss die Ehestabilität für eine Tochter geringer
sein als für einen Sohn; bei zwei Kindern destabilisieren zwei Töchter die Ehe
am stärksten etc. Genau entgegengesetzt verhält es sich, wenn davon ausgegan-
gen wird, dass Ehepaare ohne Töchter ein höheres Scheidungsrisiko aufweisen.
Haben Eltern von Kindern gleichen Geschlechts ein höheres Scheidungsrisiko,
dann wird überprüft, ob bei Ehepaaren mit zwei Kindern die Kombinationen
Sohn-Tochter oder Tochter-Sohn mit einem höheren Scheidungsrisiko einhergehen als bei zwei Söhnen oder zwei Töchtern. Für die Modelle 2, 4 und 6 der
Tabelle 20 und Tabelle 21[326] zeigt sich für ein Kind[327], dass mit der Geburt einer

---

324 Dieses Muster kann die Fathers'-Involvement-Hypothese untersuchen.
325 Diese ist analog zu der Reihenfolge in den multivariaten Analysen.
326 Es werden nur die Ergebnisse für ein bis zwei Kinder berichtet.
327 Es werden nur die erweiterten Modelle betrachtet.

Tochter das Scheidungsrisiko steigt, für zwei Kinder erhöhen sowohl Geschlechterkombinationen mit einer Tochter als auch mit zwei Töchtern das Scheidungsrisiko (außer in Modell 2, Tabelle 20) stärker als zwei Söhne. Die Anzahl der Töchter hat deshalb keinen eindeutigen Einfluss auf das Scheidungsrisiko.[328] Für alle Modelle zeigt sich, dass eine erstgeborene Tochter die Ehestabilität im Vergleich zu einem erstgeborenen Sohn reduziert. Das Gleiche gilt für zwei Kinder mit erstgeborenen Töchtern, mit Ausnahme der Modelle 4 und 6 in Tabelle 21, im Verhältnis zu erstgeborenen Söhnen. Die Hypothese kann für Ehen mit ein bis zwei Kindern für Westdeutschland bestätigt werden, während sie in Ostdeutschland nur für die Geburt des ersten Kindes bestätigt und für weitere Geburten abgelehnt wird.

Ehepaare mit einer Tochter haben in allen Modellen ein höheres Scheidungsrisiko als Ehepaare mit Söhnen, dagegen ist das Scheidungsrisiko für Ehepaare mit zwei Töchtern nicht höher als für eine Tochter-Sohn-Kombination (außer in Modell 6, Tabelle 21), deshalb kann die Hypothese, dass Ehepaare, die keine Söhne besitzen, ein höheres Scheidungsrisiko als andere Ehepaare aufweisen, nur für das erste Kind bestätigt werden. Auf diese Weise wird die Hypothese, die besagt, dass Ehepaare ohne Töchter instabilere Ehen als andere Ehepaare aufweisen, für ein Kind nicht bestätigt werden. Für zwei Kinder wird die Hypothese ebenfalls abgelehnt, denn das Vorhandensein von zwei Töchtern geht, mit Ausnahme von Modell 6 in Tabelle 21[329], nicht mit dem höchsten Scheidungsrisiko einher. Ebenfalls erhöhen zwei Kinder gleichen Geschlechts das Scheidungsrisiko nicht mehr als zwei Kinder unterschiedlichen Geschlechts, abgesehen von Modell 4 in Tabelle 21. Die Hypothese, dass zwei Kinder gleichen Geschlechts das Scheidungsrisiko erhöhen, wird durch die Befunde nicht bestätigt.

5.4.4 Altersabstand der Kinder

Ein weiteres und letztes Charakteristikum von Kindern, das Einfluss auf die Ehestabilität ausüben kann, ist der Abstand zwischen den Geburten von Kindern. In der Studie von Harris und Morgan (1991) wird unter anderem untersucht, unter welchen Bedingungen sich Väter stärker an der Kindererziehung beteiligen. Sie können ermitteln, dass mit sinkendem Abstand zwischen den Geburten sich die Väter stärker an der Kindererziehung beteiligen, was die Ehestabilität erhöht. Analog zur Untersuchung der Fathers'-Involvement-Hypothese kann die Beteiligung von Vätern an der Kindererziehung nicht mit den Daten des Fami-

---

328 Vergleiche Ergebnisse zur Fathers'-Involvement-Hypothese.
329 Der Effekt ist nicht signifikant.

liensurvey 2000 überprüft werden, sondern nur der Zusammenhang zwischen dem Abstand zwischen den Geburten von Kindern und dem Scheidungsrisiko. Für diese Untersuchung wird der Abstand zwischen der Geburt des ersten und zweiten ehelichen Kindes mittels einer zeitabhängigen Variablen operationalisiert. Die Analyse der Abstände zwischen den Geburten von mehr als zwei Kindern ist nicht sinnvoll, denn nur etwa 12 % der Ehepaare besitzen drei Kinder. Tabelle 34 (im Anhang) gibt die Medianwerte des Altersabstands für die Geburten des ersten und zweiten Kindes an. In Westdeutschland beträgt die mittlere Dauer bis zur Geburt des zweiten Kindes 2,83 Jahre, in Ostdeutschland 3,33 Jahre. Die Ergebnisse der multivariaten Analysen werden nur für West- und Ostdeutschland, aber nicht getrennt nach dem Geschlecht der Befragten berechnet. Aufgrund des geringen Stichprobenumfangs werden bei nahezu allen Variablen nicht signifikante Ergebnisse ermittelt. Während in Westdeutschland das Scheidungsrisiko nicht signifikant ansteigt, sinkt in Ostdeutschland das Scheidungsrisiko um −1,8 %. In Westdeutschland hat die Dauer bis zur Geburt des zweiten Kindes folglich keinen Einfluss auf das Scheidungsrisiko. Bei ostdeutschen Ehen ist der Einfluss hingegen negativ; je länger die Ehepaare eine zweite Geburt verschieben, desto stabiler sind ihre Ehen.[330] Die Ergebnisse für West- und Ostdeutschland stimmen folglich mit Hypothese (17) nicht überein, aus diesem Grund wird sie verworfen.

---

330 Dies ist nicht damit zu erklären, dass mit zunehmender Ehedauer und Alter der Ehepaare das Scheidungsrisiko sinkt, da diese unabhängigen Variablen kontrolliert werden; möglich ist aber ein Interaktionseffekt zwischen den Variablen.

Tabelle 24: Scheidungsrisiko für Ehepaare in West- und Ostdeutschland nach dem Altersabstand der Kinder (gewichtet)

	Alle Westdeutschland	Alle Ostdeutschland
	Modell 1	Modell 2
Ehedauer [b]	1,030***	0,942
ln (Ehedauer) [b]	1,651*	1,657***
Altersabstand zwischen 1. und 2. Kind	1,030	0,982*
Kohabitationsdauer	0,980	1,011
Dauer bis Haushaltsgründung	0,940	1,000
Heiratsalter der Ehefrau	0,970	0,887*
Heiratsalter des Ehemanns	1,000	1,020
Wohneigentum [a]	0,607**	0,458**
Kirchgangshäufigkeit [a]	0,932	1,016
Kirchliche Heirat [a]	0,861	1,209
Heiratskohorte 1971-80 [a]	1,665*	1,377
Heiratskohorte 1981-90 [a]	2,270**	2,460+
Heiratskohorte 1991-2000 [a]	2,484*	1,733
Bildungshomogamie [a]	0,892	0,992
Beide katholisch [a]	0,998	0,803+
Bildung Vater in Jahren	0,980	0,905
Bildung Ehefrau in Jahren	1,020	0,932
Bildung Ehemann in Jahren	0,951	1,127
Familienorientierter Partnerschaftstyp [a]	0,983	1,008
Vereinbarkeit Beruf + Familienleben	0,941	1,014
Einstellung zur Mutterrolle	0,875*	0,857
Kindorientierte Ehepaare	0,803	0,976
Ökonomischer Nutzen von Kindern	0,910	1,363
Kennenlernen: B-F-V [a]	0,852	0,691
Kennenlernen: S-A-B [a]	1,000	1,019
Mehrfachehe [a]	2,761**	2,647***
Episoden	16719	4094
Rechtszensierte Werte	84	40
Loglikelihood	-1282,871	-348,442

[a] Dummyvariable (0/1), [b] zeitabhängig, + p <0,1 * p < 0,05; p** <0,01, *** p <0,001

Anmerkungen:
Kindorientierte Ehepaare: Kann auch als emotionaler Nutzen von Kindern interpretiert werden
Kennenlernen: B-F-V: Kennenlernen durch Bekannte, Freunde oder Verwandte
Kennenlernen: S-A-B: Kennenlernen in Schule, Ausbildung, Beruf, Hobby, Verein oder beim Sport.

Quelle: Familiensurvey 2000, eigene Berechnungen.

6 Effekte differenzierter Operationalisierung

Im vorhergehenden Abschnitt wurde der Einfluss unterschiedlicher Kindschaftsverhältnisse und Charakteristika von Kindern auf die Ehestabilität aufgezeigt.
Dabei wird sichtbar, wie wichtig die exakte Differenzierung für die Untersuchung ist: Nur dann können die verschiedenen Einflussrichtungen von Kindern –
wie theoretisch begründet – eindeutig ermittelt werden.

In diesem Abschnitt wird noch einmal detailliert auf die Auswirkungen unterschiedlicher Grade der Differenzierung bei Kindschaftsverhältnissen auf die
Ehestabilität eingegangen. Je nach Stufe und Art der Differenzierung der Kindvariablen ist mit deutlichen Unterschieden zu rechnen. Dabei wird anschaulich
aufgezeigt, wie ungenaue Operationalisierung die Ergebnisse verfälschen kann.
Nachfolgend werden die Scheidungsrisiken für Ehepaare mit Kindern mit denen
von Ehepaaren mit ehelichen oder nur ehelichen Kindern verglichen. Im zweiten
Abschnitt werden verschiedene Differenzierungsmöglichkeiten bei den Kindvariablen aufgezeigt.

6.1 Ehen mit Kindern

In zahlreichen Studien der Scheidungsforschung wird der Einfluss von Kindern
auf die Ehestabilität analysiert, ohne exakt nach Kindschaftsverhältnissen zu
differenzieren. In den Untersuchungen wird dabei vom Einfluss von „Kindern"
auf die Ehestabilität gesprochen, ohne jegliche Unterscheidung zu treffen. Das
führt zum Teil zu uneindeutigen Ergebnissen, wie in Kapitel 3 beleuchtet. Denn
durch das Zusammenfassen von Kindschaftsverhältnissen werden die unterschiedlichen Effekte, die Kinder auf die Ehestabilität ausüben, nicht sichtbar.
Wie die Familienökonomie aufzeigt, haben beispielsweise eheliche Kinder einen
anderen Einfluss als uneheliche Kinder: Der positive Effekt ehelicher Kinder
sollte beim Vorhandensein unehelicher oder vorehelicher Kinder geringer ausfal-

len als der Effekt ausschließlich ehelicher Kinder. Um die Auswirkungen von nicht exakter Differenzierung von Kindschaftsverhältnissen aufzuzeigen, werden in diesem Abschnitt die Effekte dreier Kindvariablen untersucht:

1. Ehepaare mit Kindern, unabhängig vom Kindschaftsverhältnis;
2. Ehepaare mit ehelichen Kindern;
3. Ehepaare, die ausschließlich eheliche Kinder besitzen.

Der erwartete Einfluss dieser drei Kindvariablen auf die Ehestabilität – auf Grundlage der Theorien der Ehestabilität – wird in der nachfolgenden Tabelle wiedergegeben. Die Plus- und Minuszeichen zeigen die laut Theorie erwarteten Einflussrichtungen auf.[331]
Die strukturell-funktionale Familientheorie erlaubt nur eingeschränkt Aussagen zu Kindern, während die Familienökonomie die einzige Theorie ist, die Kindschaftsverhältnisse in ihrer gesamten Variationsbreite thematisiert. Werden Kinder wie in der ersten Analyse betrachtet, ohne nach Kindschaftsverhältnissen zu differenzieren, sollte ihr Einfluss geringer sein als bei nur ehelichen Kindern oder sich kein Effekt zeigen. Ebenso sollten Ehepaare, deren erstes Kind ein eheliches ist, ein etwas höheres Scheidungsrisiko aufweisen als Ehepaare mit nur ehelichen Kindern. In der rechten Spalte der Tabelle 25 werden die Ergebnisse der multivariaten Analysen (für das erweiterte Modell 2) für die Kindvariablen[332] wiedergegeben. Aus den Ergebnissen lassen sich bedeutende Befunde ableiten:

- Alle betrachteten Kindtypen zeigen sowohl in West- als auch Ostdeutschland einen ehestabilisierenden Effekt, der hochsignifikant ist.
- Wird exakt differenziert, variieren die Scheidungsraten: Sie vermindern sich, wie erwartet, von Stufe zu Stufe.
- Werden Kinder ohne Berücksichtigung des Kindschaftsverhältnisses betrachtet, ist das Scheidungsrisiko etwa 55 % (Westdeutschland) und 35 % (Ostdeutschland) geringer als bei Ehepaaren ohne Kinder.
- Ein erstes eheliches Kind reduziert das Scheidungsrisiko zwischen 60 % (Westdeutschland) und 56 % (Ostdeutschland).
- Nur eheliche Kinder weisen mit zwischen ca. 65 % (Westdeutschland) und 58 % (Ostdeutschland) ein geringeres Scheidungsrisiko auf als Ehen ohne Kinder.
- Nur die Familienökonomie bietet ein genügend großes Spektrum an Hypothesen, um die Variation in den Scheidungsraten zu erklären.

---

331 Ausführliche Information zum Einfluss unterschiedlicher Kindschaftsverhältnisse sind in Kapitel 2 unter den jeweiligen Theorien zu finden.
332 Um die Tabelle anschaulich zu gestalten, werden weitere Variablen nicht dargestellt.

Tabelle 25: Scheidungsrisiko nach Theorien und Befunde

Theorie[333] / Kindvariablen	SF	IT	AS	AT	FÖK	Ist	Ergebnisse (M 2)	
							West	Ost
Kinder vs. nie Kinder	n.a.[334]	n.a[334]	n.a[334]	+	±[335]	+	0,454***	0,648*
Eheliche Kinder vs. Ehen ohne Kinder	n.a[334]	+[336]	n.a[334]	+[337]	+[338]	++	0,398***	0,440***
Nur eheliche Kinder vs. Ehen ohne Kinder	+[339]	+[339]	n.a[334]	+[339]	++[340]	+++	0,345***	0,422***

Quelle: Eigene Darstellung, eigene Berechnungen nach Familiensurvey 2000.

333 SF= Strukturell-funktionale Familientheorie, IT= Individualisierungstheorie, AS= Anspruchssteigerung, AT= Austauschtheorie, FÖK= Familienökonomie.

334 Nicht angegeben.

335 Laut Familienökonomie wirken Kinder unterschiedlich: Uneheliche vermindern, eheliche Kinder erhöhen die Ehestabilität: Werden Kinder ohne Beachtung ihres Kindschaftsverhältnisses kontrolliert, sollten die Effekte geringer sein als bei den anderen beiden Möglichkeiten.

336 Laut Theorie wirken leibliche Kinder „ehestabilisierend, das sollte deshalb auch auf eheliche Kinder zutreffen.

337 Laut Austauschtheorie sind „eheliche Kinder" ehestabilisierend.

338 Laut Familienökonomie wirken eheliche Kinder ehestabilisierend.

339 Laut Theorien wirken leibliche Kinder „ehestabilisierend, das sollte deshalb umso mehr auf nur eheliche Kinder zutreffen.

340 Laut Familienökonomie wirken eheliche Kinder ehestabilisierend. Sind nur eheliche Kinder vorhanden, sollte der Effekt am höchsten sein.

Aus den Befunden lässt sich folgern, dass eine exakte Differenzierung nach Kindschaftsverhältnissen notwendig ist, um korrekte Ergebnisse zu erhalten und die Scheidungsraten je nach Differenzierung der Kindvariablen zu variieren. Ebenso zeigt sich, welche Theorie am besten geeignet ist, unterschiedliche Kindtypen und Kindschaftsverhältnisse darzustellen: Aus der Familienökonomie können alle möglichen Variationen von Kindvariablen abgeleitet werden. Deshalb werden im nächsten Kapitel die Ergebnisse weiterer Differenzierungen dargestellt und schematisch aufgezeigt, welche Annahmen die Familienökonomie im Hinblick auf die Höhe und Richtung des Scheidungsrisikos entwirft.

6.2 Kindschaftsverhältnisse differenziert betrachtet

Die Annahme, dass die exakte Differenzierung nach Kindschaftsverhältnissen bedeutsame Unterschiede in den Scheidungsraten aufdeckt, wird in diesem Abschnitt anhand von drei verschiedenen Musterbeispielen untersucht: Kindvariablen werden zusammengefasst, Differenziert nach Kindschaftsverhältnis und Anzahl der Kinder und unehelicher Kinder nach Elternteil betrachtet. Dabei wird für das erste und zweite Beispiel dargestellt, wie sich der erwartete Einfluss nach Kindschaftsverhältnis laut Familienökonomie darstellt.

Tabelle 26 verdeutlicht, welche Kindschaftsverhältnisse zunächst betrachtet und in zwei Schritten zusammengefasst werden. In der Spalte daneben steht die laut Familienökonomie zu erwartende Einflussrichtung auf die Ehestabilität: Zum Beispiel sollten uneheliche Kinder Ehen destabilisieren, voreheliche Kinder ebenfalls – jedoch in geringerem Umfang als uneheliche Kinder[341] da sie mit dem Ehepartner gezeugt wurden. Ausgehend von den Hypothesen der Familienökonomie sollte sich durch die Zusammenfassung der Kindvariable die Einflussrichtung ändern: Uneheliche und voreheliche Kinder sollten Ehen weniger stabilisieren als uneheliche Kinder. Uneheliche, voreheliche und Adoptiv- oder Pflegekinder sollten durch das Zusammenfassen zu einer Variable keinen oder nur geringen Einfluss auf die Ehestabilität ausüben. In der letzten Spalte finden sich die Ergebnisse der multivariaten Analysen für die jeweiligen Kindvariablen.[342] Wie die Ergebnisse aufzeigen, werden die Hypothesen der Familienökonomie in Westdeutschland nur für eheliche Kinder bestätigt, während in Ostdeutschland die Ergebnisse nur mit den Hypothesen für uneheliche, eheliche Kinder und für

---

341 Der Begriff „uneheliche Kinder" wird hier für Kinder die mit einem anderen Partner gezeugt wurden verwendet.
342 Um die Tabelle anschaulich zu gestalten werden weitere Variablen nicht dargestellt.

Tabelle 26: Kindschaftsverhältnisse zusammengefasst betrachtet

Stufe[343]	Kindschaftsverhältnis	Einfluss laut Familien-ökonomie[344]	Ergebnis (Modell 2)[345]	
			West	Ost
0	Unehelich	--	0,766	**2,363 ***
	Vorehelich[346]	-	0,705 **	0,651 +
	Ehelich	++	**0,398 ***	**0,440 ***
	Adoptiv/Pflege	+	0,320 ***	1,616
1	Unehelich + vorehelich	-	**0,720***	**1,210***
	Ehelich	++	**0,392***	**0,448 ***
	Adoptiv/Pflege	+	0,322 ***	1,612
2	Unehelich + vorehelich + Adoptiv/Pflege	±	**0,577***	**1,527**
	Ehelich	++	**0,395***	**0,446 ***

Quelle: Eigene Darstellung, eigene Berechnungen nach Familiensurvey 2000

die Kombinationen von unehelichen + vorehelichen und unehelichen + vorehelichen + Adoptiv- und Pflegekindern übereinstimmen.[347]
Jedoch ist zu erkennen, dass durch die Zusammenfassung von Variablen sich die Ergebnisse deutlich verändern: Mit dem Grad der Zusammenfassung der Kindvariable erhöht sich von Stufe 1 zu Stufe 2 der ehestabilisierende Effekt in Westdeutschland, und in Ostdeutschland sinkt analog das Scheidungsrisiko. Wie im vorangegangenen Abschnitt wird auch hier sichtbar stark die unterschiedliche Operationalisierung von Variablen die Ergebnisse beeinflussen.

Nachfolgend wird detailliert untersucht, wie die unterschiedlichen Kindschaftsverhältnisse Einfluss auf die Ehestabilität ausüben. Dazu werden nicht wie zuvor die vier möglichen Kindschaftsverhältnisse[348] für das erste Kind betrachtet, sondern Kombinationen von Kindschaftsverhältnissen bei bis zu zwei Kindern untersucht. Daraus lassen sich fünfzehn Kombinationsmöglichkeiten ermitteln, die in der ersten Spalte der Tabelle 27 dargestellt werden. In der zweiten Spalte steht die laut Familienökonomie angenommene Einflussrichtung und

---

343 Stufe der Zusammenfassung: 0 = ursprüngliche Berechnung.
344 Vereinfacht dargestellt.
345 Fette Werte: Übereinstimmung mit Familienökonomie.
346 Laut Austauschtheorie sollten voreheliche Kinder Ehen weniger stabilisieren als eheliche, aber im Gegensatz zur Annahme der Familienökonomie einen stabilisierenden Effekt ausüben.
347 Dies ist vermutlich der geringen Fallzahl geschuldet.
348 Uneheliche, voreheliche, eheliche und Adoptiv- und Pflegekinder.

Stärke. Je nach Kindschaftsverhältnis sollten Kinder positiven, negativen oder keinen Einfluss auf die Ehestabilität ausüben. Wie anhand von Tabelle 27 zu erkennen ist, sind sehr viele Ergebnisse nicht signifikant. Ob dies der geringen Fallzahl geschuldet ist, kann nicht eindeutig geklärt werden. Ein uneheliches Kind haben nur 1,5 %, ein Adoptiv- oder Pflegekind 0,4 % und Adoptiv-/Pflegekinder in Kombination mit ehelichen Kindern[349] sogar nur 0,3 % der Befragten in Westdeutschland. Aufgrund der noch geringeren Fallzahl fallen für Ostdeutschland die absoluten Häufigkeiten entsprechend geringer aus als für Westdeutschland. Auch finden sich für Ostdeutschland nur zwei signifikante Ergebnisse, infolgedessen kann hier keine Überprüfung der Hypothesen erfolgen.

Die Überprüfung der Annahmen der Familienökonomie zeigt für die signifikanten Ergebnisse in Westdeutschland ein ähnliches Bild wie in Tabelle 26 (Stufe 0), ein eheliches und zwei eheliche Kinder erhöhen die Ehestabilität sehr stark. Ehepaare mit zwei ehelichen Kindern weisen das geringste Scheidungsrisiko auf – dieser Effekt ist auch darauf zurückzuführen, dass mit der Anzahl der Kinder (siehe Kapitel 5) das Scheidungsrisiko sinkt. In Bezug auf das Gesamtergebnis ist Folgendes zu ermitteln: Eltern, die nur ein Kind besitzen, weisen beim Vorhandensein von einem Adoptiv- oder Pflegkind das geringste Scheidungsrisiko auf. Bei zwei Kindern ist die Ehestabilität am höchsten.

Die Ergebnisse für Westdeutschland können wie auch im vorhergehenden Abschnitt die Annahmen der Familienökonomie deshalb nur in geringem Umfang bestätigen. Jedoch wird hier besonders deutlich, wie sich durch weitere Differenzierung der Kindschaftsverhältnisse die Effekte verändern: Werden wie in Tabelle 26 (Stufe 0) und Kapitel 3 Kindschaftsverhältnisse nur für das erste Kind betrachtet, wird nicht berücksichtigt, dass sich mit der Geburt weiterer Kinder die Ehestabilität verändert: Nach der Familienökonomie erhöhen uneheliche und voreheliche Kinder das Scheidungsrisiko, während eheliche Kinder die Ehestabilität erhöhen. Dementsprechend sollte sich der „Gesamtnutzen der Kinder" aus der Summe des Nutzens der einzelnen Kinder berechnen lassen. Besitzen Eltern beispielsweise nur voreheliche Kinder, sollte der Nutzen geringer als beim Vorhandensein vorehelicher und ehelicher Kinder. Diese Annahme wird durch den Vergleich von Tabelle 26 (Stufe 0) und Tabelle 27 für Westdeutschland bestätigt: Ein erstes voreheliches Kind reduziert das Scheidungsrisiko um etwa 30 % (Tabelle 26 (Stufe 0), hier wird der Effekt weiterer Kinder nicht berücksichtigt. Haben Ehepaare nur ein Kind, ist der Effekt vorehelicher Kinder nicht signifikant. Für Eltern von einem vorehelichen und einem ehelichen Kind

---

Tabelle 27: Effekte unterschiedlicher Kindschaftsverhältnisse

Kindschaftsverhältnis/ Kombinationsmöglichkeiten	Einfluss laut Familienökonomie[351]	Ergebnis (Modell 2)[352] West	Ost
Unehelich	--	ns	ns
Vorehelich	-	ns	ns
Ehelich	++	**0,413****	**0,468****
Adoptiv/Pflege	+	0,378*	ns
Unehelich + unehelich	----	ns	ns
Unehelich + vorehelich	---	ns	ns
Unehelich + ehelich	±	ns	ns
Unehelich + Adoptiv/Pflege	±	ns	ns
Vorehelich + vorehelich	--	0,431**	ns
Vorehelich + ehelich	±	0,637*	ns
Vorehelich + Adoptiv/Pflege	±	ns	ns
Ehelich + ehelich	++++	**0,263*****	**0,282*****
Ehelich + Adoptiv/Pflege	+++	ns	ns
Adoptiv/Pflege + Adoptiv/Pflege	++	ns	ns
Adoptiv/Pflege + ehelich	+++	ns	ns

Quelle: Eigene Darstellung, eigene Berechnungen nach Familiensurvey 2000

ist das Scheidungsrisiko jedoch höher als bei einem ehelichen Kind, aber geringer als bei einem vorehelichen Kind (Tabelle 27).[353]

Davon lässt sich ableiten, dass sich durch unterschiedliche Operationalisierung und mit dem Grad der Differenzierung der Kindvariablen die Effekte stark verändern. Weiterhin kann die Nutzenfunktion nach Gary S. Becker einen wichtigen Beitrag zur Erklärung dieser Annahme liefern. Zwar können nicht wie angenommen je nach Kindschaftsverhältnis positive und negative Einflussrichtungen ermittelt werden, aber die Hypothese, dass die exakte Differenzierung nach Kindschaftsverhältnissen bedeutsame Unterschiede in den Scheidungsraten aufzeigt, wird durch die Ergebnisse bestätigt. In anderen Analysen mit der Mannheimer Scheidungsstudie[354]finden sich analoge Ergebnisse, die für mehrere Variablen signifikant sind. Anhand eines größeren Datensatzes sollten Kind-

351 Vereinfacht dargestellt.
352 Fette Werte: Übereinstimmung mit Familienökonomie.
353 Hier finden sich keine signifikanten Einflüsse.
354 Mit einem modifizierten Modell.

schaftsverhältnisse aus diesem Grund noch stärker differenziert betrachtet werden, um noch detailliertere Ergebnisse zu erhalten.[355]

In einem weiteren Schritt wird überprüft, ob es Unterschiede in den Scheidungsraten gibt, falls die unehelichen Kinder vom Vater oder von der Mutter stammen.[356] Es ist zu erwarten, dass uneheliche Kinder des Ehemanns weniger destabilisieren als uneheliche Kinder der Ehefrau, denn die Kinder der Ehefrauen leben vorwiegend im Haushalt des neuen Ehepaars und die Kinder der Ehemänner bei den Ex-Partnerinnen. Zu dieser Hypothese gibt es zwar keine Theorie, die genau diesen Aspekt analysiert, jedoch kann mit der Familienökonomie argumentiert werden: Uneheliche Kinder sind negatives Kapital für nachfolgende Ehen. Eheliches Kapital kann jedoch nur vollständig genutzt werden, wenn es dem Haushalt zur Verfügung steht. Leben Kinder im eigenen Haushalt, fließt dieses Kapital stärker ein als Kapital, das nicht in den Haushalt eingebracht wird. Für diese Untersuchung wurde das erste Kind nach Kindschaftsverhältnis einbezogen. Tabelle 28 gibt die Ergebnisse nach untersuchtem Kindschaftsverhältnis wieder.

Tabelle 28: Kindschaftsverhältnis und Scheidungsrisiko nach Eltern

Kindschaftsverhältnis	Ergebnis (Modell 2)	
	Westdeutschland	Ostdeutschland
Unehelich von Mann	1,108	3,481
Unehelich von Frau	0,703	1,346
Vorehelich	0,707**	0,656*
Ehelich	0,394***	0,448**
Adoptiv/Pflegekind	0,324***	1,625

Quelle: Eigene Darstellung, eigene Berechnungen nach Familiensurvey 2000

Die Ergebnisse der multivariaten Analyse zeigen weder für Westdeutschland noch für Ostdeutschland signifikante Ergebnisse. Ob dieser Befund den geringen Fallzahlen geschuldet ist oder uneheliche Kinder wirklich keinen Einfluss auf die Ehestabilität ausüben, kann an dieser Stelle nicht geklärt werden.[357]Wird die Signifikanz nicht berücksichtigt, ist die Ehestabilität bei unehelichen Kindern vom Ehemann geringer als bei unehelichen Kindern von Frauen. In West-

---

355 In Schweden wurde zu dieser Problematik von Lui (2002) eine Studie durchgeführt, die durch die Differenzierung zwischen vielfältigen Kindschaftsverhältnissen mit einem Datensatz (509093 Erstehen) bedeutende Ergebnisse berichtet.
356 Das erste Kind wird jeweils betrachtet.
357 Für Westdeutschland waren die Ergebnisse bei der Analyse unehelicher Kinder ohne Berücksichtigung des Elternteils, von dem sie stammen, ebenfalls nicht signifikant.

deutschland erhöhen uneheliche Kinder vom Zahlenwert (0,703) die Ehestabilität, während uneheliche Kinder der Männer ehedestabilisierend wirken (Zahlenwert 1,108). In Ostdeutschland wirken sowohl uneheliche Kinder der Ehefrau als
auch des Ehemanns destabilisierend. Der Unterschied ist zudem sehr stark aus-
geprägt: mit einem Zahlenwert von 3,481 zu 1,346, was als ein mehr als
200%iges höheres Scheidungsrisiko, im Fall signifikanter Ergebnisse, zu interpretieren wäre. Bei dem Blick auf das empirische Signifikanzniveau findet sich
bei unehelichen Kindern der Väter ein Wert von 0,20, was die Vermutung nahe-
legt, dass es eine Rolle spielt, von welchem Elternteil die unehelichen Kinder
stammen. Um die Hypothese zu überprüfen, ist ein größerer Datensatz, wie beispielsweise die Mannheimer Scheidungsstudie, notwendig.

Aufgrund der Ergebnisse der oben genannten Analysen und der Theorie-
analyse (vergleiche Kapitel 2) wird die Relevanz der exakten Differenzierung
nach Kindschaftsverhältnissen aufgezeigt: Nicht exakte Operationalisierungen
führen zu uneindeutigen oder verfälschten Ergebnissen. Folglich ist bei Studien
der Scheidungsforschung für die korrekte Interpretation der Ergebnisse die Operationalisierung der Variablen zu beachten. Es sind weitere Studien notwendig,
um neue Erkenntnissen in der Scheidungsforschung in Bezug auf Kinder und
Ehestabilität zu ermöglichen.

7 Zusammenfassung und Diskussion

In der Scheidungsforschung werden Kinder als ein zentraler Einflussfaktor der Ehestabilität thematisiert. Innerhalb einer Ehe können Kinder in unterschiedlichen Beziehungen zu den Ehepartnern stehen. Stammen sie beispielsweise aus einer früheren Beziehung eines Ehepartners mit einem anderen Partner, sind sie in der aktuellen Ehe uneheliche Kinder des Elternteils, mit dem sie nicht gezeugt wurden. Weiterhin sind andere Kindschaftsverhältnisse denkbar, zum Beispiel können Kinder während der Ehe adoptiert oder als Pflegekinder aufgenommen werden. Je nachdem, in welchem Verhältnis sie zu den Eltern stehen, sollten sie unterschiedlichen Einfluss auf die Ehestabilität haben. Weiterhin ist davon auszugehen, dass verschiedene Charakteristika von Kindern das Scheidungsrisiko unterschiedlich beeinflussen. In den meisten Untersuchungen der Scheidungsforschung werden die unterschiedlichen Einflüsse von Kindern auf das Scheidungsrisiko dennoch nicht beleuchtet, obwohl, je nachdem welches Kindschaftsverhältnis oder Charakteristikum von Kindern vorliegt, von einem positiven oder negativen Einfluss auf das Scheidungsrisiko auszugehen ist.

Eine unzureichende Differenzierung der Kindvariablen bei der Untersuchung des Einflusses von Kindern auf das Scheidungsrisiko liefert indes nur ungenaue Ergebnisse. Bei der Aufarbeitung des Forschungsstandes in Kapitel 3 zeigen sich in zahlreichen Studien der Scheidungsforschung keine eindeutigen Effekte, wenn keine differenzierte Operationalisierung bei der Kindvariablen erfolgt.

Ziel der vorliegenden Arbeit war es, zunächst aufzuzeigen, welche Kindschaftsverhältnisse und Charakteristika von Kindern durch die Theorien als mögliche Einflussfaktoren auf das Scheidungsrisiko zu identifizieren sind und in welche Richtung dieser Einfluss vermutlich geht. Durch entsprechend differenzierte Operationalisierungen der Kindvariablen sollte nachgewiesen werden, dass das Scheidungsrisiko im Hinblick auf Höhe und Richtung variiert, je nachdem welches unterschiedliche Kindschaftsverhältnis oder Charakteristikum von Kindern vorliegt.

Die Untersuchung des Zusammenhangs zwischen Elternschaft und Ehestabilität beinhaltet aus diesem Grund mehrere Schritte, die zu beachteten waren. Zunächst musste begründet werden, wie der Einfluss unterschiedlicher Kindschaftsverhältnisse und Charakteristika auf die Ehestabilität durch einschlägige Theorien dargestellt wird, um anschließend Hypothesen abzuleiten, die die Richtung des Einflusses aufzeigen (vergleiche vergleiche Abbildung 10: Modell der Ehestabilität und Kind. Um die zahlreichen Aspekte von Elternschaft methodisch korrekt zu analysieren, mussten die Kindvariablen so differenziert operationalisiert werden, dass sich gegenseitige beeinflussende Effekte ausschließen. Damit der Einfluss ehelicher Kinder erforscht werden konnte, mussten beispielsweise voreheliche, uneheliche und Adoptiv- oder Pflegekinder ausgeschlossen werden. Mit dieser Untersuchung wurde erstmals versucht, einen bisher wenig erforschten Faktor der Ehescheidung in seiner ganzen Vielfalt und methodisch korrekter zu analysieren.

Die Literaturanalyse lieferte eine gute, wenn auch für die Untersuchung der Kindschaftsverhältnisse nur beschränkte theoretische Basis, um die erforderlichen Hypothesen abzuleiten. Die empirischen Ergebnisse in Kapitel 5 und 6 zeigen eindeutig, dass die exakte Differenzierung nach Kindschaftsverhältnissen und unterschiedlichen Charakteristika von Kindern die Vermutung bestätigt, wonach die methodisch korrekte Operationalisierung der Kindvariablen bedeutsame Unterschiede in den Scheidungsraten aufdecken kann. Aufgrund des zu geringen Stichprobenumfangs mussten allerdings Kompromisse hinsichtlich der Operationalisierung der Kindschaftsverhältnisse geschlossen werden. In diesem Kapitel werden deshalb nur die Kindschaftsverhältnisse des ersten Kindes und in Kapitel 6 für zwei Kinder betrachtet. Da die Ergebnisse in Kapitel 6 – vermutlich durch den geringeren Stichprobenumfang – in vielen Fällen nicht signifikant sind werden in diesem Kapitel nur die Ergebnisse für Kindschaftsverhältnisse des ersten Kindes dargestellt.

Die Aufarbeitung der zentralen Theorien, die den theoretischen Rahmen für diese Arbeit bilden, hat gezeigt, dass es eine Reihe von Hypothesen gibt, die gegensätzliche Annahmen widerspiegeln oder nicht ausreichend trennscharf sind. Insbesondere die Ad-hoc-Hypothesen zu Geschlechterverhältnissen von Kindern gehen von gegensätzlichen Annahmen aus. Dies war ein Grund, weshalb die Ergebnisse der Analysen nicht nach Theorien, sondern nach Kindschaftsverhältnissen und Charakteristika von Kindern gegliedert wurden. Daneben konnte durch dieses Vorgehen eine übersichtlichere Darstellung der Ergebnisse erzielt werden. Hypothesen, die nicht ausreichend klar formuliert sind, finden sich bei Kindschaftsverhältnissen, zum Beispiel in Bezug auf voreheliche Kinder, bei Charakteristika von Kindern oder bei der Untersuchung von Interaktionseffekten zwischen Kindorientierung beziehungsweise dem emotionalen Nutzen und der

Geburt ehelicher Kinder. In den ersten beiden Fällen wird bei der Überprüfung der Hypothesen versucht, verschiedene Interpretationsmöglichkeiten aufzuzeigen und die entsprechenden Annahmen mit den Ergebnissen zu vergleichen, um dann die Hypothesen bewerten zu können. Um Hypothesen zu testen, die auf Interaktionseffekten beruhen, wurden die Ergebnisse für verschiedene Ehetypen miteinander verglichen und davon Schlüsse abgeleitet.

Im Folgenden werden die Ergebnisse der Analysen nach Kindschaftsverhältnissen und Charakteristika von Kindern zusammengefasst (vergleiche Tabelle 29[358]) betrachtet, um aufzuzeigen, welchen Einfluss Elternschaft auf das Scheidungsrisiko hat. In der Tabelle werden auch Hypothesen aufgeführt, die aufgrund mangelnder Datenbasis nicht überprüft werden konnten. Anhand deskriptiver Analysen von Überlebenswahrscheinlichkeiten mittels der Life-Table-Schätzungen und der multivariaten Analysen konnte das gesamte Spektrum von Kindern als Determinanten des Scheidungsrisikos erforscht werden. Die Reihenfolge der nachfolgenden Darstellung entspricht Abbildung 12: Operationalisierung der Kindvariablen

Kinderlose Ehen

Es wurden Ehepaare untersucht, die weder vor noch im Verlauf der Ehe Kinder besitzen, obwohl keine umfassende theoretische Basis vorhanden ist, um eine Hypothese abzuleiten, die den Zusammenhang von Kinderlosigkeit und der Ehestabilität beschreibt.

Es ist denkbar, dass kinderlose Ehepaare sich unter bewusst dazu entschließen, keine Kinder zu gebären, oder keine kindorientierte Einstellung besitzen und deshalb keine Kinder gebären. Aus diesen Annahmen kann zusammenfassend für Ehepaare, die überhaupt keine Kinder gebären, abgeleitet werden, dass sie ein geringeres Scheidungsrisiko als ehelich kinderlose Ehen aufweisen, aber die Ehen dennoch instabiler sind als Ehen mit ehelichen Kindern. Diese Annahme wurde als Hypothese (1a) untersucht und konnte für West- und Ostdeutschland bestätigt werden. Für die Untersuchung von kinderlosen Ehen sollten weitere Unterscheidungen erfolgen, so könnte etwa bewusste Kinderlosigkeit untersucht werden, um einen umfassenden Überblick über den Einfluss der verschiedenen Formen von Kinderlosigkeit auf die Ehestabilität zu geben.

---

358 Für die Operationalisierung der Variablen siehe Abbildung 12.

Uneheliche Kinder

Unerwartete Ergebnisse waren bei der Analyse von unehelichen Kindern und deren Einfluss auf das Scheidungsrisiko zu berichten. Der vermutete positive Zusammenhang zwischen dem Vorhandensein unehelicher Kinder und dem Scheidungsrisiko (Hypothese (12) der Familienökonomie) konnte nur für Ostdeutschland bestätigt werden; in Westdeutschland haben uneheliche Kinder keinen Einfluss auf die Ehestabilität. Dieses Ergebnis ist für Westdeutschland vergleichbar mit den Befunden der einzigen deutschen Studie (Gostomski (1998; 1999a)). Diese konnte mit den Daten der Mannheimer Scheidungsstudie in beiden Teilen Deutschlands keinen signifikanten Einfluss auf das Scheidungsrisiko ermitteln. Nun sollten, ausgehend von der theoretischen Basis nach Becker, uneheliche Kinder kein ehespezifisches Kapital darstellen, daneben sagt die Familienökonomie, dass Mütter unehelicher Kinder die Suchdauer auf dem Partnermarkt verkürzen. Aus diesen Gründen sollten uneheliche Kinder die Ehestabilität reduzieren. In dieser Untersuchung wurde zwischen unehelichen, vorehelichen, ehelichen sowie Adoptiv- und Pflegekindern unterschieden, da in den multivariaten Analysen zu Kindschaftsverhältnissen lediglich der Einfluss des ersten Kindes untersucht wurde, können Effekte weiterer Geburten dagegen nicht ausgeschlossen werden. Viele Ehepaare mit unehelichen Kindern zeugen während der Ehe weitere Kinder. Auch ist es möglich, dass sie Kinder adoptieren. In Westdeutschland haben 65,74 % der Ehepaare mit unehelichen Kindern weitere Kinder, in Ostdeutschland sogar 76,66 % (vergleiche Tabelle 9 und Tabelle 10). Bedingt durch den Stichprobenumfang war es nicht möglich, weitere Differenzierungen zu treffen. Je nachdem, ob Ehepaare nur uneheliche oder uneheliche und eheliche Kinder besitzen, könnte ausgehend von den Annahmen der Familienökonomie abgeleitet werden, dass der Einfluss der Kinder auf das Scheidungsrisiko unterschiedlich ausfällt. Uneheliche Kinder haben nach der Familienökonomie einen negativen Einfluss auf das Scheidungsrisiko. Eheliche Kinder erhöhen die Ehestabilität. Folglich sollte sich der „Gesamtnutzen der Kinder" aus der Summe des Nutzens der einzelnen Kinder berechnen lassen. Sind während einer Ehe nur uneheliche Kinder vorhanden, ist der Nutzen geringer als beim Vorhandensein unehelicher und ehelicher Kinder.

Im Kapitel 6 wurde bei unehelichen Kindern untersucht ob sie vom Vater oder der Mutter stammen, denn es ist davon auszugehen, dass es dabei Unterschiede in den Scheidungsraten gibt[359] Die Ergebnisse zeigen weder in West- noch in Ostdeutschland signifikante Ergebnisse, was möglicherweise auf die

---

359 Es ist zu anzunehmen dass uneheliche Kinder des Ehemanns weniger destabilisierend wirken als uneheliche Kinder der Ehefrau, denn die Kinder der Ehefrauen leben vorwiegend im Haushalt des neuen Ehepaars und die Kinder der Ehemänner bei den Ex-Partnerinnen.

geringe Stichprobengröße zurück zu führen ist. Diese Analyse kann als eine Anregung für weitere Studien mit größerem Stichprobenumfang dienen. In Schweden wurde zu dieser Problematik von Lui (2002) eine Studie durchgeführt, die durch die Differenzierung zwischen unterschiedlichsten Kindschaftsverhältnissen mit einem großen Datensatz[360] bedeutende Ergebnisse berichtet.

Andererseits ist zu bedenken, dass die Familienökonomie zwar von einem destabilisierenden Effekt unehelicher Kinder ausgeht, aber das Scheidungsrisiko vermutlich für Ehepaare mit weiteren Kindern geringer ist als im Vergleich zu Ehepaaren mit nur unehelichen Kindern, denn die Nutzenströme der Kinder sollten sich addieren. Folglich sollte die Untersuchung von Ehepaaren mit nur unehelichen Kindern andere Ergebnisse erzielen als die Analyse von Ehepaaren mit sowohl unehelichen als auch weiteren Kindern.

Voreheliche und Viermonatskinder

Der Austauschtheorie zufolge spenden voreheliche Kinder geringeren emotionalen Nutzen als eheliche Kinder. Somit sind sie zwar ehestabilisierend, aber ihr negativer Einfluss auf das Scheidungsrisiko ist geringer als das ehelicher Kinder. Dagegen vermindern voreheliche Kinder gemäß der Familienökonomie den Ehenutzen, indem ihre Mütter die Suchdauer auf dem Partnermarkt verkürzen, deshalb können die Kinder ein suboptimales Partnermatch bedingen. Da beide Theorien von unterschiedlichen Einflüssen vorehelicher Kinder auf das Scheidungsrisiko ausgehen, mussten die Ergebnisse der Untersuchung eine von beiden Theorien bestätigen.

Die Ergebnisse der multivariaten Analysen sowohl für voreheliche als auch für Viermonatskinder stimmen mit der Hypothese der Austauschtheorie (5) überein und dementsprechend nicht mit den Annahmen der Familienökonomie (Hypothesen 13 und 14). In Übereinstimmung mit der Austauschtheorie weisen Ehepaare mit vorehelichen Kindern[361] zwar eine geringere Ehestabilität auf als Ehepaare mit ehelichen Kindern, aber ihr Einfluss auf das Scheidungsrisiko ist negativ und nicht – wie von der Familienökonomie abgeleitet – positiv. Für die Untersuchung des Einflusses vorehelicher Kinder wurde – wie bei den Analysen anderer Kindschaftsverhältnisse auch – der Einfluss weiterer Geburten nicht ausgeschlossen. Wie bereits im vorhergehenden Abschnitt besprochen, werden deshalb vermutlich Effekte verdeckt. An dieser Stelle muss wiederum auf weite-

---

360 509093 Erstehen wurden mittels des Fertilitätsregisters untersucht.
361 Die beschriebenen Ergebnisse gelten gleichermaßen für Viermonatskinder.

re Analysen mit größeren Datensätzen verwiesen werden, denn der Stichprobenumfang des Familiensurvey 2000 erlaubt keine weiteren Differenzierungen.[362]

Eheliche Kinder

Der in der Scheidungsforschung oft beschriebene ehestabilisierende Effekt von
ehelichen Kindern konnte – mit beiden unterschiedlichen Operationalisierungen
der Variablen eheliches Kind – für West- und Ostdeutschland bestätigt werden.
Theoretisches Fundament für diesen Einflussfaktor der Ehestabilität sind die
strukturell-funktionale Theorie, die Individualisierungstheorie[363], die Austauschtheorie und die Familienökonomie. Je nach Theorie wird der Einfluss ehelicher
Kinder auf das Scheidungsrisiko unterschiedlich betrachtet. Während die strukturell-funktionale Theorie und die Individualisierungstheorie den ehestabilisierenden Effekt ehelicher Kinder nicht ausreichend diskutieren, werden eheliche Kinder in der Austauschtheorie als zentrale Einflussfaktoren der Ehequalität und
dadurch der Ehestabilität erachtet. Im Falle einer Trennung verursachen sie hohe
emotionale Kosten, daneben zählen eheliche Kinder in der Austauschtheorie
nach Rusbult und Lange (1998: 359; 2003: 363) zu Investitionen in die Beziehung, vergleichbar mit Kindern als ehespezifisches Kapital in der Familienökonomie. Im Gegensatz zu anderen Theorien bietet die Familienökonomie eine
umfassende Basis, um den Einfluss von Kindern auf die Ehestabilität zu erklären. Kinder sind ehespezifisches Kapital, zugleich stellen sie die wichtigsten
commodities dar, die innerhalb der Ehe produziert werden können, folglich erhöhen sie den Ehenutzen mehr als andere Faktoren. Sowohl die Austauschtheorie
als auch die Familienökonomie spricht ehelichen Kindern einen ehestabilisierenden Effekt zu, solange sie im Haushalt der Eltern wohnen. Mit dem Auszug der
Kinder ist ihr Nutzen für die Ehe nicht mehr vorhanden. Der Vergleich der Befunde der multivariaten Modelle mit unterschiedlicher Operationalisierung der
Variablen eheliches Kind zeigt deutliche Unterschiede. Der Effekt der Variablen
eheliches Kind ist geringer, wenn er durch eine Dummyvariable – neben weiteren Dummyvariablen – geschätzt wird[364], als der Effekt der Dummyvariablen
eheliches Kind in den Modellen, die nur eheliche Kinder (vergleiche Tabelle 11
und Tabelle 12) untersuchen. Im ersten Fall wird der Einfluss des ersten Kindes
untersucht, das heißt, diese Ehen können auch noch Adoptiv- oder Pflegekinder
im Eheverlauf aufweisen. Im zweiten Fall werden nur Ehepaare untersucht, die

---

362 In beiden Teilen Deutschlands besitzen 4,78 % der Ehepaare nur voreheliche Kinder. Diese
geringe Anzahl erlaubt keine signifikanten Schätzungen.
363 Beide Theorien verwenden den Begriff leibliche Kinder, vermutlich sind mit diesem Begriff
eheliche Kinder gemeint.
364 In den Modellen zu verschiedenen Kindschaftsverhältnissen.

nur eheliche Kinder besitzen und deren Kinder im bisherigen Verlauf der Ehe im Haushalt der Eltern leben. Die Vermutung, dass eheliche Kinder das Scheidungs-risiko stärker vermindern, wenn Ehepaare nur eheliche Kinder besitzen, wurde damit bestätigt.

Ferner konnten Interaktionseffekte zwischen ehelichen Kindern und kindorientierten Ehepaaren erforscht werden, die der Überprüfung der Hypothe-sen der Individualisierungstheorie (2), der Theorie der Anspruchssteigerung (4) und des Value-of-Children-Ansatzes (22) dienten. Die zwei letztgenannten Theo-rien beschreiben inhaltlich identische Hypothesen, die besagen, dass die Geburt von ehelichen Kindern für kindorientierte Ehepaare die Ehestabilität erhöht, während die Individualisierungstheorie von der gegensätzlichen Annahme aus-geht. Ein Problem bei der Untersuchung dieser Hypothesen war die unklare Formulierung, denn Ehepaare mit Kindern, die kindorientiert sind, müssten, um der Hypothesenformulierung zu genügen, mit drei verschiedenen Ehetypen ver-glichen werden. Diese Vergleichsgruppen sind kinderlose Ehepaare, die gering[365] (1) oder stark kindorientiert (2) sind, sowie Ehepaare mit ehelichen Kindern, die eine geringe Kindorientierung (3) aufweisen. Die Hypothesen der Anspruchs-steigerung und die des Value-of-Children-Ansatzes konnten mittels der Analysen als vorläufig bestätigt gelten, gleichzeitig impliziert das die Ablehnung der Hy-pothese der Individualisierungstheorie.

Adoptiv- und Pflegekinder

Der vermutete ehestabilisierende Zusammenhang zwischen Adoptiv- und Pfle-gekindern konnte nur für Westdeutschland bestätigt werden. In Ostdeutschland zeigten sich angesichts der geringen Fallzahl keine signifikanten Ergebnisse. Der Einfluss adoptierter oder Pflegekinder in Westdeutschland ist geringer als der Einfluss ehelicher Kinder (im Modell 1); dieser Befund stimmt mit der Hypothe-se der Familienökonomie (11) überein. Für Modell 2 muss die Hypothese hinge-gen verworfen werden: Adoptierte Kinder sind in diesem Modell ehestabilisie-render als eheliche Kinder. Der Value-of-Children-Ansatz (19) spricht insbeson-dere Adoptivkindern im Kleinkindalter einen ehestabilisierenden Effekt zu. Eine derartige Unterscheidung war, bedingt durch die geringe Fallzahl, nicht möglich, jedoch kann die Hypothese dennoch als bestätigt angesehen werden, da Adoptiv- und Pflegekinder jeden Alters das Scheidungsrisiko vermindern. Allerdings muss auch für die Ergebnisse dieses Kindschaftsverhältnisses darauf hingewiesen werden, dass die Effekte weiterer Kinder den Einfluss von adoptierten oder Pfle-gekindern verdecken können, da für die Operationalisierung dieser Variablen

---

365 Das ist die Referenzkategorie des Interaktionsterms eheliche Kinder * Kindorientierung.

Ehepaare, die weitere Kinder geboren haben, nicht ausgeschlossen wurden, da der Stichprobenumfang für eine entsprechende Differenzierung zu gering ist.[366]

Anzahl der Kinder

Für die Untersuchung des Zusammenhanges zwischen der Anzahl ehelicher Kinder und der Ehestabilität wurden vier Dummyvariablen[367] konstruiert. Entgegen der Annahme der Austauschtheorie (8), die davon ausgeht, dass viele und keine Kinder die Ehestabilität verringern, reduzieren alle ehelichen Kinder in beiden Teilen Deutschland das Scheidungsrisiko. Die Familienökonomie analysiert die Anzahl von ehelichen Kindern unter dem Aspekt des abnehmenden Grenznutzens, je mehr Kinder geboren werden, desto geringer sollte dieser ansteigen. Diese Hypothese lässt Interpretationsspielraum im Hinblick auf die Bedeutung des Nutzenzuwachses. Die Befunde der multivariaten Analysen zeigen, dass sich mit steigender Anzahl von Kindern (eins bis zu drei) zwar die Ehestabilität erhöht, jedoch verdoppelt sich der Ehenutzen nicht mit jedem weiteren Kind. Die Verminderung des Grenznutzens stimmt mit der Hypothese der Familienökonomie (16) überein, aus diesem Grund sollte die Hypothese als bestätigt angesehen werden. Falls die Hypothese anders auslegt wird, muss sie nochmals überprüft werden.

Weiterhin wurden zwei inhaltlich identische Hypothesen (18, 21), die auf dem Value-of-Children-Ansatz basieren, mittels eines Interaktionsterms überprüft, der den Interaktionseffekt zwischen der Anzahl der Kinder und deren emotionalem Nutzen widerspiegelt. Die Vermutung des Ansatzes, dass sich durch die Geburt von ehelichen Kindern für Ehepaare, die den emotionalen Nutzen von Kindern hoch einschätzen, das Scheidungsrisiko im Vergleich zu anderen Ehetypen verringert, kann in beiden Teilen Deutschlands nur im Vergleich zu kinderlosen Ehepaaren bestätigt werden.

Alter der Kinder

Übereinstimmend gehen die Austauschtheorie und die Familienökonomie von einem geringeren Scheidungsrisiko für Ehepaare mit kleinen Kindern aus. Je nachdem wie die Formulierung „kleine Kinder" interpretiert wird, werden die Hypothesen (9, 15) für West- und Ostdeutschland in den Modellen für alle Be-

---

366 An dieser Stelle ist auf weitere Untersuchungen mit größerem Stichprobenumfang zu verweisen.
367 „Erstes Kind" bis zu „vier und mehr Kinder".

fragten[368] bestätigt. In Westdeutschland erhöhen Kinder bis zu elf Jahren und in Ostdeutschland bis zu fünfzehn Jahren die Ehestabilität. Es zeigt sich jedoch, dass sich mit zunehmendem Alter der Kinder die Ehestabilität nicht kontinuierlich verringert. In Westdeutschland verringern Kinder der ersten[369] gefolgt von der dritten[370] Alterskohorte das Scheidungsrisiko stärker als Kinder der zweiten[371] Kohorte. In Ostdeutschland zeigen die Ergebnisse nach dem Alter von Kindern bis zu fünfzehn Jahren ein unerwartetes Muster. Ehepaare mit Kindern der vierten[372] Alterskohorte, gefolgt von Kindern der zweiten[371], danach der ersten[369] und zuletzt der dritten[370] Alterskohorte weisen das geringste Scheidungsrisiko auf. Diese Befunde widersprechen auf den ersten Blick der Vermutung, dass der Betreuungsaufwand von Kindern indirekt die Ehestabilität beeinflusst. Für westdeutsche Ehen kann die Annahme eventuell dadurch erklärt werden, dass der Betreuungsaufwand für Kleinkinder und Grundschulkinder größer ist als derjenige für Kindergartenkinder, die in den meisten Fällen die Hälfte des Tages im Kindergarten verbringen und danach zum Beispiel nicht bei Hausaufgaben betreut werden müssen. Dagegen kann der unterschiedliche Betreuungsaufwand nicht den Zusammenhang zwischen dem Alter von Kindern und dem Scheidungsrisiko erklären, denn trotz guter Angebote sind Kleinkinder vermutlich betreuungsintensiver als ältere Kinder. Zu diskutieren ist jedoch der emotionale Nutzen, den Kinder in unterschiedlichem Alter spenden. Dazu muss auf nachfolgende Studien verwiesen werden.

Geschlecht der Kinder

Die Vermutung, dass das Geschlecht von Kindern das Scheidungsrisiko beeinflusst, wird von der Familienökonomie, dem Value-of-Children-Ansatz und zahlreichen Ad-hoc-Hypothesen untersucht. Von Interesse ist jedoch nicht, welches Geschlecht oder welche Geschlechterkombination von Kindern das gering-

---

368 An dieser Stelle werden die unterschiedlichen Ergebnisse für die Analysen getrennt nach dem Geschlecht der
Befragten nicht diskutiert. Es wird auf die detaillierte Darstellung in den Kapiteln 4.3.2 und 5.2 und die Diskussion
zu unterschiedlichen geschlechtsspezifischen Scheidungsraten verwiesen.
369 Alter des jüngsten Kindes bis 3 Jahre.
370 Alter des jüngsten Kindes über 7 bis 11 Jahre.
371 Alter des jüngsten Kindes über 3 bis 7 Jahre.
372 Alter des jüngsten Kindes über 7 bis 15 Jahre.

ste Scheidungsrisiko bedingt[373], sondern ob es geschlechtsspezifische Scheidungsraten gibt.

In Anlehnung an die genannten Theorien wird davon ausgegangen, dass es
in jeder Gesellschaft Präferenzen von Eltern für ein bestimmtes Geschlecht von
Kindern gibt[374] – auch wenn keine Präferenz vorliegt, wird das im wissenschaftlichen Sinne als Präferenz gewertet. Indirekt übt die Geschlechterpräferenz Einfluss auf das Scheidungsrisiko aus. Je nachdem ob das gewünschte Geschlecht
von Kindern geboren wird oder nicht, variiert die Scheidungsrate. Letztendlich
beeinflusst die Passung zwischen der Präferenz für ein bestimmtes Geschlecht
von Kindern und dem Vorhandensein dieses Geschlechts das Scheidungsrisiko.
Dementsprechend reflektieren geschlechtsspezifische Scheidungsraten unterschiedliche Geschlechterpräferenzstrukturen. Für die Überprüfung der Hypothesen war es deshalb notwendig, geschlechtsspezifische Scheidungsraten zu identifizieren. Auf der Basis der Literaturanalyse konnten insgesamt acht Hypothesen[375] abgeleitet und untersucht werden. Zum Teil überschneiden sich die Hypothesen. Eine Reihe geht – bedingt durch die vermuteten unterschiedlichen Geschlechterpräferenzen von Eltern – von konträren Annahmen aus.

In den multivariaten Modellen wurden Scheidungsraten für Ein- bis zu
Drei-Kinder-Kombinationen berechnet und auf geschlechtsspezifische Schei-
dungsmuster untersucht, um diese mit den anhand der Hypothesen vermuteten
Mustern zu vergleichen. Insgesamt konnte keine eindeutige Geschlechterpräfe-
renzstruktur[376] für die Geburt von ein bis drei Kindern[377] ermittelt werden. Bei
Vorhandensein nur eines Kindes zeigt sich fast durchgängig eine Sohn-
Präferenz. Für weitere Kinder sind die Ergebnisse derart heterogen, dass keine
einzige Hypothese[378] bestätigt wird.

Ob die nach Morgan et al. (1988; 2002) benannte Fathers'-Involvement-
Hypothese, die von einer Söhne-Präferenz ausgeht, bestätigt werden kann, obwohl die Ergebnisse nur für das erste Kind die Hypothese bestätigen, ist zweifel-

---

373 Diese Untersuchung ist nicht sinnvoll, denn die Geburt unterschiedlicher Geschlechterkombinationen bei Kindern kann von den Eltern nicht beeinflusst werden, Diekmann und Schmidheiny (2004:
652) sagen dazu treffend: „Whether a daughter or a son is born, in a marriage is by nature a ‚random
experiment'."
374 Denkbare Präferenzmuster für das Geschlecht von Kindern sind eine Sohn-Präferenz, eine Tochter-Präferenz, eine Mixed-Gender-Präferenz oder keine Präferenz für ein bestimmtes Geschlecht.
375 Die untersuchten Hypothesen sind: 17, 20, 23, 24, 26, 30, 31, 32.
376 An dieser Stelle wird nochmals auf die unterschiedlichen Ergebnisse nach dem Geschlecht der
Befragten
verwiesen. Eine ausführliche Darstellung findet sich in den Kapiteln 4.3.2 und 5.2.
377 Durch die geringe Stichprobengröße sind die Ergebnisse für drei Kinder in zahlreichen Modellen
nicht signifikant.
378 Kein Präferenzmuster zeigt sich für nur für zwei Kinder in einigen Modellen und für ostdeutsche
Ehen der Heiratskohorte 1961-1980.

haft. Ausgehend von der Fathers'-Involvement-Hypothese, wurde die Attenuati-on-Hypothese[379] untersucht, die besagt, dass sich die Söhne-Präferenz in jünge-ren Kohorten vermindert und das Geschlecht von Kindern keinen Einfluss mehr auf das Scheidungsrisiko hat. Diese Hypothese musste zum einen deshalb abge-lehnt werden, da sich nur für das erste Kind eine Söhne-Präferenz zeigte, und zum anderen, weil die Geschlechterpräferenz im Kohortenvergleich ein anderes Muster aufwies.

Altersabstand der Kinder

Als Abschluss wurde ausgehend von einer Ad-hoc-Hypothese (29) untersucht, ob der Abstand zwischen den Geburten von Kindern das Scheidungsrisiko beein-flusst. Die Ergebnisse der multivariaten Analysen zeigen für Ostdeutschland einen zur Hypothese konträren Befund. Entgegen der Vermutung – je geringer der Abstand zwischen der Geburt des ersten und zweiten Kindes ist, desto stärker vermindert sich das Scheidungsrisiko – erhöht sich mit der Ehedauer für ostdeut-sche Ehepaare die Ehestabilität. In Westdeutschland sind die Ergebnisse nicht signifikant, aufgrund dessen musste die Hypothese für beide Teile Deutschlands verworfen werden.

Die gerade berichteten Ergebnisse verdeutlichen, wie das breite Spektrum des Einflusses von Kindern auf die Ehestabilität erforscht werden kann. Mittels der Literaturanalyse war es möglich, den Zusammenhang zwischen unterschied-lichen Kindschaftsverhältnissen und Charakteristika von Kindern und der Ehe-stabilität darzustellen und deren vermutete Einflussrichtung zu beschreiben. Durch die differenzierte Betrachtung von Kindern konnten erstmals in einer Untersuchung sehr viel mehr Gesichtspunkte von Elternschaft erforscht werden als bisher. Durch die methodisch exaktere Operationalisierung wurden, soweit wie möglich, Effekte anderer Variablen ausgeschlossen und eindeutige Befunde für zahlreiche Kindschaftsverhältnisse und Charakteristika von Kindern aufge-zeigt.

Die in dieser Arbeit berichteten Befunde zu Kindschaftsverhältnissen wer-fen einige Fragen auf, die Anregungen für die zukünftige Forschung geben. Be-dingt durch die geringe Stichprobengröße konnten bei der Analyse von unsheli-chen, vorehelichen und Adoptiv- und Pflegekindern die Effekte, die sich durch die Geburt weiterer Kinder ergeben, nur für bis zu zwei Kinder analysiert wer-den. Viele Ergebnisse sind jedoch nicht signifikant was vermutlich aus dem geringeren Stichprobenumfang resultiert. Die Operationalisierung der ersten Kindvariablen – die die Effekte des ersten Kindsauf die Ehestabilität

---

379 Nach Morgan et al. bezeichnet.

untersucht – musste deshalb praktischen Kompromissen genügen, um den Aspekt der Kindschaftsverhältnisse überhaupt erforschen zu können. In Analogie zu der Arbeit von Lui (2002) könnten weiter differenzierte Kindschaftsverhältnisse zu neuen Erkenntnissen in der Scheidungsforschung führen falls Umfragen mit größeren Stichproben durchgeführt werden. Als problematisch erwies sich die ebenfalls die Stichprobengröße für die Untersuchung der Charakteristika von Kindern. Zum Beispiel können bei Untersuchung von Kohorteneffekten nach Anzahl der Kinder oder Geschlechterpräferenzstrukturen nur signifikante Ergebnisse ermittelt werden, wenn der Stichprobenumfang groß[380] genug ist. Nicht signifikante Ergebnisse so zu interpretieren als seien sie signifikant, ist nicht statthaft und methodisch inkorrekt. Weiterhin zeigte die Analyse des Scheidungsrisikos nach dem Geschlecht der Befragten in einigen Modellen heterogene Ergebnisse. Wie schon mehrmals erwähnt, finden sich auch in anderen Studien geschlechtsspezifische Scheidungsraten, die zur Verzerrung der Ergebnisse führen können. Vermutlich beruhen sie auf unterschiedlichen Zeitangaben, wie dem Heirats- oder Scheidungsdatum, oder anderen Faktoren (vergleiche dazu Kapitel 4.3.2 und 5.2). Um unverzerrte Schätzungen zu garantieren und dadurch korrekte Ergebnisse zu erhalten, sollten in nachfolgenden Studien beide Partner befragt und Retrospektiv- durch Paneldaten ersetzt werden.

Neben den methodischen Aspekten mussten auch in Bezug auf die zu untersuchenden Hypothesen Kompromisse eingegangen werden, weiterhin konnten zahlreiche Hypothesen nicht untersucht werden. Grund dafür war, dass manche unabhängigen Variablen mit dem Familiensurvey 2000 nicht operationalisiert werden konnten, zum Beispiel die Ehequalität oder der Kinderwunsch. Nur durch weitere Studien, die einen entsprechenden Fragenkatalog aufweisen, könnten letztendlich alle Aspekte des Einflusses von Kindern auf das Scheidungsrisiko und weitere wichtige Determinanten der Ehestabilität in ihrem ganzen Spektrum erforscht werden.

Die durch diese Untersuchung aufgezeigten Befunde verdeutlichen jedoch, wie eine theoretisch-fundierte Arbeit zahlreiche Aspekte von Elternschaft erforschen kann und welche Schritte und methodischen Gesichtspunkte dabei zu beachten sind.

---

380 Gelman und Weakliem (2010: 59) formulieren treffend „Bekanntermaßen kann man jede Stichprobe so groß machen, dass man fast immer einen zwar statistisch signifikanten, wenn auch kleinen Effekt findet" und weisen darauf hin, dass nicht nur die Stichprobengröße, sondern auch die Teststärke entscheidend für Untersuchungen ist.

Tabelle 29: Übersicht über die Ergebnisse der Prüfung der aus den Theorien abgeleiteten Hypothesen anhand des Familiensurvey 2000

Nr.	Hypothese	Zugrunde liegende Theorie	Operationa-lisierung der Kindvariab-len	Bewertung	Anmerkung
1a	Kinderlose Ehepaare weisen ein geringeres Scheidungsrisiko als ehelich kinderlose Ehen auf.		Kinderlos	Für West und Ost-deutschland bestätigt.	
1	Leibliche Kinder erhöhen die Ehestabilität.	Strukturell-funktionale Theorie, Individuali-sierungstheo-rie	Kinder nach Status (Ergebnisse für eheliches Kind), eheliche Kinder	Für West- und Ost-deutschland bestätigt.	
2	In kindzentrierten Ehen erhöht sich durch die Geburt von Kindern, im Vergleich zu anderen Ehetypen, nicht zwangs-läufig die Ehestabilität.	Individuali-sierungs-theorie	Eheliche Kinder * kindorientiert	Für West- und Ost-deutschland abgelehnt.	Weiterhin wurde betrachtet, welche Ergebnisse zu beobachten sind, wenn der Interaktionsterm Anzahl ehelicher Kinder * kindori-entiert analysiert wird. Die Ergebnisse zeigen ein ähnliches Bild: Die Hypo-these ist abzulehnen, falls eheliche, kindorientierte Ehepaare mit kinderlosen, nicht kindorientierten Ehepaaren verglichen werden. Im Vergleich zu nicht kindorientierten Ehepaaren mit ehelichen Kindern kann die Hypothe-se für sehr wenige Fälle[381] bestätigt werden (siehe 5.4.1).
3	Unerfüllter Kinderwunsch verringert die Ehestabili-tät.	Anspruchs-steigerung	-	Nicht überprüfbar.	Mit den Daten des Famili-ensurvey nicht überprüfbar, es werden keine Fragen zum Kinderwunsch gestellt.

381 Nur in fünf von vierundzwanzig Fällen, in denen Interaktionseffekte zwischen ehelichen Kindern (1-4) und Kindorientierung analysiert wurden.

Nr.	Hypothese	Zugrunde liegende Theorie	Operationalisierung der Kindvariablen	Bewertung	Anmerkung
4	Die Geburt von Kindern ist für kindorientierte Ehen wichtiger als für andere Ehetypen, diese Ehen sollten stabiler sein als andere Ehetypen.	Anspruchssteigerung	Eheliche Kinder * kindorientiert	Für West- und Ostdeutschland bestätigt.	Weiterhin wurde betrachtet, welche Ergebnisse zu beobachten sind, wenn der Interaktionsterm Anzahl ehelicher Kinder * kindorientiert analysiert wird. Die Ergebnisse zeigen ein ähnliches Bild: Die Hypothese wird bestätigt, falls eheliche, kindorientierte Ehepaare mit kinderlosen, nicht kindorientierten Ehepaaren verglichen werden. Im Vergleich zu nicht kindorientierten Ehepaaren mit ehelichen Kindern kann die Hypothese für die meisten Fälle[382] bestätigt werden (siehe 5.4.1).
5	Voreheliche Kinder (beziehungsweise voreheliche Schwangerschaft) stellen geringere emotionale Kosten als eheliche Kinder dar, aus diesem Grund sind sie weniger ehestabilisierend als eheliche Kinder.	Austauschtheorie	Kinder nach Status (Ergebnisse für voreheliches Kind beziehungsweise Viermonatskinder)	Für West- und Ostdeutschland bestätigt.	
6	Eheliche Kinder erhöhen die Attraktivität der Ehe und stellen Investitionen in die Ehe dar. Mit dem Vorhandensein von ehelichen Kindern erhöht sich sowohl die Ehequaliät als auch die Ehestabiliät.	Austauschtheorie	Kinder nach Status (Ergebnisse für eheliches Kind), eheliche Kinder	Für West- und Ostdeutschland bestätigt.	Der Einfluss auf die Ehequalität lässt sich mit den Daten des Familiensurvey nicht überprüfen, aus diesem Grund wurde der Einfluss von ehelichen Kindern auf die Ehestabilität untersucht.
7	Für die Zufriedenheit mit dem Lebensstil spielt die optimale Haushaltszusammensetzung eine wesentliche Rolle. Können Ehepartner die	Austauschtheorie	-	Nicht überprüfbar.	Mit den Daten des Familiensurvey ist die Zufriedenheit mit der Haushaltszusammensetzung nicht überprüfbar.

---

382 Nur in neunzehn von vierundzwanzig Fällen, in denen Interaktionseffekte zwischen ehelichen Kindern (1-4) und Kindorientierung analysiert wurde.

Nr.	Hypothese	Zugrunde liegende Theorie	Operationalisierung der Kindvariablen	Bewertung	Anmerkung
	geplante Anzahl von Kindern realisieren, erhöhen sich die Ehequalität und die Ehestabilität.				
8	Ehequalität und Anzahl der in einem Haushalt lebenden Personen, Kinder eingeschlossen, stehen in einem inversen Verhältnis. Die Anzahl der Kinder hat, solange sie im Haushalt der Eltern leben, Einfluss auf die Ehequalität. Viele Kinder vermindern die Ehequalität und somit die Ehestabilität.	Austauschtheorie	Geburt von Kindern nach Anzahl[383]	Für West- und Ostdeutschland abgelehnt.	Nur für die Ehestabilität mit den Daten des Familiensurvey überprüfbar.
9	Kinder sind eine Barriere gegen Ehescheidungen. Insbesondere kleine Kinder reduzieren das Scheidungsrisiko.	Austauschtheorie	Alter des jüngsten Kindes nach Altersklassen	Für West- und Ostdeutschland zum Teil bestätigt.[384]	In Westdeutschland reduzieren Kinder bis elf und in Ostdeutschland[384] bis fünfzehn Jahre das Scheidungsrisiko, jedoch sinkt mit steigendem Alter der Kinder die Ehestabilität nicht kontinuierlich.
10	Eheliche Kinder erhöhen die Ehestabilität	Familienökonomie	Kinder nach Status (Ergebnisse für eheliches Kind), eheliche Kinder	Für West- und Ostdeutschland bestätigt.	
11	Adoptierte Kinder sind Investitionen in die Ehe, die das ehespezifische Kapital weniger stark als eheliche Kinder erhöhen. Adoptierte Kinder wirken aus diesem Grund nur leicht ehestabilisierend.	Familienökonomie	Kinder nach Status (Ergebnisse für Adoptiv- und Pflegekinder)	Für Westdeutschland nur im Modell 1 bestätigt, für Ostdeutschland abgelehnt.	Aufgrund der geringen Fallzahlen sind die Ergebnisse für Ostdeutschland nicht interpretierbar.

---

383 Erstes Kind bis vier oder mehr Kinder.
384 Im Modell für alle Befragten.

Nr.	Hypothese	Zugrunde liegende Theorie	Operationalisierung der Kindvariablen	Bewertung	Anmerkung
12	Uneheliche Kinder mit einem anderen Partner verringern die Suchdauer auf dem Partnermarkt und sind kein ehespezifisches Kapital. Insofern vermindern sie die Ehestabilität.	Familien-ökonomie	Kinder nach Status (Ergebnisse für uneheliche Kinder)	Für West-deutschland abgelehnt und für Ostdeutsch-land bestä-tigt.	
13	Voreheliche Kinder verkürzen die Suchdauer nach dem geeigneten Partner und können ein suboptimales Match bedingen. Voreheliche Kinder vermindern deshalb die Ehestabilität. Da sie mit dem Ehepartner gezeugt wurden, ist der Effekt aber geringer als der unehelicher Kinder.	Familien-ökonomie	Kinder nach Status (Ergebnisse für voreheli-che Kinder)	Nicht bestätigt.	Voreheliche Kinder redu-zieren das Scheidungsrisiko in beiden Teilen Deutsch-lands, dies widerspricht der Hypothese, denn sie sollten das Scheidungsrisiko erhöhen. Ihr negativer Einfluss auf das Schei-dungsrisiko ist aber geringer als der ehelicher Kinder.
14	Bei vorehelicher Schwan-gerschaft ist der Zeitpunkt der Zeugung von Bedeu-tung. Kinder, die bis zu vier Monaten nach der Heirat geboren wurden, zählen zu vorehelichen Kindern, denn zwischen der Entscheidung für eine Schwangerschaft und einer möglichen Heirat liegen etwa fünf Monate. Sie vermindern, ver-gleichbar mit allen ande-ren vorehelichen Kindern, die Ehestabilität im Vergleich zu unehelichen Kindern. Bei Kindern, die zwischen fünf und neun Monaten nach der Ehe-schließung geboren wurden, ist davon auszu-gehen, dass die Heirat zuvor geplant war, sie werden als eheliche Kinder angesehen.	Familien-ökonomie	Kinder nach Status (Ergebnisse für Viermo-natskinder)	Nicht bestätigt.	Viermonatskinder Kinder erhöhen die Ehestabilität in West- und Ostdeutschland, dieses Ergebnis widerlegt die Hypothese, die besagt, dass sie das Scheidungsrisi-ko erhöhen. Ihr negativer Einfluss auf das Schei-dungsrisiko ist jedoch geringer als der ehelicher Kinder, aber höher als der vorehelicher Kinder.

Nr.	Hypothese	Zugrunde liegende Theorie	Operationa-lisierung der Kindvariab-len	Bewertung	Anmerkung
15	Das Alter und der Wohnort von Kindern sind von Bedeutung für die Ehestabilität. Die Ehestabilität ist bei Anwesenheit von kleinen Kindern im Haushalt der Eltern höher als bei älteren Kindern.	Familien-ökonomie	Alter des jüngsten Kindes nach Altersklassen	Für West- und Ost-deutschland zum Teil bestätigt.	In Westdeutschland reduzieren Kinder bis elf und in Ostdeutschland bis fünfzehn Jahre das Scheidungsrisiko, jedoch sinkt mit steigendem Alter der Kinder die Ehestabilität nicht kontinuierlich. Diese nach Becker bezeichnete „Abschreibungsrate" von Kindern als ehespezifischem Kapital kann kontrovers diskutiert werden, je nach Auslegung ist die Hypothese zu bestätigen oder abzulehnen (siehe Kapitel 5.4.2).
16	Die Anzahl von Kindern spielt eine Rolle für den Ehenutzen. Je mehr Kinder geboren werden, desto geringer ist der Nutzenzuwachs für die Ehe.	Familien-ökonomie	Geburt von Kindern nach Anzahl[385]	Für West- und Ost-deutschland zum Teil bestätigt.	Mi der Zunahme der Anzahl der Kinder reduziert sich das Scheidungsrisiko je nach Modell u-förmig oder sinkt kontinuierlich. Die Familienökonomie sagt, mit steigender Anzahl von Kindern verringert sich der Grenznutzen für weitere Kinder. Wenn unter dem Grenznutzen ein geringerer Nutzenzuwachs zu verstehen ist, wird die Hypothese bestätigt. Falls angenommen wird, dass mit mehr Kindern das Scheidungsrisiko höher ist als mit weniger Kindern, wird die Hypothese abgelehnt.
17	In entwickelten Wohlfahrtsstaaten gibt es keine Präferenz für ein bestimmtes Geschlecht. Folglich hat das Geschlecht von Kindern in Deutschland keinen Einfluss auf die	Familien-ökonomie	Geschlech-terkombinati-onen[386]	Für West- und Ost-deutschland überwiegend nicht bestätigt.	Nur in wenigen Modellen mit zwei Kindern und im Kohortenvergleich für ostdeutsche Ehen der Heiratskohorte 1961-1980 wird die Hypothese bestätigt.

385 Erstes Kind bis vier oder mehr Kinder
386 Für die Geburt von bis zu vier ehelichen Kindern wurden fünfzehn zeitabhängige Dummyvariablen konstruiert.

Nr.	Hypothese	Zugrunde liegende Theorie	Operationa-lisierung der Kindvariab-len	Bewertung	Anmerkung
	Ehestabilität.				
18	Wird der emotionale Nutzen von Kindern hoch bewertet, sind viele Kinder nicht zwangsläufig nutzensteigend, da der Nutzen nicht kumuliert werden kann. Ein oder zwei Kinder können für die psychische Befriedigung ausreichen, während keine oder viele Kinder eher ungünstig sind. Für die Ehestabilität lässt sich ableiten, dass Ehepaare mit ehelichen Kindern, die den emotionalen Nutzen von Kindern hoch bewerten, weniger Scheidungen aufweisen als kinderlose Ehepaare oder Ehepaare mit vielen Kindern.	Value-of-Children-Ansatz	Anzahl der Kinder[387] * emotionaler Nutzen	Für West- und Ost-deutschland nur im Vergleich zu kinderlosen Ehepaaren bestätigt.	Im Vergleich von Ehepaa-ren mit ehelichen Kindern kombiniert mit hohem emotionalen Nutzen zu kinderlosen Ehepaaren, die den emotionalen Nutzen gering einschätzen (Refe-renzkategorie), oder kinder-losen, die den emotionalen Nutzen hoch bewerten, wird die Hypothese bestätigt. Je mehr Kinder in Familien, die den emotionalen Nutzen der Kinder hoch bewerten, geboren werden, desto höher ist[388] die Ehestabilität. Dies widerspricht der Annahme, dass Ehepaare mit ein oder zwei Kindern in Kombination mit hohem emotionalem Nutzen stabilere Ehen aufweisen als die gleiche Kombination mit vielen Kindern.
19	Adoptierte Kinder fördern die Ehestabilität, insbe-sondere im Kleinkindalter, da sie den emotionalen Nutzen erhöhen.	Value-of-Children-Ansatz	Kinder nach Status (Ergebnisse für Adoptiv-und Pflege-kinder)	Für West-deutschland bestätigt für Ostdeutsch-land abge-lehnt.	Die Ergebnisse gelten nur für adoptierte Kinder ohne Kontrolle des Alters (zu wenige Fälle). Aufgrund der geringen Fallzahlen sind die Ergebnisse für Ostdeutsch-land nicht interpretierbar.

---

387 Es werden Interaktionseffekte für die vier Dummyvariablen (erstes bis mehr als vier Kinder) und emotionaler Nutzen berechnet.
388 Mit Ausnahme für befragte Frauen in Westdeutschland.

Nr.	Hypothese	Zugrunde liegende Theorie	Operationalisierung der Kindvariablen	Bewertung	Anmerkung
20	In Ländern mit affinalverwandtschaftlichen Beziehungen wie Deutschland gibt es keine Geschlechterpräferenz bei der Geburt von Kindern. Das Geschlecht der Kinder hat insofern keinen Effekt auf die Ehestabilität.	Value-of-Children-Ansatz	Geschlechterkombinationen[389]	Für West- und Ostdeutschland überwiegend nicht bestätigt.	Nur in wenigen Modellen mit zwei Kindern und im Kohortenvergleich für ostdeutsche Ehen der Heiratskohorte 1961-1980 wird die Hypothese bestätigt.
21	In Deutschland wird der emotionale Nutzen von Kindern höher bewertet als der psychologisch-utilitaristische Nutzen. Keine und viele Kinder vermindern folglich die Ehestabilität.	Value-of-Children-Ansatz	Anzahl der Kinder[390] * emotionaler Nutzen	Für West- und Ostdeutschland nur im Vergleich zu kinderlosen Ehepaaren bestätigt.	Siehe Hypothese 18.
22	Die zunehmende Tertiärisierung der Wirtschaft teilt die Bevölkerung in zwei Gruppen, die mehr oder weniger kindorientierten Ehepaare schätzen den Wert von Kindern höher ein als weniger kindorientierte. Mit der Geburt von ehelichen Kindern erhöht sich die Stabilität dieser Ehen.	Value-of-Children-Ansatz	Eheliche Kinder * kindorientiert	Für West- und Ostdeutschland bestätigt.	Weiterhin wurde betrachtet, welche Ergebnisse zu beobachten sind, wenn der Interaktionsterm Anzahl ehelicher Kinder * kindorientiert analysiert wird. Die Ergebnisse zeigen ein ähnliches Bild: Die Hypothese wird bestätigt, falls eheliche, kindorientierte Ehepaare mit kinderlosen, nicht kindorientierten Ehepaaren verglichen werden. Im Vergleich zu nicht kindorientierten Ehepaaren mit ehelichen Kindern kann die Hypothese für die meisten Fälle[391] bestätigt werden (siehe 5.4.1).

---

389 Für die Geburt von bis zu vier ehelichen Kindern wurden fünfzehn zeitabhängige Dummyvariablen konstruiert.

390 Es werden Interaktionseffekte für die vier Dummyvariablen (erstes bis mehr als vier Kinder) und emotionaler Nutzen berechnet.

391 Nur in neunzehn von vierundzwanzig Fällen, in denen Interaktionseffekte zwischen ehelichen Kindern (1-4) und Kindorientierung analysiert wurden.

Nr.	Hypothese	Zugrunde liegende Theorie	Operationa-lisierung der Kindvariab-len	Bewertung	Anmerkung
23	In Deutschland wird ein gemischtes Geschlechter-verhältnis favorisiert, deshalb ist das Schei-dungsrisiko für zwei Kinder unterschiedlichen Geschlechts geringer als für andere Geschlechter-kombinationen.	Abgeleitet von der Gender-Preference- und Mixed-Gender-Hypothese	Geschlech-terkombinati-onen[392]	Für West- und Ost-deutschland abgelehnt.	Eine Mixed-Gender-Präferenz zeigt sich in nur einem Modell für zwei Kinder.
24	Väter beteiligen sich stärker an der Kinderer-ziehung, wenn Söhne geboren werden.	Fathers'-Involvement-Hypothese	-	Nicht überprüfbar.	Fragen zur Beteiligung von Männern an der Kinderer-ziehung werden im Famili-ensurvey 2000 nur für die aktuelle Beziehung gestellt, es kann deshalb nur der Einfluss des Geschlechts auf das Scheidungsrisiko untersucht werden.
25	Je mehr sich Väter an der Kindererziehung beteili-gen, desto höher sind die Ehequalität und Ehestabi-lität.	Empirische Befunde, die im Zusam-menhang mit der Fathers'-Involvement-Hypothese stehen	-	Nicht überprüfbar.	Fragen zur Beteiligung von Vätern an der Kindererzie-hung werden im Familien-survey nur für die aktuelle Beziehung gestellt.
26	Söhne werden gegenüber Töchtern präferiert, demzufolge vermindern Ehen mit Söhnen das Scheidungsrisiko stärker als Ehen mit Töchtern.	Von der Fathers'-Involvement-Hypothese abgeleitet	Geschlech-terkombinati-onen[393]	Für West- und Ost-deutschland für das erste Kind bestätigt, für weitere Kinder und im Kohor-tenvergleich abgelehnt.	Für die Geburt von zwei Kindern kann die Hypothe-se nur zum Teil bestätigt werden, für drei Kinder ist sie indessen zu verwerfen.

---

392 Für die Geburt von bis zu vier ehelichen Kindern wurden fünfzehn zeitabhängige Dummyvariab-len konstruiert.
393 Für die Geburt von bis zu vier ehelichen Kindern wurden fünfzehn zeitabhängige Dummyvariab-len konstruiert.

Nr.	Hypothese	Zugrunde liegende Theorie	Operationalisierung der Kindvariablen	Bewertung	Anmerkung
27	Je mehr Söhne geboren werden, desto mehr profitieren Töchter von der Beteiligung der Ehemänner an der Kindererziehung. Mit der Anzahl der Söhne steigt sowohl für Söhne als auch für gemischte Geschlechterverhältnisse die Ehestabilität.	Empirische Befunde, die im Zusammenhang mit der Fathers'-Involvement-Hypothese stehen.	Geschlechterkombinationen[392]	Für West- und Ostdeutschland abgelehnt.	
28	Je jünger die Kinder sind, desto mehr beteiligen sich die Väter an der Kindererziehung und desto größer ist die Ehestabilität.	Empirische Befunde, die im Zusammenhang mit der Fathers'-Involvement-Hypothese stehen.	-	Nicht überprüfbar.	Fragen zur Beteiligung von Vätern an der Kindererziehung werden im Familiensurvey nur für die aktuelle Beziehung gestellt.
29	Je geringer der Altersabstand der Kinder, desto höher ist die Beteiligung von Männern an der Kindererziehung und desto größer ist die Ehestabilität.	Empirische Befunde, die im Zusammenhang mit der Fathers'-Involvement-Hypothese stehen.		Für West- und Ostdeutschland abgelehnt.	Fragen zur Beteiligung von Männern an der Kindererziehung werden im Familiensurvey 2000 nur für die aktuelle Beziehung gestellt, es kann deshalb nur der Einfluss des Altersabstands auf das Scheidungsrisiko untersucht werden.
30	In jüngeren Kohorten vermindert sich der Effekt der Sohn-Präferenz, das Geschlecht der Kinder hat in jüngeren Kohorten keinen Einfluss mehr auf die Ehestabilität.	Attenuation-Hypothese	Geschlechterkombinationen[394] im Kohortenvergleich	Für West- und Ostdeutschland abgelehnt.	
31	Kinder gleichen Geschlechts vermindern das Scheidungsrisiko.	Complementary-Costs-Hypothese	Geschlechterkombinationen[394]	Für West- und Ostdeutschland abgelehnt.	

---

394 Für die Geburt von bis zu vier ehelichen Kindern wurden fünfzehn zeitabhängige Dummyvariablen konstruiert.

Nr.	Hypothese	Zugrunde liegende Theorie	Operationalisierung der Kindvariablen	Bewertung	Anmerkung
32	Je nach Parität der Geburten verändert sich das Scheidungsrisiko: Eine Mädchen-Sohn-Kombination oder eine Sohn-Mädchen-Kombination haben ein geringeres Scheidungsrisiko als andere Geschlechterkombinationen.	Parity-Preference-Hypothese und Mixed-Gender-Hypothese	Geschlechterkombinationen[394]	Für West- und Ostdeutschland abgelehnt.	Eine Mixed-Gender-Präferenz zeigt sich in nur einem Modell für zwei Kinder.

Anhang: weitere Ergebnisse

Tabelle 30: Anteil Befragter nach Ehestatus und dem Geschlecht der Befragten

	Ehen [a]					
	Alle		West		Ost	
	Frauen	Männer	Frauen	Männer	Frauen	Männer
Verheiratete	82,12	83,86	83,14	84,10	78,55	83,03
Geschiedene	17,88	16,14	16,86	15,90	21,45	16,97

Anmerkung:

[a] Bei zeitunabhängigen Variablen wird die erste Episode mit dem Basisgewicht gewichtet.

Die Mittelwerte der 0/1-codierten Variablen entsprechen den Anteilwerten * 100 der mit 1 codierten Kategorien.

Quelle: Familiensurvey 2000, eigene Berechnungen.

Tabelle 31: Anteil kinderloser Ehepaare nach dem Geschlecht der Befragten

	Kinderlose Ehen [a]					
	Alle		West		Ost	
	Frauen	Männer	Frauen	Männer	Frauen	Männer
Verheiratete	9,30	12,24	10,22	13,33	5,89	8,39
Geschiedene	10,33	21,65	13,18	24,40	2,50	12,58
Gesamt	9,48	13,77	10,72	15,09	5,16	9,10

Anmerkung:

[a] Bei zeitunabhängigen Variablen wurde die erste Episode mit dem Basisgewicht gewichtet.

Die Mittelwerte der 0/1-codierten Variablen entsprechen den Anteilwerten * 100 der mit 1 codierten Kategorien.

Quelle: Familiensurvey 2000, eigene Berechnungen.

Tabelle 32: Anteil Ehepaare mit ehelichen Kindern nach dem Geschlecht der Befragten

	Ehen mit ehelichen Kindern [a]					
	Alle		West		Ost	
	Frauen	Männer	Frauen	Männer	Frauen	Männer
Verheiratete	76,99	72,28	80,40	73,66	64,37	67,36
Geschiedene	65,25	50,74	64,54	49,11	67,18	56,10
Gesamt	74,89	68,80	77,73	69,75	64,97	65,45

Anmerkung:

[a] Bei zeitabhängigen Variablen wird mit dem Basisgewicht und der reziproken Ehedauer gewichtet.

Die Mittelwerte der 0/1-codierten Variablen entsprechen den Anteilwerten * 100 der mit 1 codierten Kategorien.

Quelle: Familiensurvey 2000, eigene Berechnungen.

Tabelle 33: Rangfolge des Scheidungsrisikos nach dem Geschlecht und Anzahl der Kinder

Anzahl Töchter	Erstgeburt Töchter [a]	Keine Söhne [a]	Keine Töchter [b]	Gleiches Geschlecht	Anzahl der Kinder (Mögliche Muster)	T20 M2 Alle W	T20 M4 F W	T20 M6 M W	T21 M2 Alle O	T21 M4 F O	T21 M6 M O	T22 M1 K1 W	T22 M2 K2 W	T22 M3 K3 W	T22 M4 K1 O	T22 M5 K2 O	T22 M6 K3 O
0	0	0	0	-	Ein Kind: Sohn	1	1	1	1	1	1	1	2^{ns}	1	ns	ns	1
1	1	1	0	-	Ein Kind: Tochter	2^{ns}	2^{ns}	2	2^{ns}	2^{ns}	2^{ns}	2^{ns}	1	2	ns	ns	2
0	0	0	0	1	Zwei Kinder: Sohn-Sohn	1	2	1	1	1	3	2	1	3	ns	2	4
0	0	0	1	0	Zwei Kinder: Sohn-Tochter	2	1	2	2	3	2	1	4	1	ns	1	3
1	1	1	—	0	Zwei Kinder: Tochter-Sohn	4	4	4	4	4^{ns}	1	4^{ns}	3	2	1	3	2
2	1	1	1	1	Zwei Kinder: Tochter-Tochter	3	3	3	3	2	4^{ns}	3	2	4	ns	4^{ns}	1
0	0	0	0	1	Drei Kinder: Sohn-Sohn-Sohn	2	2	3	ns	ns	2	ns	1	1	ns	1	ns
0	0	0	1	0	Drei Kinder: Sohn-Sohn-Tochter	3	ns	1	2	1	1	1	ns	4	ns	2	ns
0	0	0	1	0	Drei Kinder: Sohn-Tochter-Sohn	4	3	4	ns	ns	ns	ns	3	3	ns	ns	ns
1	1	1	1	0	Drei Kinder: Tochter-Sohn-Sohn	1	1	2	1	ns	ns	3	2	2	ns	ns	2
0	0	0	1	0	Drei Kinder: Sohn-Tochter-Tochter	ns	ns	ns	ns	ns	ns	ns	ns	ns	ns	ns	ns
2	1	1	—	0	Drei Kinder: Tochter-Sohn-Tochter	6	ns	ns	4	ns	ns	4	4	5	ns	ns	ns
2	0	1	1	0	Drei Kinder: Tochter-Tochter-Sohn	ns	ns	ns	ns	ns	ns	2	ns	ns	ns	ns	ns
2	1	1	—	0	Drei Kinder: Tochter-Tochter-Sohn	5	ns	ns	ns	ns ns	ns	ns	ns	ns	ns	ns	ns
3	1	1	1	1	Drei Kinder: Tochter-Tochter-Tochter												

T = Tabellennummer, M = Modellnummer, Alle = Modell für alle Befragten, F = Modell für befragte Frauen, M = Modell für befragte Männer, W = Westdeutschland, O = Ostdeutschland, K1 = Kohorte 1961-1970, K2 = Kohorte 1971-1980, K3 = Kohorte 1981-2000.
[a] 0 steht hier für nein, 1 für ja.
M = Modell, T = Tabelle, ns = Werte sind nicht signifikant.

Quelle: Morgan und Pollard (2002: 22), Familiensurvey 2000, eigene Berechnungen.

Tabelle 34: Median des Altersabstands zwischen erstem und zweitem Kind[395]

	West	**Ost**	**Gesamt**
Abstand zwischen erstem und zweitem Kind (in Jahren)[b]	2,83	3,33	2,92

Quelle: Familiensurvey 2000, eigene Berechnungen.

---

395 Für das arithmetische Mittel sind die Werte im Durchschnitt um mehr ein halbes Jahr abweichend, deshalb ist es sinnvoller, den Median zu verwenden.

Literaturverzeichnis

Allison, Paul D., 2005: Survival Analysis. Using the SAS System. A Pratctical Guide. Cary, New York: SAS Institute.

Andersson, Gunnar und Gebremariam Woldemicael, 2000: Sex composition of children as a determinant of marriage disruption and marriage formation: evidence from Swedish register data. Workingpaper. Rostock.

Andersson, Gunnar, Karsten Hank und Andres Vikat, 2007: Understanding parental gender preferences in advanced societies: Lessons from Sweden and Finland. Demographic Research 17: S. 135-156.

Andersson, Gunnar, Karsten Hank, Ronsen Marit und Andres Vikat, 2004: Gendering the family composition: Sex preferences for children and childbearing behavior in the nordic countries. www.dst.dk/asp2xml/external/ external. asp?title= Gendering+ the+ Family+ Comp - 143 kB - 10.07.2005

Andreß, Hans-Jürgen, 1985: Multivariate Analyse von Verlaufsdaten. Statistische Grundlagen und Anwendungsbeispiele für die dynamische Analyse nicht-metrischer Merkmale. Mannheim: ZUMA.

Ataca, Bilge, Cigdem Kagitcibasi und Aysesim Diri, 2005: The Turkish Family and the Value of Children: Trends over Time. S. 92-119 in: *Trommsdorff, Gisela, und Bernhard Nauck* (Hg.), The Value of Children in Cross-Cultural Perspective. Case studies form eight Societies. Lengerich, Berlin, Bremen, Miami, Riga, Viernheim, Wien, Zagreb: Pabst.

Beck-Gernsheim, Elisabeth, 1986: Von der Liebe zur Beziehung? . S. 209-233 in: *Berger, Johannes* (Hg.), Die Moderne- Kontinuitäten und Zäsuren. Sonderband 4. Soziale Welt. Göttingen: Schwarz.

Beck-Gernsheim, Elisabeth, 1990: Alles aus Liebe zum Kind. S. 135- 183 in: *Beck, Ulrich, und Elisabeth Beck-Gernsheim* (Hg.), Das ganz normale Chaos der Liebe. Frankfurt: Suhrkamp.

Beck-Gernsheim, Elisabeth, 1992: Arbeitsteilung, Selbstbild und Lebensentwurf. Neue Konfliktlagen in der Familie. Kölner Zeitschrift für Soziologie und Sozialpsychologie 44: S. 273-291.

Beck-Gernsheim, Elisabeth, 1993: Was kommt nach der Familie? Einblicke in neue Lebensformen. München: C.H. Beck`sche Verlagsbuchhandlung.

Beck-Gernsheim, Elisabeth, 1994: Auf dem Weg in die postfamiliale Familie- Von der Notgemeinschaft zur Wahlverwandtschaft. S. 115-138 in: *Beck, Ulrich, und Elisabeth Beck-Gernsheim* (Hg.), Riskante Freiheiten. Frankfurt: Suhrkamp.

Beck-Gernsheim, Elisabeth, 1998: Was kommt nach der Familie? Einblicke in neue Lebensformen. München: C.H. Beck`sche Verlagsbuchhandlung.

Beck-Gernsheim, Elisabeth, 2006: Die Kinderfrage heute. Über Frauenleben, Kinderwunsch und Geburtenrückgang. München: C. H. Beck.

Beck, Nikolaus und Josef Hartmann, 1999: Die Wechselwirkungen zwischen der Erwerbstätigkeit der Ehefrau und der Ehestabilität unter der Berücksichtigung des sozialen Wandels. Kölner Zeitschrift für Soziologie und Sozialpsychologie 51: S. 655-680.

Beck, Ulrich, 1986: Risikogesellschaft. Auf dem Weg in eine andere Moderne. Frankfurt: Suhrkamp.

Beck, Ulrich, 1990a: Der späte Apfel Evas oder Die Zukunft der Liebe. S. 184-221 in: *Beck, Ulrich, und Elisabeth Beck-Gernsheim* (Hg.), Das ganz normale Chaos der Liebe. Frankfurt: Suhrkamp.

Beck, Ulrich, 1990b: Freiheit oder Liebe. Vom Ohne-, Mit- und Gegeneinander der Geschlechter innerhalb und außerhalb der Familie. S. 20-64 in: *Beck, Ulrich, und Elisabeth Beck-Gernsheim* (Hg.), Das ganz normale Chaos der Liebe. Frankfurt: Suhrkamp.

Beck, Ulrich und Elisabeth Beck-Gernsheim, 1990: Das ganz normale Chaos der Liebe. Einleitung. S. 7-19 in: *Beck, Ulrich, und Elisabeth Beck-Gernsheim* (Hg.), Das ganz normale Chaos der Liebe. Frankfurt: Suhrkamp.

Becker, Gary S., 1960: An Economic Analysis of Fertility. National Bureau Committee of Economic Research: S. 209-231.

Becker, Gary S., 1965: A Theory of the Allocation of Time. The Economic Journal 75: S. 493-517.

Becker, Gary S., 1973: A theory of marriage: Part I. Journal of political economy 81: S. 813-847.

Becker, Gary S., 1974a: A theory of marriage: Part II. The Journal of Political Economy 82: S. 11-26.

Becker, Gary S., 1974b: A Theory of Social Interactions. Journal of political economy 82: S. 1063-1092.

Becker, Gary S., 1976: The economic approach to human behavior. Chicago: University of Chicago Press.

Becker, Gary S., 1981: A treatise on the family. Cambridge: Havard University Press.

Becker, Gary S., 1985: Human Capital, Effort, and the Sexual Division of Labor. Journal of Labor Economics. Part 2: Trends in Women's Work Education, and FAmily Building 3: S. 33-58.

Becker, Gary S., 1986: Der ökonomische Ansatz zur Erklärung menschlichen Verhaltens. Tübingen: Mohr.

Becker, Gary S., 1991: A treatise on the family. Cambridge: Havard University Press.

Becker, Gary S., 1993: Der ökonomische Ansatz zur Erklärung menschlichen Verhaltens. Tübingen: Mohr.

Becker, Gary S., 1996: Familie, Gesellschaft und Politik- die ökonomische Perspektive. Tübingen: J.C.B. Mohr.

Becker, Gary S. und Gregg H. Lewis, 1973: On the Interaction between the Quantity and the Quality of Children. The Journal of Political Economy 81: S. 279-288.

Becker, Gary S. und Nigel Tomes, 1976: Child Endowments and the Quantity and Quality of Children. The Journal of Political Economy 84: S. 143-162.

Becker, Gary S., Elizabeth Landes und Robert T. Michael, 1977: An economic analysis of marital instability. The Journal of Political Economy 85: S. 1141-1188.

Bedard, Kelly und Olivier Deschênes, 2004: Sex Preferences, Marital Dissolution, and the Economic Status of Women. www.econ.ucsb.edu/~kelly/ sex. pdf - 145 kB - 19.04.2004

Berger, Peter L. und Hansfried Kellner, 1965: Ehe und die Konstruktion der Wirklichkeit. Eine Abhandlung an die Mikrosozilogie des Wissens. Soziale Welt 16: S. 219-235.

Bien, Walter und Jan Marbach, 2003: Partnerschaft und Familiengründung. Analysen des Familiensurvey 2000. Opladen: Leske + Budrich.

Blau, Peter M., 1964: Exchange and power in social life. New York: Wiley.

Blossfeld, Hans-Peter und Götz Rohwer, 2002: Techniques of Event History Modelling. New Approaches to Causal Analysis. Mahwah, New Jersey, London: Lawrence Erlbaum Associates.

Booth, Alan, Dennis J. Johnson und John N. Edwards, 1983: Measuring Marital Instability. Journal of marriage and the family 45: S. 387-394.

Bortz, Jürgen, 1999: Statistik für Sozialwissenschaftler. Berlin: Springer.

Böttcher, Karin, 2006: Scheidung in Ost- und Westdeutschland. Der Einfluss der Frauenerwerbstätigkeit auf die Ehestabilität. Kölner Zeitschrift für Soziologie und Sozialpsychologie 58: S. 592-616.

Bracher, Michael, Gigi Santow, Morgan Philp S. und James Trussel, 1993: Marriage dissolution in australia: models and explanations. Population Studies 47: S. 403-425.

Brockmann, Hilke, 2001: Girls preferred? Changing patterns of sex preferences in the two german states. European Sociological Review 17: S. 189-202.

Brüderl, Josef, 2000: The dissolution of Matches: Theoretical and Empirical Investigations. S. in: Weesie, Jeroen, und Werner Raub (Hg.), The Management of Durable Relations. Theoretical Models and Empirical Studies of Households and Organisations. Amsterdam: ThelaThesis.

Brüderl, Josef und Henriette Engelhardt, 1997: Trennung oder Scheidung? Eine methodologische Überlegung zur Definition von Eheauflösungen. Soziale Welt 48: S. 277-289.

Brüderl, Josef, Andreas Diekmann und Henriette Engelhardt, 1997: Erhöht eine Probeehe das Scheidungsrisiko? Eine empirische Untersuchung mit dem Familiensurvey. Kölner Zeitschrift für Soziologie und Sozialpsychologie Jg. 49: S. 205-222.

Brüderl, Josef, Andreas Diekmann und Henriette Engelhardt, 1999: Premarital Cohabitation and Marital Stability in West Germany. www.sowi-uni-mannheim.de\lehrstühle\Bundesamt, Statistisches, 2009: Geburtenentwicklung. http://www.destatis.de/jetspeed/portal /cms/Sites/destatis/Internet/DE/Content/Statistiken/Bevoelkerung/AktuellGeburtenentwicklung ,templateId=renderPrint.psml#Was ist die zusammengefasste Geburtenziffer der Frauenjahrgänge? (09.01.2010).

Cherlin, Andrew, 1977: The effect of children on marital dissolution. Demography 14: S. 265-272.

Cherlin, Andrew, 1978: Remarriage as an incomplete institution. American Journal of Sociology 84: S. 634-650.

Coleman, James S., 1990: Foundations of the Social Theory. Cambridge: Belknap.

Cox, D. R. und D. Oakes, 1984: Analysis of Survival Data. London: Chapman and Hall.

Dahl, Gordon B. und Enrico Moretti, 2007: The demand for sons. NBER Working Paper.

Diekmann, Andreas, 1994: Hat das steigende Ehescheidungsrisiko das Engagement der Frauen gefördert? Soziale Welt 45: S. 83-97.

Diekmann, Andreas, 2007: Empirische Sozialforschung. Grundlagen, Methoden, Anwendungen. Reinbeck: Rowohlt.

Diekmann, Andreas und Peter Mitter, 1984a: Methoden zur Analyse von Zeitverläufen. Anwendung stochastischer Prozesse bei der Untersuchungen von Ereignisdaten. Stuttgart: Teubner.

Diekmann, Andreas und Peter Mitter, 1984b: A Comparison of the "Sickle Function" with Alternative Stochastic Models of Divorce Rates. S. in: Diekmann, Andreas, und Peter Mitter (Hg.), Stochastic Modeling of Social Processes. Oralndo: Academic Press.

Diekmann, Andreas und Peter Mitter, 1990: Stand und Probleme der Ereignisanalyse. Kölner Zeitschrift für Soziologie und Sozialpsychologie. Sonderheft. 31: S. 404-411.

Diekmann, Andreas und Peter Mitter, 1993: Methoden der Ereignisanalyse in der Bevölkerungssoziologie: Stand und Probleme. S. 20-65 in: Diekmann, Andreas, und Stefan Weick (Hg.), Der Familienzyklus als sozialer Prozeß. Bevölkerungssoziologische Untersuchungen mit den Methoden der Ereignisanalyse. Berlin: Duncker & Humblot.

Diekmann, Andreas und Henriette Engelhardt, 1995: Die soziale Vererbung des Scheidungsrisikos. Eine empirische Untersuchung der Transmissionshypothese mit dem deutschen Familiensurvey. Zeitschrift für Soziologie Jg. 24: S. 215-228.

Diekmann, Andreas und Henriette Engelhardt, 1999: The Social Inheritance of Divorce: Effects of Parentïs Family Type in Postwar Germany. American Sociological Review 64: S. 783-793.

Diekmann, Andreas und Kurt Schmidheiny, 2001: Bildung und Ehestabilität: Eine Untersuchung schweizerischer Familienbiografien mit den Methoden der Ereignisanalyse. Swiss Journal of Sociology 27: S. 241-254.

Diekmann, Andreas und Henriette Engelhardt, 2002: Alter der Kinder bei Ehescheidung der Eltern und soziale Vererbung des Scheidungsrisikos. Workingpaper.

Diekmann, Andreas und Kurt Schmidheiny, 2004: Do parents of girls have a higher risk of divorce? An eighteen-country study. Journal of marriage and the family 66: S. 651-660.

Diekmann, Andreas und Thomas Klein, 1993: Bestimmungsgründe des Ehescheidungsrisikos. S. 347-371 in: *Weick, Andreas Diekmann Und Stefan* (Hg.), Der Familienzyklus als sozialer Prozeß. Bevölkerungssoziologische Untersuchungen mit den Methoden der Ereignisanalyse. Berlin: Duncker und Humblot:.

DJI, 2009: Familiensurvey 2000. Datenbankauswahl. Familiensurvey 2000. Variable f0330000. http://db.dji.de/surveys/index.php?m=mva,0&keyID=38,f0330000 (22.08.).

Durkheim, Emile, 1921: La famille conjugale. Revue philosophique 90: S. 9-14.

Durkheim, Emile, 1964: The division of labor in society. London, New York: Free Press.

Durkheim, Emile, 1999: Über soziale Arbeitsteilung. Studie über die Organisation höherer Gesellschaften. Frankfurt: Suhrkamp.

Engelhardt, Henriette, Heike Trappe und Dronkers Jaap, 2002: Differences in family policy and the transmission of divorce: a comparison between the former East and West Germany. Demographic Research 6: S. 295-324.

Erlangsen, Annette und Gunnar Andersson, 2001: The Impact of Children on Divorce Risks in first and later Marriages. MPIDR Working Paper WP 2001-033: S. http://www.demogr.mpg.de/Papers/Working/wp-2001-033.pdf.

Esser, Hartmut, 1999: Heiratskohorten und die Instabilität von Ehen. Würzburg: Ergon.

Esser, Hartmut, 2002a: Ehekrisen: Das (Re-)Framing der Ehe und der Anstieg der Scheidungsraten. Zeischrift für Soziologie 31: S. 472-496.

Esser, Hartmut, 2002b: In guten wie in schlechten Tagen. Das Framing der Ehe und das Risiko zur Scheidung. Kölner Zeitschrift für Soziologie und Sozialpsychologie 54: S. 27-63.

Foa, Edna B. und Uriel G. Foa, 1980: Resource Theory. S. 77-101 in: *Gergen, Kenneth J.,Martin S. Greenberg und Richard H. Willis* (Hg.), Social exchange. Advances in theory and research. New York London: Plenum.

Gelman, Andrew und David Waekliem, 2010: Haben schöne Eltern mehr Töchter? Spektrum der Wissenschaft. 02/10: 52-59.

Goode, William T., 1962: Marital satisfaction and instability: A cross-cultural class analysis of divorce rates. International Social Science Journal 14: S. 507-526.

Goode, William T., 1967: Soziologie der Familie. München: Juventa.

Gostomski, Christian Babka Von, 1997a: Übereinstimmung und Konstistenz von Proxy- und Beziehungsangaben. S. 85-111 in: (Hg.), Methodische Probleme der Familienforschung. Zu den praktischen Schwierigkeiten bei der Durchführung einer empirischen Untersuchung. Frankfurt, New York: Campus.

Gostomski, Christian Babka Von, 1997b: Überblick über die verwendeten Datensätze. S. 211-222 in: *Kopp, Johannes* (Hg.), Methodische Probleme der Familienforschung. Zu den praktischen Schwierigkeiten bei der Durchführung einer empirischen Untersuchung. Frankfurt, new York.

Gostomski, Christian Babka Von, 1997c: Übereinstimmung und Konsistenz von Proxy- und Beziehungsangaben. S. 85-111 in: *Kopp, Johannes* (Hg.), Methodische Probleme der Familienforschung. Zu den praktischen Schwierigkeiten bei der Durchführung einer empirischen Untersuchung. Frankfurt, New York: Campus.

Gostomski, Christian Babka Von, 1998: Machen Kinder Ehen glücklich? Eine empirische Untersuchung mit der Mannheimer Scheidungsstudie zum Einfluß von Kindern auf das Ehescheidungsrisiko. Zeitschrift für Bevölkerungswissenschaft 23: S. 151-177.

Gostomski, Christian Babka Von, 1999a: Die Rolle von Kindern bei Ehescheidungen. S. 203-231 in: *Klein, Thomas, und Johannes Kopp* (Hg.), Scheidungsursachen aus soziologischer Sicht. Würzburg: Ergon.

Gostomski, Christian Babka Von, 1999b: Die Rolle von Kindern bei Ehescheidungen. S. 203-231 in: *Kopp, Thomas Klein & Johannes* (Hg.), Scheidungsursachen aus soziologischer Sicht. Würzburg: Ergon.

Gostomski, Christian Babka Von und Josef Hartmann, 1997: Zur Problematik von Retrospektivbefragungen. S. in: *Kopp, Johannes* (Hg.), Zu den praktischen Schwierigkeiten bei der Durchführung einer empirischen Untersuchung. Frankfurt, New York: Campus.

Gostomski, Christian Babka Von und Josef Hartmann, 1999: Soziostrukturelle Bestimmungsgründe der Ehescheidung.Eine empirische Überprüfung einiger Hypothesen der Familienforschung. S. 43-62 in: *Kopp, Johannes, und Thomas Klein* (Hg.), Scheidungsursachen aus soziologischer Sicht. Würzburg: Ergon.

Gostomski, Christian Babka Von, Josef Hartmann und Johannes Kopp, 1999: Soziostrukturelle Bestimmungsgründe der Ehescheidung eine empirische Überprüfung einiger Hypothesen der Familienforschung. S. 43-62 in: *Kopp, Thomas Klein & Johannes* (Hg.), Scheidungsursachen aus soziologischer Sicht. Würzburg: Ergon.

Grau, Ina, Gerold Mikula und Susanne Engel, 2001: Skalen zum Interventionsmodell von Rusbult. Zeischrift für Sozialpsychologie 32: S. 29-44.

Greenstein, Theodore N., 1990: Marital Disruption and the Employment of Married Women. Journal of marriage and the family 52: S. 657-676.

Hall, Anja, 1999a: "Drum prüfe, wer sich ewig bindet". eine empirische Untersuchung zum einfluß vorehelichen Zusammenlebens auf das Scheidungsrisiko. S. 119-141 in: *Klein, Thomas & Kopp, Johannes* (Hg.), Scheidungsursachen aus soziologischer Sicht. Würzburg: Ergon.

Hall, Anja, 1999b: "Drum prüfe, wer sich ewig bindet". eine empirische Untersuchung zum einfluá vorehelichen Zusammenlebens auf das Scheidungsrisiko. S. 119-141 in: *Klein, Thomas, und Johannes Kopp* (Hg.), Scheidungsursachen aus soziologischer Sicht. Würzburg: Ergon.

Hank, Karsten und Hans-Peter Kohler, 2000: Gender prefernces for children in Europe. Empirical results from 17 FFS countries. Demographic Research [Online] 2: S. www.demographic-research.org/Volumes/Vol2/1.

Hank, Karsten und Hans-Peter Kohler, 2002: Gender prefernces for children revisted: new evidence from Germany. http://www.demogr.mpg.de/publications/files/1016_1034772294_1_Working%20Paper%20Version.pdf

Hannan, Michael T., Nancy Brandon Tuma und Lyle P. Groeneveld, 1977: Income and marital events: evidence from an income-maintance-experiment. American Journal of Sociology 82: S. 1186-1211.

Harris, Kathleen und S. Philip Morgan, 1991: Fathers, Sons, and Daugthers: Differential Paternal Involvement in Parenting. Journal of marriage and the family 3: S. 531-544.

Hartmann, Josef, 1997: Die Messung der subjektiven Einschäzung der ehelichen Stabilität. Übertragung und Überprüfung eines Messvorschlages. S. 177-209 in: *Kopp, Johannes* (Hg.), Methodische Probleme der Familienforschung. Zu den praktischen Schwierigkeiten bei der Durchführung einer empirischen Untersuchung. Frankfurt, New York: Campus.

Hartmann, Josef, 1999a: Soziale Einbettung und Ehestabilität. S. 233-254 in: *Klein, Thomas, und Johannes Kopp* (Hg.), Scheidungsursachen aus soziologischer Sicht. Würzburg: Ergon.

Hartmann, Josef, 1999b: Soziale Einbettung und Ehestabilität. S. in: *Klein, Thomas & Kopp, Johannes* (Hg.), Scheidungsursachen aus soziologischer Sicht. Würzburg: Ergon.

Hartmann, Josef, 2003: Ehestabilität und soziale Einbettung. Würzburg: Ergon.

Hartmann, Josef und Nikolaus Beck, 1999: Berufstätigkeit der Ehefrau und Ehescheidung. S. 179-201 in: *Klein, Thomas, und Johannes Kopp* (Hg.), Scheidungsursachen aus soziologischer Sicht. Würzburg: Ergon.

Hartmann, Peter H., 1989: Warum dauern Ehen nicht ewig? Eine Untersuchung zum Scheidungsrisiko und seinen Ursachen. Opladen: Westdeutscher Verlag.

Heaton, Tim B., 1990: Marital stability throughout the child- rearing years. Demography 27: S. 55-63.

Hill, Paul B. und Johannes Kopp, 1999: Ehescheidung. Historische Entwicklungen und theoretische Erklärungen. S. 23-42 in: *Kopp, Johannes, und Thomas Klein* (Hg.), Scheidungsursachen aus soziologischer Sicht. Würzburg: Ergon.

Hill, Paul B. und Johannes Kopp, 2004: Familiensoziologie. Grundlagen und theoretische Perspektiven. Wiesbaden: VS Verlag.

Hoffmann, Lois W. und Martin Hoffmann, L., 1973: The value of children to parents. S. 19-76 in: *Facett, James T.* (Hg.), Psychological Perspectives on population. New York: Basic Books.

Hoffmann, Lois W. und Jean D. Manis, 1982: The value of children in the United States. S. 143-170 in: *Nye, Frank I.* (Hg.), Family relationships. Rewards and Costs. Berverly Hills, London, New Delhi: Sage.

Homans, George, 1972: Elementarformen des sozialen Verhaltens. Opladen: Westdeutscher Verlag.

Hullen, Gert, 1999: Scheidungskinder- oder: Die Transmission des Scheidungsrisikos. Zeitschrift für Bevölkerungswissenschaft 23: S. 19-38.

Hunkler, Christian und thorsten Kneip, 2008: Das Zusammenspiel von Normen und Anreizen bei der Erklärungpartnerschaftlicher Stabilität. Arbeitspapiere - Mannheimer Zentrum für Europäische Sozialforschung. Mannheim.

Impett, Emily A., Kristin P. Beals und Peplau Letitia A., 2002: Testing the Investment Model of Relationship Commitment and Stability in a Longitudinal Study of Married Couples. Current Psychology 20: S. 312–326.

Infratest-Burke, 1996: Determinanten der Ehescheidung. Methodenbericht. München.

Infratest, 2000: Familie und Partnerbeziehungen in der Bundesrepublik Deutschland . (Familiensurvey 2000), Methodenbericht. München: Infratest.

Jacobsen, Rune, Henrik Møller und Gerda Engholm, 1999: Fertility rates in Denmark in relation to the sexes of preceding children in the family. Human Reproduction 14: S.

Jugendinstitut, Deutsches, 2009: Familiensurvey 2000. Datenbankauswahl. Familiensurvey 2000. Variable   f0330000.   http://db.dji.de/surveys/index.php?m=mva,0&keyID=38,f0330000 (22.08.).

Kalmijn, Matthijs, 1999: Father Involvement in hildrearing an the Perceived Stability of Marriage. Journal of marriage and the family 61: S. 409-421.

Kalter, Frank, Thomas Klein und Johannes Kopp, 1999: "The ties that bind"- Wohneigentum als ehespezifisches Kapital. S. in: (Hg.), Scheidungsursachen aus soziologischer Sicht. Würzburg: Ergon.

Katzev, Aphra R., Rebecca L. Warner und Alan C. Acock, 1994a: Girls or boys? Relationship of child gender to marital instability. Journal of marriage and the family 56: S. 89-100.

Katzev, Aphra R., Rebecca L. Warner und Alan Acock, C., 1994b: Girls or boys? Relationship of child gender to marital instability. Journal of marriage and the family 56: S. 89-100.

Kelley, Harold H., 1983: Love and Commitment. S. in: Kelley, Harold H.,E. Berscheid,Christensen A.,Harvey H.,T. L. Huston,G. Levinger,E. Mc Cintock,A. Peplau und R. Peterson (Hg.), Close Relationships. New York: Freeman.

Kelley, Harold H. und John W. Thibaut, 1978: Interpersonal relations. A theory of interdependence. New York: Wiley.

Kim, Uichol und Young-Shin Park, 2005: Family, Parent-Child Relationships, Fertility Rates, and Value of Children in Korea: Indigenous, Psychological, and Cultural Analysis. S. 210-238 in: *Trommsdorff, Gisela, und Bernhard Nauck* (Hg.), The Value of Children in Cross-Cultural Perspective. Case studies form eight Societies. Lengerich, Berlin, Bremen, Miami, Riga, Viernheim, Wien, Zagreb: Pabst.

Klages, Hans, 1985: Wertorientierungen im Wandel. Rückblick, gegenwartsanalyse, Prognosen. Frankfurt: Campus.

Klaus, Daniela, Bernhard Nauck und Thomas Klein, 2005: Families and the Value of Children in Germany. S. 18-41 in: *Trommsdorff, Gisela, und Bernhard Nauck* (Hg.), The Value of Children in Cross-Cultural Perspective. Case studies form eight Societies. Lengerich, Berlin, Bremen, Miami, Riga, Viernheim, Wien, Zagreb: Pabst.

Klein, Thomas, 1995a: Scheidungsbetroffenheit im Lebensverlauf von Kindern. S. 253-263 in: *Bertram, Bernhard, und Nauck Hans* (Hg.), Kinder in Deutschland. Opladen: Leske & Budrich.

Klein, Thomas, 1995b: Ehescheidung in der Bundesrepublik Deutschland und der früheren DDR. Unterschiede und Gemeinsamkeiten. S. 76-89 in: *Nauck, Bernhard,Norbert F. Schneider und Angelika Tölke* (Hg.), Familie und Lebensverlauf im gesellschaftlichen Umbruch. Stuttgart: Enke.

Klein, Thomas, 1999a: Pluralisierung versus Umstrukturierung am Beispiel partnerschaftlicher Lebensformen. Kölner Zeitschrift für Soziologie und Sozialpsychologie 51: S. 469-490.

Klein, Thomas, 1999b: Der Einfluss vorehelichen Zusammenlebens auf die spätere Ehestabilität. S. 143-158 in: *Klein, Thomas, und Johannes Kopp* (Hg.), Scheidungsursachen aus soziologischer Sicht. Würzburg: Ergon.

Klein, Thomas und Jan Eckhard, 2004: Fertilität in Stieffamilien. Kölner Zeitschrift für Soziologie und Sozialpsychologie 56: S. 71-94.

Klein, Thomas, Bernhard Nauck, Norbert F. Schneider und Angelika Tölke, 1995: Ehescheidung in der Bundesrepublik Deutschland und der früheren DDR. Unterschiede und Gemeinsamkeiten. S. 76-89 in: (Hg.), Familie und Lebensverlauf im gesellschaftlichen Umbruch. Stuttgart: Enke.

Klein, Thomas, Yasemin Niepaus, Heike Diefenbach und Johannes Kopp, 1996: Entwicklungsperspektiven und ehelicher Stabilität in den neuen Bundesländern seit 1989. S. 60-81 in: *Bien, Walter* (Hg.), Familie an der Schwelle zum neuen Jahrtausend. Wandel und Entwicklung familialer Lebensformen. Opladen: Leske + Budrich.

Klein, Thomas und Johannes Stauder, 1999: Der Einfluß ehelicher Arbeitsteilung auf die Ehestabilität. S. 159-177 in: *Klein, Thomas & Kopp, Johannes* (Hg.), Scheidungsursachen aus soziologischer Sicht. Würzburg: Ergon.

Klein, Thomas und Andrea Lengerer, 2001: Gelegenheit macht Liebe - die Wege des Kennenlerns und ihr Einfluss auf die Muster der Partnerwahl. S. S.265-285 in: *Klein, Thomas* (Hg.), Partnerwahl und Heiratsmuster. Sozialstrukturelle Voraussetzungen der Liebe. Opladen: Leske + Budrich.

König, René, 1974: Die Familie der Gegenwart. Ein interkultureller Vergleich. München: Beck.

Koo, Helen P. und Barbara K. Janowitz, 1983: Interrelationships between fertility and marital dissolution: results of a simultaneous logit model. Demography 20: S. 129-149.

Koo, Helen P., C. M. Suchindran und Janet D. Griffith, 1984: The Effects of Children on Divorce and Re-marriage: a Multivariate Analysis of Life Table Probailities. Population Studies 38: S. 451-471.

Kopp, Johannes, 1994: Scheidung in der Bundesrepublik. Zur Erklärung des langfristigen Anstieges der Scheidungen. Wiesbaden: Deutscher Universitäts-Verlag.

Kopp, Johannes, 1997: Methodische Probleme der Familienforschung. Zu den praktischen Schwierigkeiten bei der Durchführung einer empirischen Untersuchung. Frankfurt: Campus.

Kopp, Johannes, 2004: Familinsoziologie. Grundlagen und theoretische Perspektiven. Wiesbaden: VS Verlag.

Kreyenfeld, Michaela und Johannes Huinink, 2003: Der Übergang zum ersten und zweiten Kind- Ein Vergleich zwischen dem Familiensurvey und Mikrozensus. S. 43-64 in: *Bien, Walter, und Jan Marbach* (Hg.), Partnerschaft und Familiengründung. Ergebnisse der dritten Welle des Familiensurvey. Opladen: Leske + Budrich.

Künzler, Jan, 1999: Arbeitsteilung in Ehen und Nichtehelichen Lebensgemeinschaften. S. 235-268 in: *Klein, Thomas, und Wolfgang Lauterbach* (Hg.), Nichteheliche Lebensgemeinschaften. Analysen zum Wandel partnerschaftlicher Lebensformen. Opladen: Leske + Budrich.

Le, Benjamin und Christopher R. Agnew, 2003: Commitment and its Theorized Determinants: A meta-Analysis of the Investment Model. Personal Relationships 10: S. 37-57.

Leigh, Andrew, 2006: Does Child Gender Effect Marital Status? The Australian National University. Center for Economic Policy Research. Discussion Paper No. 526.

Levinger, George, 1965: Marital Cohesiveness and Dissolution. An Intergrative Review. Journal of marriage and the family 27: S. 18-28.

Levinger, George, 1979: A Social Psychological Perspective on Marital Dissolution. S. 37-60 in: *Levinger, George, und Oliver C. Moles* (Hg.), Divorce and Separation. Context, Causes, and Consequences. New York: Basic Books.

Levinger, George, 1982: A social exchange view on the dissolution of pair relationships. S. 97-121 in: *Nye, Frank I.* (Hg.), Family relationships. Rewards and Costs. Beverly Hills: Sage.

Lewis, Robert A. und Graham B. Spanier, 1979: Theorizing about the Quality and Stability of Marriage. S. 268-294 in: *R.Burr, Wesley,Reuben Hill F.,Ivan Nye und Ira L. Reiss* (Hg.), Contemporary Theories about the Family. New York: Free Press.

Lewis, Robert A. und Graham B. Spanier, 1982: Marital Quality, Marital Stability, and Social Exchange. S. 49-67 in: *Nye, Frank I.* (Hg.), Family Relationships. Rewars and Costs. Bevely Hills, London, New Delhi: Sage.

Lillard, Lee A. und Linda J. Waite, 1993: A Joint Model of Marital Childbearing and Marital Disruption. Demography 30: S. 653-681.

Lui, Guiping, 2002: How premarital children and childbearing in current marriage influence divorce of Swedish women in their first marriages. Demographic Research 7: S. 389-406.

Lundberg, Shelly und Eliane Rose, 2002: Child gender and the transition to marriage. Demographie 40: S. 333-349.

Lundberg, Shelly, Sara Mclanahan und Eliane Rose, 2006: Child Gender and Father Involvement in Fragile Families. Workingpaper S.

Mareš, Petr und Ivo Možný, 2005: The Chez Family, Reproductive Behavior, and the Value of Children in the Czech Republic. S. 68-88 in: *Trommsdorff, Gisela, und Bernhard Nauck* (Hg.), The Value of Children in Cross-Cultural Perspective. Case studies form eight Societies. Lengerich, Berlin, Bremen, Miami, Riga, Viernheim, Wien, Zagreb: Pabst.

Marleau, Jaques D. und Jean-Francois Saucier, 1996: Influence du sexe des premiers enfants sur le comportement reproducteur: Une etude canadienne. Population 51: S. 460-464.

Marleau, Jaques D. und Jean-Francois Saucier, 2002: Preference for a first-born boy in western societies. Journal of Biosocial Science 34: S. 13-27.

Mc Lanhan, Sarah und Larry Bumpass, 1988: Intergenerationl consequences of family disruption. American Journal of Sociology 94: S. 130-152.

Meyer, Thomas, 1993: Der Monopolverlst der Familie: Vom Teilsystem Familie zum Teilsytem privater Lebensformen. Kölner Zeitschrift für Soziologie und Sozialpsychologie 45: S. 23-40.

Mincer, Jacob, 1963: market Prices, Opportunity Costs, and Income Effects S. 67-82 in: *Christ, Carl* (Hg.), Measurement in Economics. Studies in Mathematical Economics in Memory of Yehuda Grunfeld. Stanford: Stanford University Press.

Mishra, Ramesh C., Boris Mayer, Gisela Trommsdorff, Isabelle Albert und Beate Schwarz, 2005: The Value of Children in Urban and Rual India: Cultural BAckgroun and Emoirical Results. S. 144-170 in: *Trommsdorff, Gisela, und Bernhard Nauck* (Hg.), The Value of Children in Cross-Cultural Perspective. Case studies form eight Societies. Lengerich, Berlin, Bremen, Miami, Riga, Viernheim, Wien, Zagreb: Pabst.

Morgan, S. Philip und Ronald Rindfuss, R., 1985a: Marital disruption: structural and temporal dimensions. American Journal of Sociology 90: S. 1055-1077.

Morgan, S. Philip und Ronald R. Rindfuss, 1985b: Marital disruption: structural and temporal dimensions. American Journal of Sociology 90: S. 1055-1077.

Morgan, S. Philip und M. S. Pollard, 2002: Do parents of girls really have a higher risk of divorce? www.tufts.edu/~kschmi04/research/ genderanddivorce_jmf_final. pdf - 133 kB - 29.10.2004

Morgan, S. Philip, Diane Lye und Gretchen A. Condran, 1988: Sons, daughters, and the risk of marital disruption. American Journal of Sociology 94: S. 110-129.

Murdock, George P., 1949: Social Structure. New York: Free Press.

Nauck, Bernhard, 2001: Der Wert von Kindern für ihre Eltern. "Value of Children" als spezielel Handlungstheorie des generativen Verhaltens und von Generationenbeziehunen im interkulturellem Vergleich. Kölner Zeitschrift für Soziologie und Sozialpsychologie 53: S. 407-435.

Nauck, Bernhard, In Press: Value of Children and Fertility Behavior. Results from a Cross-Cultural Comparative Survey. European Sociological Review: S.

Nauck, Bernhard und Daniela Klaus, 2007: The Varying Value of Children Empirical Results from Eleven Societies in Asia, Africa and Europe. Current Sociology 55: S. 487-503.

Nauck, Bernhard und Daniela Klaus, In Press: The Value of Children to their Parents. Cross-Cultural Validation of the Value-of-Children-Measurement for Four Age Groups in Eleven Societies Journal of Cross-Cultural Psychology: S.

Nave-Herz, Rosemarie, 1988: Kinderlose Ehen. Eine empirische Studie über die Lebenssituation kinderloser Ehepaare und die Gründe für ihre Kinderlosigkeit. Weinheim und München: Juventa.

Nave-Herz, Rosemarie, 1990: Scheidungsursachen im Wandel. eine zeitgeschichtliche Analyse des Anstiegs der Ehescheidungen in der Bundesrepublik Deutschland. Bielefeld: Kleine Verlag.

Nave-Herz, Rosemarie, 1997: Pluralisierung familialer Lebensformen-ein Konstrukt der Wissenschaft? S. 36-49 in: *Vaskovics, Lazlo A.* (Hg.), Familienleitbilder und Familienrealitäten. Opladen: Leske + Budrich.

Nave-Herz, Rosemarie, 1998: Die These über den "Zerfall der Familie". Kölner Zeitschrift für Soziologie und Sozialpsychologie Sonderheft: S. 86-315.

Nave-Herz, Rosemarie, 2000: Historischer und zeitgeschichtlicher Wandel im Phasenablaufprozess von der Partnerfindung bis zur Eheschließung. Zeitschrift für Soziologie der Erziehung und Sozialisation 3: S. 260-271.

Nave-Herz, Rosemarie, 2002a: Family Changes and Intergenerational Relationships in Germany. S. 215-248 in: *Nave-Herz, Rosemarie* (Hg.), Family Change and Intergenerational Relations in Different Cultures. Würzburg: Ergon.

Nave-Herz, Rosemarie, 2002b: Wandel und Kontinuität in der Bedeutung, in der Struktur und Stabilität von Ehe und Familie in Deutschland S. 45-70 in: *Nave-Herz, Rosemarie* (Hg.), Kontinuität und Wandel der Familie in Deutschland. Eine zeitgeschichtliche Analyse. Stuttgart: Lucius & Lucius.

Neidhardt, Friedhelm, 1975: Die Familie in Deutschland. Gesellschaftliche Stellung, Struktur und Funktion. Opladen: Leske + Budrich.

Neidhardt, Friedhelm, 1979: Systemtheoretische Analysen zur Sozialisationsfähigkeit der Familie. S. 162-187 in: (Hg.), Frühkindliche Sozialisation: Theorien und Analysen. Stuttgart: Klett.

Niepaus, Yasemin, 1999: Der Einfluß vorehelichen Zusammenlebens auf die Ehestabilität als methodisches Atrefakt? Kölner Zeitschrift für Soziologie und Sozialpsychologie 51: S. 124-139.

Nye, Frank I., 1982: The Basic Theory. S. 13-33 in: *Nye, Frank I.* (Hg.), Family Realtionships. Rewards and Costs. Beverly Hills, London, New Delhi: Sage.

Ott, Notburga, 1989: Familienbildung und familiale Entscheidungsfindung aus verhandlungstheoretischer Sicht. S. 97-116 in: *Wagner, Gert,Notburga Ott und Hans-Joachim Hoffmann-Nowotny* (Hg.), Familienbildung und Erwerbstätigkeit im demographischen Wandel. Berlin, Heidelberg: Springer.

Ott, Notburga, 1992: Intrafamily Bargaining and Household. Berlin: Springer.

Ott, Notburga, 1998: Der familienökonomische Ansatz von Gary S. Becker. S. 63-91 in: *Pies, Ingo, und Martin Leschke* (Hg.), Gary Beckers ökonomischer Imperialismus. Tübingen: J. C. B. Mohr

Ott, Notburga, 2001: Der Erklärungsansatz der Familienökonomik. S. 129-143 in: *Huinink, Johannes,Klaus Peter Strohmeier und Michael Wagner* (Hg.), Solidarität in Partnerschaft und Familie. Zum Stand familiensoziologischer Theoriebildung. Würzburg: Ergon.

Papastenfanou, Georgios, 1990: Familiengründung im Lebensverlauf. Eine empirische Analyse sozialstruktureller Bedingungen der Familiengründung bei den Kohorten 1929-31, 1939-41und 1949-51. Berlin: Edition Sigma.

Parsons, Talcott, 1942: Age and Sex in the Social Structure of the United States. American Sociological Review 7: S. 604-617.

Parsons, Talcott, 1952: The social system. Glencoe: The Free Press.

Parsons, Talcott, 1955: The American Family: its Relations to Personality and the Social Structure. S. 3-33 in: (Hg.), Family, Socialization and Interaction Process. New York: Free Press.

Parsons, Talcott, Barash Meyer und Alice Scourby, 1970: The Normal American Family. Marriage and the Family. Comparativ Analysis of Contemporary Problems: S. 193-211.

Peuckert, Rüdiger, 2002: Familienformen im sozialen Wandel. Opladen: Leske + Budrich.

Pötsch, Olga, 2007: Neue Datenquelle zu Geburten und Kinderlosigkeit. Statistisches Bundesamt. Wirtschaft und Statistik 3: S. 260-263.

Raley, Sara und Suzanne Bianchi, 2006: Sons, daughters, and family processes: Does Gender of Children Matter? Annual Review of Sociology 32: S. 401-421.

Rapp, Ingmar, 2008: Wann werden Ehen getrennt? Der Einfluss der Ehedauer auf das Trennungsrisiko. Kölner Zeitschrift für Soziologie und Sozialpsychologie 60: S. 500-519.

Rosenstiel, Lutz Von, 1978: Zur Motivation des generativen Verhaltens. Theoretische Konzepte und Untersuchungsansätze. Zeitschrift für Bevölkerungswissenschaft 2: S. 161-175.

Roussel, Louis, 1980a: Ehen und Ehescheidungen. Beitrage zu einer systemischen Analyse von Ehemodellen. Familiendynamik: S. 186-203.

Roussel, Louis, 1980b: Ehen und Ehescheidungen. Beiträge zu einer systemischen Analyse von Ehemodellen. S. 68-87 in: *Rupp, S. Von,M. Schwarz und M. Wingen* (Hg.), Eheschließung und Familienbildung heute. Neuere Entwicklungen im In- und Ausland.. Wiesbaden: Deutscher Universitäts-Verlag.

Rusbult, Cary E., 1980: Commitment and satisfaction in romantic associations: A Test of the Investment Model. Journal of Experimental Social Psychology 16: S. 172-186.

Rusbult, Cary E., 1983: A longitudinal test of the investment model: the development (and deterioration) of satisfaction and commitment in heterosexual involvements. Journal of Personality and Social Psychology: S. 101-117.

Rusbult, Cary E., Dennis J. Johnson und Gregory D. Morrow, 1986: Predicting Satisfaction and Commitment in Adult Romantic Involvements: An Assessment of the Generalizability of the Investment Model. Social Psychology Quaterly 49: S. 81-89.

Rusbult, Cary E., John M. Martz und Christopher R. Agnew, 1998: The Investment Model Scale: Measuring commitment level, satisfaction level, quality of alternatives, and investment size. Personal Relationships 5: S. 357-391.

Rusbult, Caryl E. und Paul A. M. Van Lange, 2003: Interdependence, Interaction an Relationships. Annual Revue Psychology 54: S. 351-375.

Scheller, Gitta, 1992: Wertewandel und Anstieg des Ehescheidungsrisikos? Eine qualitative studie über den Anspruchs- und bedeutungswandel der Ehe und seine Konsequenzen für die Ehestabilität. Pfaffenweiler: Centaurus.

Schullström, Yla, 1996: Garcon ou fille? Les preferences pour le sexe des enfants dans les generations suedoises 1946-1975. Population 51: S. 1243-1245.

Schulz, Florian und Hans-Peter Blossfeld, 2006: Wie verändert sich die Arbeitsteilung im Lebensverlauf? Eine Längsschnittsstudie der ersten 14 Ehejahre in Westdeutschland. Kölner Zeitschrift für Soziologie und Sozialpsychologie 58: S. 23-49.

Stauder, Johannes, 2000: Eheliche Arbeitsteilung und Ehestabilität. Eine Untersuchung mit den Daten der Mannheimer Scheidungsstudie 1996 unter Verwendung ereignisanalytischer Verfahren. Würzburg: Ergon.

Suckow, Jana, 2005: The Value of Children among Jews and Muslims in Israel: Methods and Results from the VOC-Field Study. S. 122-142 in: *Trommsdorff, Gisela, und Bernhard Nauck* (Hg.), The Value of Children in Cross-Cultural Perspective. Case studies form eight Societies. Lengerich, Berlin, Bremen, Miami, Riga, Viernheim, Wien, Zagreb: Pabst.

Teckenberg, Wolfgang, 2000: Wer heiratet wen? Sozialstruktur und Partnerwahl. Opladen: Leske & Budrich.

Thibaut, John W. und Harold H. Kelley, 1959: The social psychology of groups. New York: Wiley.

Thornton, Arland, 1977: Children and marital stability. Journal of marriage and the family 39: S. 531-540.

Trommsdorff, Gisela und Bernhard Nauck, 2005a: The Value of Children in Cross-Cultural Perspective. Case studies form eight Societies. Introduction. Lengerich, Berlin, Bremen, Miami, Riga, Viernheim, Wien, Zagreb: Pabst.

Trommsdorff, Gisela und Bernhard Nauck, 2005b: The value of children in cross-cultural perspective. Lengerich, Berlin, Bremen, Miami, Riga, Viernheim, Wien, Zagreb: Pabst.

Tyrell, Hartmann und Helge Pross, 1979: Familie und gesellschaftliche Differenzierung. S. 13-67 in: (Hg.), Familie- wohin? Leistungen, Leistungsdefizite und Leitungswandlungen der Familien in hochindustriellen Gesellschaften. Reinbeck: Rowohlt.

Udry, Richard J., 1981: Marital Alternatives and Marital Disruption. Journal of marriage and the family 43: S. 889-897.

Univeristät-Mannheim, 1993: Determinanten der Ehescheidung. Pilotstudie. Codeplan. Mannheim. ZA 2975.

Vaskovics, Lazlo A., 2006: Neue Lebens- und Familienformen: Option und gelebte Lebensform. Vernetztes Leben. Soziale und digitale Strukturen 12: S. 143-162.

Von Gostomski, Christian Babka Von, 1999: Die Rolle von Kindern bei Ehescheidungen. S. 203-231 in: *Klein, Thomas, und Johannes Kopp* (Hg.), Scheidungsursachen aus soziologischer Sicht. Würzburg: Ergon.

Wagner, Michael, 1991: Sozialstruktur und Ehesstabilität. S. 359-384 in: *Mayer, Karl Ulrich, Jutta Allmendinger und Johannes Huinink* (Hg.), Vom Regen in die Traufe: Frauen zwischen Beruf und Familie. Frankfurt: Campus.

Wagner, Michael, 1993: Soziale Bedingungen des Ehescheidungsrisikos aus der Perspektive des Lebensverlaufs. S. 373-393 in: *Diekmann, Andreas, und Stefan Weick* (Hg.), Der Familienzyklus als sozialer Prozeß. Berlin: Duncker und Humblodt.

Wagner, Michael, 1997: Scheidung in Ost- und Westdeutschland. Zum Verhältnis von Ehestabilität und Sozialstruktur seit den 30er Jahren. Frankfurt: Campus.

Wagner, Michael und Bernd Weiß, 2003: Bilanz der deutschen Scheidungsforchung. Versuch einer Meta-Analyse. Zeitschrift für Soziologie 32: S. 29-49.

Waite, Linda J. und Lee A. Lillard, 1991: Children and marital dissruption. American Journal of Sociology 96: S. 930-953.

Waite, Linda J., Gus W. Haggstrom und David E. Kanouse, 1985: The consequences of parenthood for the marital stability of young adults. American Sociological Review 50: S. 850-857.

White, James und David Klein, 2002: Family Theories. Understanding Families. Thousand Oaks, London, New Delhi: Sage.

White, Lynn K., 1990: Determinats of Divorce: A Review of Research in the Eighties. Journal of Marriage and the Family 52: S. 904-912.

Wirth, Heike, 2006: Die kinderlosen Akademikerinnen-Ein Beitrag zur Versachlichung der Debatte. Mannheim: ZUMA: S.

Wirth, Heike und Simone Schmidt, 2003: Bildungspartizipation und Heiratsneigung. Die Entwicklung des bildungsselektiven Heiratsverhaltens in westdeutschland zwischen 1970 und 1997. ZUMA-Nachrichten 52: S. 89 - 124.

Wu, Zheng, 1995: The stability of cohabitation relationships: The Role of children. Journal of marriage and the family 57: S. 231-236.

Zheng, Gang, Shaohua Shi und Hong Tang, 2005: Population Development and the value of Children in the People's Republic of China. S. 240-281 in: *Trommsdorff, Gisela, und Bernhard Nauck* (Hg.), The Value of Children in Cross-Cultural Perspective. Case studies form eight Societies. Lengerich, Berlin, Bremen, Miami, Riga, Viernheim, Wien, Zagreb: Pabst.

The manufacturer's authorised representative in the EU is Springer
Nature Customer Service Centre GmbH, Europaplatz 3, 69115 Heidelberg,
Germany. If you have any concerns regarding our products, please
contact ProductSafety@springernature.com

Printed and bound by CPI Group (UK) Ltd, Croydon, CR0 4YY
27/04/2026
02097639-0002